JN118802

令和５年５月１日現在

四訂版

社会福祉法

法令規則集

一般社団法人　福祉経営管理実践研究会　編

実務出版

四訂版発行に寄せて

社会福祉法は、「社会福祉を目的とする事業の全分野における共通的基本事項を定め」ており（社会福祉法第１条）、社会福祉の実践には欠かせない法律です。しかし、社会福祉事業の主たる担い手である社会福祉法人に関する規定（社会福祉法第六章）では、「一般社団法人及び一般財団法人に関する法律」の多くの条文が準用され、また、準用に当たっては多くの読替規定が置かれています。そのために、社会福祉法の規定だけを読んで、その求めるところを正しく理解することは困難です。しかし、社会福祉法人経営の適法性を担保するためには、法令を正確に読み解くことが必要であり、また、そのように読むことのできる法令規則集が不可欠であると思われます。

当法令規則集は、以上のような問題意識から編纂したものであり、準用される条文についてはその原文を示し、どのように読み替えたかを明示することとしています。また、「実務に使う」ことを主眼に、編者らが法令を読解しながら気付いた実務上の参考事項、あるいは編者らの意見などについては、＜編者注＞として（又は欄外に）記載しています。しかし、表記の統一性なども含め完全なものとは言い難く、論文等に引用されます場合には官報等に当たって原文を確かめていただく必要があります。

さて、一般社団法人 福祉経営管理実践研究会（略称：実践研）は、「社会福祉に関わる者が協働して、社会資源を開発しながら地域社会の課題を解決し得るための経営管理実践のあり方を研究し、その実践を遍く社会に広めることを目的」として、令和３年に設立されました。実践研は、実務家・専門家を問わず、心ある者たちが持っている力を結集して、実務に役立つ成果物を世に届ける活動を続けてゆきたいと考えております。

本書は、平成２９年に現在の実践研の会長である林が個人で出版した後、版を重ねてきたものですが、上記のような実践研の趣旨に沿い、この四訂版からは実践研の活動の一環として発行することとさせていただきました。そのことによって、公認会計士の薩摩嘉則氏（実践研正会員）、兵庫県社協に勤務しておられる宿院耕平氏（実践研個人会員）の両氏に社会福祉法法令規則集作成委員として参画していただくことができました。また、土屋敬三氏（実践研特別会員）を始めとする多くの実践研会員のお力添えをいただくことができました。最終的な責任は作成委員会委員長である林にありますが、三訂版以前の法令規則集に比して多くの改善を行うことができましたことは、実践研の活動の成果であり、感謝の念にたえません。

今後、より多くの皆様の協働によって、実践研が刊行する他の図書と同様、社会福祉に関わる人たち全ての共通財産として本書が成長し、社会福祉法人に関わる実務家の皆様のお役に立つものとなることを願っております。多くの皆様が実践研に結集されますことを、心からお願い申し上げる所以です。

令和５年６月

一般社団法人 福祉経営管理実践研究会
会長　林　光行

《 本書における略記等の記載方法について 》

Ⅰ 法令等

1．「社会福祉法」（昭和２６年3月２９日法律第４５号）の略記など

「社会福祉法」については、基本的に「社福法」と略記しています。また、各頁右欄外の説明等として記載する際には、誤解が生じないと思われる範囲で単に「法×条」と記載しています。

また、改正経緯を注記するに際しては、原則として「××年法律第○号」と記載しています。ただし、社会福祉法人制度改革の大きな柱となった平成２８年3月３１日に成立した「社会福祉法等の一部を改正する法律」（平成２８年法律第２１号）に関連しては、次のように略記しています。

①**「旧　法」**：平成２８年3月３１日改正前の社会福祉法

②**「２８年法」**：平成２８年3月３１日に成立した改正社会福祉法（平成２８年法律第２１号）の内、平成２８年4月１日に施行された部分

③**「２９年法」**：平成２８年3月３１日に成立した改正社会福祉法（平成２８年法律第２１号）の内、平成２９年4月１日に施行された部分

なお、平成２８年法律第２１号の附則については、実務上必要と思われるものについては「社会福祉法等の一部を改正する法律（平成２８年法律第２１号）附則」と明記しました（欄外に注記する場合には**「改正法附則」と略記**しています）。

２．「社会福祉法施行令」（昭和３３年６月２７日政令第１８５号）及び「社会福祉法施行規則」（昭和２６年６月２１日厚生省令第２８号）の略記

社福法施行令及び社福法施行規則については、**「施行令」**及び**「施行規則」と略記**しています（なお、「施行規則」について**欄外に記載する際は単に「規則」**と記載しています）。

記載場所は、施行令あるいは施行規則が最初に出てくる関連条文の直下とし、当該条文の欄外には「施行令（あるいは規則）××条☟」等として示しています。その後に出てくる条文に関連する施行令あるいは施行規則については、欄外に「施行令××条」等と記載し、続けて当該施行令等が記載されている社福法の条文番号を「☞法××条」で示しています。

３．「一般社団法人及び一般財団法人に関する法律」（平成１８年６月２日法律第４８号）の記載

「一般社団法人及び一般財団法人に関する法律」は、**「一般法」と略記**しています。

社会福祉法の「第六章　社会福祉法人」の規定では、社会福祉法人が財団法人の一類型であることから、多くの一般法が準用されています。準用するに当たっては読替えが必要な部分が多くあり、中には読替えに困難をともなう準用法文もあります。これらの一般法及びその準用に際しての読替えについては、準用される一般法を読み解きやすいように、本書では、４頁の「Ⅱ　**一般法の記載方法**」にあるような記載方法によっています。

４．その他の法令等

その他の法令等についても、社会福祉法を読み解くに当たって必要となると思われる法令等は、可能な限り収録しました。それらの主なものは次頁の表のとおりです。

なお、次頁の表には、社会福祉法及び一般法において法令番号が記載されているものについては記載していません。また、編者注・欄外注において法律を示す場合には、原則として「○○年法律第○号」と法律番号を記載していますが、利用者の皆様の理解に資するために、次頁の表の法律名に付加して記載しているような略記を行っている場合があります。

公布日 法律番号	法律名 （編者注などで記載する場合の略記）	施行日（主なもの）
明治２９年　４月２７日 明治２９年法律第８９号	民法	明治３１年　７月１６日
昭和２２年　４月１７日 昭和２２年法律第６７号	地方自治法	昭和２２年　５月　３日
昭和２２年１１月３０日 昭和２２年法律第141号	職業安定法　（編者注などでの略記は「職安法」）	昭和２２年１２月　１日
昭和３２年　３月３１日 昭和３２年法律第２６号	租税特別措置法	昭和３２年　４月　１日
昭和４０年　８月１８日 昭和４０年法律第141号	母子保健法	昭和４１年　１月　１日
平成１２年　６月　７日 平成１２年法律第111号	社会福祉の増進のための社会福祉事業法等の一部を改正する等の法律	平成１２年　６月　７日
平成１７年　７月２６日 平成１７年法律第８６号	会社法	平成１８年　５月　１日
平成１７年１１月　７日 平成１７年法律第123号	障害者の日常生活及び社会生活を総合的に支援するための法律（編者注などでの略記は「障害者総合支援法」）	平成１８年　４月　１日
平成１８年　６月　２日 平成１８年法律第４９号	公益社団法人及び公益財団法人の認定等に関する法律 （編者注などでの略記は「公益認定法」）	平成２０年１２月　１日
平成１８年　６月１５日 平成１８年法律第７７号	就学前の子どもに関する教育、保育等の総合的な提供の推進に関する法律（編者注などでの略記は「認定こども園法」）	平成１８年１０月　１日
平成２８年　５月２０日 平成２８年法律第４７号	地域の自主性及び自立性を高めるための改革の推進を図るための関係法律の整備に関する法律	平成２８年　５月２０日
平成２８年　６月　３日 平成２８年法律第６３号	児童福祉法等の一部を改正する法律	平成２９年　４月　１日
平成２８年１２月１６日 平成２８年法律第110号	民間あっせん機関による養子縁組のあっせんに係る児童の保護等に関する法律 （編者注などでの略記は「養子縁組あっせん法」）	平成３０年　４月　１日
平成２９年　６月　２日 平成２９年法律第５２号	地域包括ケアシステムの強化のための介護保険法等の一部を改正する法律	平成３０年　４月　１日
平成３０年　６月　８日 平成３０年法律第４４号	生活困窮者等の自立を促進するための生活困窮者自立支援法等の一部を改正する法律	平成３０年１０月　１日 令和２年　４月　１日
令和元年　６月１４日 令和元年法律第３７号	成年被後見人等の権利の制限に係る措置の適正化等を図るための関係法律の整備に関する法律	令和元年　９月１４日
令和元年１２月１１日 令和元年法律第７１号	会社法の一部を改正する法律の施行に伴う関係法律の整備等に関する法律（編者注などでの略記は「会社法整備法」）	令和３年　２月１５日 令和３年　３月　１日
令和２年　６月１２日 令和２年法律第５２号	地域共生社会の実現のための社会福祉法等の一部を改正する法律	令和３年　４月　１日 令和４年　４月　１日
令和３年　５月１０日 令和３年法律第３０号	災害対策基本法等の一部を改正する法律	令和３年　５月２０日
令和４年　３月３１日 令和４年法律第１２号	雇用保険法等の一部を改正する法律	令和４年　３月３１日 令和４年１０月　１日
平成３０年　６月２０日 平成３０年法律第５９号	民法の一部を改正する法律	令和４年　４月　１日
令和４年　５月２５日 令和４年法律第５２号	困難な問題を抱える女性への支援に関する法律	令和４年　５月２５日 令和６年　４月　１日
令和４年　６月１５日 令和４年法律第６６号	児童福祉法等の一部を改正する法律	令和４年　６月１５日 令和６年　４月　１日
令和４年　６月２２日 令和４年法律第７６号	こども家庭庁設置法の施行に伴う関係法律の整備に関する法律	令和５年　４月　１日
令和４年　６月１７日 令和４年法律第６８号	刑法等の一部を改正する法律の施行に伴う関係法律の整理等に関する法律（編者注などでの略記は「刑法整理法」）	令和４年　６月１５日 令和６年　４月　１日

5．厚生労働省から発出された通知等の表記

厚生労働省から発出された通知等は収録しておりませんが、法文解釈上参考となるものについては、気付いた範囲内で〈編者注〉等として記載しています。

記載に当たっては、「厚生労働省」については「厚労省」と、「厚生労働省社会・援護局福祉基盤課」については単に「福祉基盤課」と記載するなど、利用者が理解できると思われる範囲で、適宜簡略化して記載しています。

例えば、次のとおりです。

本来の表記	本書における簡略化表記　(例)
「社会福祉法人の認可について（通知）」(平成１２年１２月１日障第８９０号･社援第２６１８号･老発第７９４号･児発第９０８号 厚生省大臣官房障害保健福祉部長、厚生省社会・援護局長、厚生省老人保健福祉局長及び厚生省児童家庭局長連名通知)	「社会福祉法人の認可について」(平成１２年１２月１日 障第８９０号・社援第２６１８号･老発第７９４号･児発第９０８号)
「「「社会福祉法人制度改革の施行に向けた留意事項について」に関するＦＡＱ」の改訂について」(平成２８年１１月１１日　厚生労働省社会・援護局福祉基盤課事務連絡)	「制度改革の施行に向けた留意事項についてのＦＡＱ」(平成２８年１１月１１日 福祉基盤課 事務連絡)

なお、「社会福祉法人の認可について（通知）」(平成１２年１２月１日 障第８９０号・社援第２６１８号・老発第７９４号・児発第９０８号）の別紙１「社会福祉法人審査基準」及び 別紙２「社会福祉法人定款例」については、頻繁に出てきますので、それぞれ単に「**法人審査基準**」及び「**厚労省定款例**」と略記しています。

Ⅱ　一般法の記載方法

一般法及びその準用に際しての読替えについては、本書では以下のような記載方法によっています。

１．準用される一般法の記載場所と書体

一般法は原則としてゴシック体で、その準用を規定している社福法条文の直下に記載しています。しかし、読み飛ばした方が法文を理解しやすいと思われる部分は明朝体で表記しています。また、一般法を記載するに当たっては、条文名の冒頭に「一般法」と付記しています。

２．一般法の読替えの記載

一般法を社会福祉法人に準用するに際しての読替えには、次の３類型があります。

① 「準用する」ことによる当然の読替え

② 社福法の読替規定による読替え

③ 施行令の読替規定による読替え

例えば、社福法４３条３項によって「社会福祉法人について準用する」と定められている一般法７３条の読替前の原文は、次のとおりです（第２項は準用対象外です)。

（会計監査人の選任等に関する議案の内容の決定）
第七十三条　監事設置一般社団法人においては、社員総会に提出する会計監査人の選任及び解任並びに会計監査人を再任しないことに関する議案の内容は、監事が決定する。
２　【準用対象外】

この条文は、「社会福祉法人について準用する」ので、読替えに関する規定が法令に定められていなくても、「監事設置一般社団法人」は「社会福祉法人」と、読み替えることになります。

また、この一般法73条中「社員総会」とあるのは「評議員会」と、「監事が」とあるのは「監事の過半数をもって」と読み替えるものとする旨、社福法43条3項に定められています。この他、準用される法文によっては施行令において読替規定のおかれているものもあります。

そこで本書では、これらの読替えについては、読み替えられる語句に見え消し線を施すとともに明朝体で表記し、続いて読替後の語句を**ゴシック体**で下線を付して表記しました。その場合、

・　準用されることによって当然に~~読み替えられる語句~~は 読替 **読替後語句**
・　社福法の読替規定によって~~読み替えられる語句~~は 法読替 **読替後語句**
・　施行令の読替規定によって~~読み替えられる語句~~は 政令読替 **読替後語句**

として、それぞれ表記しました。

以上の方法による記載を、上の一般法73条について示すと、次の通りです。

（会計監査人の選任等に関する議案の内容の決定）
一般法第七十三条　~~監事設置一般社団法人~~ 読替 **社会福祉法人においては、**~~社員総会~~ 法読替 **評議員会に提出する会計監査人の選任及び解任並びに会計監査人を再任しないことに関する議案の内容は、**~~監事が~~ 法読替 **監事の過半数をもって決定する。**
２　【準用対象外】

なお、読替後の語句についても、法文を理解するうえで不要と思われる語句については、明朝体に変換していますので、**本書の一般法を読まれるに際しては、**明朝体部分を読み飛ばして、**ゴシック体部分のみを読む**ことで、読替後の条文を理解することができます。

社会福祉法（昭和二十六年法律第四十五号）《旧：社会福祉事業法　改題平成十二年法律第百十一号》

社会福祉法施行令（昭和三十三年六月二十七日政令第百八十五号） 目次

社会福祉法施行規則（昭和二十六年六月二十一日厚生労働省令第二十八号）

第一章　総則

（目的）

第一条　この法律は、社会福祉を目的とする事業の全分野における共通的基本事項を定め、社会福祉を目的とする他の法律と相まつて、福祉サービスの利用者の利益の保護及び地域における社会福祉（以下「地域福祉」という。）の推進を図るとともに、社会福祉事業の公明かつ適正な実施の確保及び社会福祉を目的とする事業の健全な発達を図り、もつて社会福祉の増進に資することを目的とする。

> 〈編者注〉　**拗（よう）音・促音の表記について**
>
> 社会福祉法が制定された当時の慣例では、「や・ゆ・よ・つ」といった拗音・促音については「大書きする」ものとされていたので、上の法文においても通常は「相まって」あるいは「もって」と小書きされるべきところ、「相まつて」あるいは「もつて」と表記されている。昭和63年に内閣法制局から「法令における拗（よう）音及び促音に用いる『や・ゆ・よ・つ』の表記について」※が出され、それ以降の法令では「小書き」されているが、社会福祉法は「大書き」されている法令なので、改正部分も「大書き」されることとなっている。
>
> ※昭和63年7月20日　内閣法制局総発第125号

旧法のまま

「利用者」「地域福祉」の語は平成12年法律111号による改正によって初めて明記された

28年法に伴い、規則1条1項2号の「あって」がわざわざ「あつて」に改正されているのも左の事情による

（定義）

第二条　この法律において「社会福祉事業」とは、第一種社会福祉事業及び第二種社会福祉事業をいう。

2　次に掲げる事業を第一種社会福祉事業とする。

一　生活保護法（昭和二十五年法律第百四十四号）に規定する救護施設、更生施設その他生計困難者を無料又は低額な料金で入所させて生活の扶助を行うことを目的とする施設を経営する事業及び生計困難者に対して助葬を行う事業

二　児童福祉法（昭和二十二年法律第百六十四号）に規定する乳児院、母子生活支援施設、児童養護施設、障害児入所施設、児童心理治療施設又は児童自立支援施設を経営する事業

三　老人福祉法（昭和三十八年法律第百三十三号）に規定する養護老人ホーム、特別養護老人ホーム又は軽費老人ホームを経営する事業

四　障害者の日常生活及び社会生活を総合的に支援するための法律（平成十七年法律第百二十三号）に規定する障害者支援施設を経営する事業

五　削除

六　売春防止法（昭和三十一年法律第百十八号）に規定する婦人保護施設を経営する事業

> 〈編者注〉　**令和4年法律第52号による改正**（施行日：令和6年4月1日）
>
> 法2条2項6号は次のように改正されている。
>
> 「六　困難な問題を抱える女性への支援に関する法律（令和四年法律第五十二号）に規定する女性自立支援施設を経営する事業」

七　授産施設を経営する事業及び生計困難者に対して無利子又は低利で資金を融通する事業

3　次に掲げる事業を第二種社会福祉事業とする。

一　生計困難者に対して、その住居で衣食その他日常の生活必需品若しくはこれに要する金銭を与え、又は生活に関する相談に応ずる事業

一の二　生活困窮者自立支援法（平成二十五年法律第百五号）に規定する認定生活困窮者就労訓練事業

第1項：旧法のまま

第2項：第2号の一部改正以外旧法のまま

第2項の例外＝共同募金事業（法113条）

平成28年法律第63号により「情緒障害児短期治療施設」を「児童心理治療施設」に改正

第3項：第10号を除き旧法のまま

二 児童福祉法に規定する障害児通所支援事業、障害児相談支援事業、児童自立生活援助事業、放課後児童健全育成事業、子育て短期支援事業、乳児家庭全戸訪問事業、養育支援訪問事業、地域子育て支援拠点事業、一時預かり事業、小規模住居型児童養育事業、小規模保育事業、病児保育事業又は子育て援助活動支援事業、同法に規定する助産施設、保育所、児童厚生施設又は児童家庭支援センターを経営する事業及び児童の福祉の増進について相談に応ずる事業

〈編者注〉 令和4年法律第66号による改正(施行日：令和6年4月1日)
法2条3項2号は、「又は子育て援助活動支援事業」を「、子育て援助活動支援事業、親子再統合支援事業、社会的養護自立支援拠点事業、意見表明等支援事業、妊産婦等生活援助事業、子育て世帯訪問支援事業、児童育成支援拠点事業又は親子関係形成支援事業」に、「又は児童家庭支援センター」を「児童家庭支援センター又は里親支援センター」に改めることとされている。

二の二 就学前の子どもに関する教育、保育等の総合的な提供の推進に関する法律（平成十八年法律第七十七号）に規定する幼保連携型認定こども園を経営する事業

二の三 民間あっせん機関による養子縁組のあっせんに係る児童の保護等に関する法律（平成二十八年法律第百十号）に規定する養子縁組あつせん事業

2の3号:平成28年法律第110号によって新設　2の3号の「民間あっせん機関…関する法律」が法律名なので「あっせん」と小書きされている（以下拗音・促音の表記については注記しない）

三 母子及び父子並びに寡婦福祉法（昭和三十九年法律第百二十九号）に規定する母子家庭日常生活支援事業、父子家庭日常生活支援事業又は寡婦日常生活支援事業及び同法に規定する母子・父子福祉施設を経営する事業

四 老人福祉法に規定する老人居宅介護等事業、老人デイサービス事業、老人短期入所事業、小規模多機能型居宅介護事業、認知症対応型老人共同生活援助事業又は複合型サービス福祉事業及び同法に規定する老人デイサービスセンター、老人短期入所施設、老人福祉センター又は老人介護支援センターを経営する事業

四の二 障害者の日常生活及び社会生活を総合的に支援するための法律に規定する障害福祉サービス事業、一般相談支援事業、特定相談支援事業又は移動支援事業及び同法に規定する地域活動支援センター又は福祉ホームを経営する事業

五 身体障害者福祉法（昭和二十四年法律第二百八十三号）に規定する身体障害者生活訓練等事業、手話通訳事業又は介助犬訓練事業若しくは聴導犬訓練事業、同法に規定する身体障害者福祉センター、補装具製作施設、盲導犬訓練施設又は視聴覚障害者情報提供施設を経営する事業及び身体障害者の更生相談に応ずる事業

六 知的障害者福祉法（昭和三十五年法律第三十七号）に規定する知的障害者の更生相談に応ずる事業

七 削除

八 生計困難者のために、無料又は低額な料金で、簡易住宅を貸し付け、又は宿泊所その他の施設を利用させる事業

九 生計困難者のために、無料又は低額な料金で診療を行う事業

十 生計困難者に対して、無料又は低額な費用で介護保険法（平成九年法律第百二十三号）に規定する介護老人保健施設又は介護医療院を利用させる事業

10号:平成29年法律第52号で「又は介護医療院」を追加

十一 隣保事業（隣保館等の施設を設け、無料又は低額な料金でこれを利用させることその他その近隣地域における住民の生活の改善及び向上を図るための各種の事業を行うものをいう。）

十二 福祉サービス利用援助事業（精神上の理由により日常生活を営むのに支障がある者に対して、無料又は低額な料金で、福祉サービス（前項各号及び前各号の事業において提供されるものに限る。以下この号において同じ。）の

利用に関し相談に応じ、及び助言を行い、並びに福祉サービスの提供を受けるために必要な手続又は福祉サービスの利用に要する費用の支払に関する便宜を供与することその他の福祉サービスの適切な利用のための一連の援助を一体的に行う事業をいう。)

十三　前項各号及び前各号の事業に関する連絡又は助成を行う事業

4　この法律における「社会福祉事業」には、次に掲げる事業は、含まれないものとする。

一　更生保護事業法(平成七年法律第八十六号)に規定する更生保護事業(以下「更生保護事業」という。)

二　実施期間が六月(前項第十三号に掲げる事業にあつては、三月)を超えない事業

三　社団又は組合の行う事業であつて、社員又は組合員のためにするもの

四　第二項各号及び前項第一号から第九号までに掲げる事業であつて、常時保護を受ける者が、入所させて保護を行うものにあつては五人、その他のものにあつては二十人(政令で定めるものにあつては、十人)に満たないもの

五　前項第十三号に掲げる事業のうち、社会福祉事業の助成を行うものであつて、助成の金額が毎年度五百万円に満たないもの又は助成を受ける社会福祉事業の数が毎年度五十に満たないもの

施行令

(社会福祉事業の対象者の最低人員の特例)

第一条　社会福祉法(昭和二十六年法律第四十五号。以下「法」という。)第二条第四項第四号の政令で定める事業は、次のとおりとする。

一　生活困窮者自立支援法(平成二十五年法律第百五号)第十六条第三項に規定する認定生活困窮者就労訓練事業

二　児童福祉法(昭和二十二年法律第百六十四号)第六条の三第十項に規定する小規模保育事業

三　障害者の日常生活及び社会生活を総合的に支援するための法律(平成十七年法律第百二十三号)第五条第二十七項に規定する地域活動支援センターを経営する事業又は同条第一項に規定する障害福祉サービス事業(同条第七項に規定する生活介護、同条第十二項に規定する自立訓練、同条第十三項に規定する就労移行支援又は同条第十四項に規定する就労継続支援を行う事業に限る。)のうち厚生労働省令で定めるもの

施行規則

(令第一条第二号に規定する厚生労働省令で定める障害福祉サービス事業)

第一条　社会福祉法施行令(昭和三十三年政令第百八十五号。以下「令」という。)第一条第二号に規定する厚生労働省令で定める障害福祉サービス事業は、次の各号に掲げるものとする。

一　障害者の日常生活及び社会生活を総合的に支援するための法律施行規則(平成十八年厚生労働省令第十九号)第六条の十第一項第一号に規定する就労継続支援A型に係る障害福祉サービス事業

二　障害者の日常生活及び社会生活を総合的に支援するための法律(平成十七年法律第百二十三号)第五条第七項に規定する生活介護、同条第十二項に規定する自立訓練、同条第十三項に規定する就労移行支援又は同条第十四項に規定する就労継続支援(前号に掲げるものを除く。)(以下「生活介護等」と総称する。)に係る障害福祉サービス事業であつて、障害者の日常生活及び社会生活を総合的に支援するための法律に基づく障害福祉サービス事業の設備及び運営に関する基準(平成十八年厚生労働省令第百七十四号)第三十七条(同令第五十五条 、第七十条及び第八十八条において準用する場合を含む。)及び第五十七条第一項並びに第八十九条第二項の離島その他の地域であつて厚生労働大臣が定めるもののうち、将来的にも利用者の確保の見込みがないとして都道府県知事が認めるものにおいて実施されるもの

第4項:旧法のまま

施行令1条☞

第1号:平成30年法律第44号の施行に伴い部分改正

規則1条☞

28年法に伴い「あって」を「あつて」に改正(第1条付記<編者注>参照)

奇数頁右余白に記載する条数は 見開き両頁に記載される条数を示す(以下同じ)

（福祉サービスの基本的理念）

第三条 福祉サービスは、個人の尊厳の保持を旨とし、その内容は、福祉サービスの利用者が心身ともに健やかに育成され、又はその有する能力に応じ自立した日常生活を営むことができるように支援するものとして、良質かつ適切なものでなければならない。

旧法のまま

（地域福祉の推進）

第四条 地域福祉の推進は、地域住民が相互に人格と個性を尊重し合いながら、参加し、共生する地域社会の実現を目指して行われなければならない。

2 地域住民、社会福祉を目的とする事業を経営する者及び社会福祉に関する活動を行う者（以下「地域住民等」という。）は、相互に協力し、福祉サービスを必要とする地域住民が地域社会を構成する一員として日常生活を営み、社会、経済、文化その他あらゆる分野の活動に参加する機会が確保されるように、地域福祉の推進に努めなければならない。

3 地域住民等は、地域福祉の推進に当たつては、福祉サービスを必要とする地域住民及びその世帯が抱える福祉、介護、介護予防（要介護状態若しくは要支援状態となることの予防又は要介護状態若しくは要支援状態の軽減若しくは悪化の防止をいう。）、保健医療、住まい、就労及び教育に関する課題、福祉サービスを必要とする地域住民の地域社会からの孤立その他の福祉サービスを必要とする地域住民が日常生活を営み、あらゆる分野の活動に参加する機会が確保される上での各般の課題（以下「地域生活課題」という。）を把握し、地域生活課題の解決に資する支援を行う関係機関（以下「支援関係機関」という。）との連携等によりその解決を図るよう特に留意するものとする。

第1項：令和2年法律第52号により新設 次項以下項番号繰り下げ

第2項：平成29年法律第52号で「（以下「地域住民等」という。）」を追加し、「与えられる」を「確保される」に改正 なお「地域住民等」はボランティア等を指す

第3項：平成29年法律第52号で第2項として新設

地域生活課題

支援関係機関

（福祉サービスの提供の原則）

第五条 社会福祉を目的とする事業を経営する者は、その提供する多様な福祉サービスについて、利用者の意向を十分に尊重し、地域福祉の推進に係る取組を行う他の地域住民等との連携を図り、かつ、保健医療サービスその他の関連するサービスとの有機的な連携を図るよう創意工夫を行いつつ、これを総合的に提供することができるようにその事業の実施に努めなければならない。

平成29年法律第52号で「、地域福祉の推進に係る取組を行う他の地域住民等との連携を図り」を追加 なお「社会福祉を目的とする事業」は「社会福祉事業」より範囲が広い概念

（福祉サービスの提供体制の確保等に関する国及び地方公共団体の責務）

第六条 国及び地方公共団体は、社会福祉を目的とする事業を経営する者と協力して、社会福祉を目的とする事業の広範かつ計画的な実施が図られるよう、福祉サービスを提供する体制の確保に関する施策、福祉サービスの適切な利用の推進に関する施策その他の必要な各般の措置を講じなければならない。

第1項：旧法のまま

2 国及び地方公共団体は、地域生活課題の解決に資する支援が包括的に提供される体制の整備その他地域福祉の推進のために必要な各般の措置を講ずるよう努めるとともに、当該措置の推進に当たつては、保健医療、労働、教育、住まい及び地域再生に関する施策その他の関連施策との連携に配慮するよう努めなければならない。

第2項：平成29年法律第52号で新設

令和2年法律第52号（令和3年4月1日施行）により文言改正

〈編者注〉 法6条2項の読み方

一般に、法文に「A、Bその他C」と記載されている場合、「A、B」と「C」とは別物であって独立的並列。これに対して、「A、Bその他のC」と記載されている場合は、「A、B」は「C」の例示であって例示的並列。

「体制の整備」と「各般の措置」は別物と読むべきこととなる

3 国及び都道府県は、市町村（特別区を含む。以下同じ。）において第百六条の四第二項に規定する重層的支援体制整備事業その他地域生活課題の解決に資する支援が包括的に提供される体制の整備が適正かつ円滑に行われるよう、必要な助言、情報の提供その他の援助を行わなければならない。

第3項：令和2年法律第52号（令和3年4月1日施行）により新設

第二章　地方社会福祉審議会

（地方社会福祉審議会）

第七条　社会福祉に関する事項（児童福祉及び精神障害者福祉に関する事項を除く。）を調査審議するため、都道府県並びに地方自治法（昭和二十二年法律第六十七号）第二百五十二条の十九第一項の指定都市（以下「指定都市」という。）及び同法第二百五十二条の二十二第一項の中核市（以下「中核市」という。）に社会福祉に関する審議会その他の合議制の機関（以下「地方社会福祉審議会」という。）を置くものとする。

2　地方社会福祉審議会は、都道府県知事又は指定都市若しくは中核市の長の監督に属し、その諮問に答え、又は関係行政庁に意見を具申するものとする。

旧法のまま
なお過去に厚生省に置かれていた中央社会福祉審議会は「社会保障審議会」に統合された
現在の社会福祉法では149条に規定が残っている

（委員）

第八条　地方社会福祉審議会の委員は、都道府県又は指定都市若しくは中核市の議会の議員、社会福祉事業に従事する者及び学識経験のある者のうちから、都道府県知事又は指定都市若しくは中核市の長が任命する。

旧法のまま

（臨時委員）

第九条　特別の事項を調査審議するため必要があるときは、地方社会福祉審議会に臨時委員を置くことができる。

2　地方社会福祉審議会の臨時委員は、都道府県又は指定都市若しくは中核市の議会の議員、社会福祉事業に従事する者及び学識経験のある者のうちから、都道府県知事又は指定都市若しくは中核市の長が任命する。

旧法のまま

（委員長）

第十条　地方社会福祉審議会に委員の互選による委員長一人を置く。委員長は、会務を総理する。

旧法のまま

（専門分科会）

第十一条　地方社会福祉審議会に、民生委員の適否の審査に関する事項を調査審議するため、民生委員審査専門分科会を、身体障害者の福祉に関する事項を調査審議するため、身体障害者福祉専門分科会を置く。

2　地方社会福祉審議会は、前項の事項以外の事項を調査審議するため、必要に応じ、老人福祉専門分科会その他の専門分科会を置くことができる。

旧法のまま
民生委員審査専門分科会については施行令2条☞

（地方社会福祉審議会に関する特例）

第十二条　第七条第一項の規定にかかわらず、都道府県又は指定都市若しくは中核市は、条例で定めるところにより、地方社会福祉審議会に児童福祉及び精神障害者福祉に関する事項を調査審議させることができる。

2　前項の規定により地方社会福祉審議会に児童福祉に関する事項を調査審議させる場合においては、前条第一項中「置く」とあるのは、「、児童福祉に関する事項を調査審議するため、児童福祉専門分科会を置く」とする。

児童福祉等の特例
平成28年法律第47号によって第1項に「及び精神障害者福祉」を追加
他は旧法のまま

（政令への委任）

第十三条　この法律で定めるもののほか、地方社会福祉審議会に関し必要な事項は、政令で定める。

旧法のまま

> 施行令
> （民生委員審査専門分科会）
> **第二条**　民生委員審査専門分科会に属すべき委員は、当該都道府県又は指定都市若しくは中核市の議会の議員の選挙権を有する地方社会福祉審議会（法第七条第一項に規定する地方社会福祉審議会をいう。以下同じ。）の委員のうちから、委員長が指名する。

2　民生委員審査専門分科会に属する委員がその職務上の地位を政党又は政治的目的のために利用した場合は、当該委員について、委員長は、前項の規定による指名を取り消すことができる。
3　民生委員審査専門分科会の決議は、これをもつて地方社会福祉審議会の決議とする。

施行令
（審査部会）
第三条　地方社会福祉審議会は、身体障害者の障害程度の審査に関する調査審議のため、身体障害者福祉専門分科会に審査部会を設けるものとする。
2　審査部会に属すべき委員及び臨時委員は、身体障害者福祉専門分科会に属する医師たる委員及び臨時委員のうちから、委員長が指名する。
3　地方社会福祉審議会は、身体障害者の障害程度に関して諮問を受けたときは、審査部会の決議をもつて地方社会福祉審議会の決議とすることができる。

第三章　福祉に関する事務所

（設置）
第十四条　都道府県及び市（特別区を含む。以下同じ。）は、条例で、福祉に関する事務所を設置しなければならない。

旧法のまま

2　都道府県及び市は、その区域（都道府県にあつては、市及び福祉に関する事務所を設ける町村の区域を除く。）をいずれかの福祉に関する事務所の所管区域としなければならない。
3　町村は、条例で、その区域を所管区域とする福祉に関する事務所を設置することができる。
4　町村は、必要がある場合には、地方自治法の規定により一部事務組合又は広域連合を設けて、前項の事務所を設置することができる。この場合には、当該一部事務組合又は広域連合内の町村の区域をもつて、事務所の所管区域とする。
5　都道府県の設置する福祉に関する事務所は、生活保護法、児童福祉法及び母子及び父子並びに寡婦福祉法に定める援護又は育成の措置に関する事務のうち都道府県が処理することとされているものをつかさどるところとする。
6　市町村の設置する福祉に関する事務所は、生活保護法、児童福祉法、母子及び父子並びに寡婦福祉法、老人福祉法、身体障害者福祉法及び知的障害者福祉法に定める援護、育成又は更生の措置に関する事務のうち市町村が処理することとされているもの（政令で定めるものを除く。）をつかさどるところとする。

令和２年法律第５２号によって冒頭の「市町村（特別区を含む。以下同じ。）」の括弧（ ）内を削除（令和3年4月1日施行）

7　町村の福祉に関する事務所の設置又は廃止の時期は、会計年度の始期又は終期でなければならない。
8　町村は、福祉に関する事務所を設置し、又は廃止するには、あらかじめ、都道府県知事に協議しなければならない。

（組織）
第十五条　福祉に関する事務所には、長及び少なくとも次の所員を置かなければならない。ただし、所の長が、その職務の遂行に支障がない場合において、自ら現業事務の指導監督を行うときは、第一号の所員を置くことを要しない。

旧法のまま

一　指導監督を行う所員
二　現業を行う所員

三　事務を行う所員

2　所の長は、都道府県知事又は市町村長（特別区の区長を含む。以下同じ。）の指揮監督を受けて、所務を掌理する。

3　指導監督を行う所員は、所の長の指揮監督を受けて、現業事務の指導監督をつかさどる。

4　現業を行う所員は、所の長の指揮監督を受けて、援護、育成又は更生の措置を要する者等の家庭を訪問し、又は訪問しないで、これらの者に面接し、本人の資産、環境等を調査し、保護その他の措置の必要の有無及びその種類を判断し、本人に対し生活指導を行う等の事務をつかさどる。

5　事務を行う所員は、所の長の指揮監督を受けて、所の庶務をつかさどる。

6　第一項第一号及び第二号の所員は、社会福祉主事でなければならない。

（所員の定数）

第十六条　所員の定数は、条例で定める。ただし、現業を行う所員の数は、各事務所につき、それぞれ次の各号に掲げる数を標準として定めるものとする。

旧法のまま

一　都道府県の設置する事務所にあつては、生活保護法の適用を受ける被保護世帯（以下「被保護世帯」という。）の数が三百九十以下であるときは、六とし、被保護世帯の数が六十五を増すごとに、これに一を加えた数

二　市の設置する事務所にあつては、被保護世帯の数が二百四十以下であるときは、三とし、被保護世帯数が八十を増すごとに、これに一を加えた数

三　町村の設置する事務所にあつては、被保護世帯の数が百六十以下であるときは、二とし、被保護世帯数が八十を増すごとに、これに一を加えた数

（服務）

第十七条　第十五条第一項第一号及び第二号の所員は、それぞれ同条第三項又は第四項に規定する職務にのみ従事しなければならない。ただし、その職務の遂行に支障がない場合に、これらの所員が、他の社会福祉又は保健医療に関する事務を行うことを妨げない。

旧法のまま

第四章　社会福祉主事

（設置）

第十八条　都道府県、市及び福祉に関する事務所を設置する町村に、社会福祉主事を置く。

旧法のまま

福祉に関する事務所を設置する町村

☞法14条3･4項

2　前項に規定する町村以外の町村は、社会福祉主事を置くことができる。

3　都道府県の社会福祉主事は、都道府県の設置する福祉に関する事務所において、生活保護法、児童福祉法及び母子及び父子並びに寡婦福祉法に定める援護又は育成の措置に関する事務を行うことを職務とする。

4　市及び第一項に規定する町村の社会福祉主事は、市及び同項に規定する町村に設置する福祉に関する事務所において、生活保護法、児童福祉法、母子及び父子並びに寡婦福祉法、老人福祉法、身体障害者福祉法及び知的障害者福祉法に定める援護、育成又は更生の措置に関する事務を行うことを職務とする。

5　第二項の規定により置かれる社会福祉主事は、老人福祉法、身体障害者福祉法及び知的障害者福祉法に定める援護又は更生の措置に関する事務を行うことを職務とする。

（資格等）

第十九条 社会福祉主事は、都道府県知事又は市町村長の補助機関である職員とし、年齢十八年以上の者であつて、人格が高潔で、思慮が円熟し、社会福祉の増進に熱意があり、かつ、次の各号のいずれかに該当するもののうちから任用しなければならない。

一 学校教育法（昭和二十二年法律第二十六号）に基づく大学、旧大学令（大正七年勅令第三百八十八号）に基づく大学、旧高等学校令（大正七年勅令第三百八十九号）に基づく高等学校又は旧専門学校令（明治三十六年勅令第六十一号）に基づく専門学校において、厚生労働大臣の指定する社会福祉に関する科目を修めて卒業した者（当該科目を修めて同法に基づく専門職大学の前期課程を修了した者を含む。）

二 都道府県知事の指定する養成機関又は講習会の課程を修了した者

三 社会福祉士

四 厚生労働大臣の指定する社会福祉事業従事者試験に合格した者

五 前各号に掲げる者と同等以上の能力を有すると認められる者として厚生労働省令で定めるもの

2 前項第二号の養成機関及び講習会の指定に関し必要な事項は、政令で定める。

旧法のまま

平成30年法律第59号附則14条によって「二十年」を「十八年」に改正（令和4年4月1日施行）

平成29年法律第41号附則13条によって、1号末尾に括弧書きを追加

養成機関及び講習会の指定☞本条2項

規則1条の2☟

施行令4～12条☟

施行規則

（法第十九条第一項第五号に規定する厚生労働省令で定める者）

第一条の二 社会福祉法（昭和二十六年法律第四十五号。以下「法」という。）第十九条第一項第五号に規定する厚生労働省令で定める者は、次のとおりとする。

一 精神保健福祉士

二 学校教育法（昭和二十二年法律第二十六号）に基づく大学において、法第十九条第一項第一号に規定する厚生労働大臣の指定する社会福祉に関する科目を修めて、学校教育法第百二条第二項の規定により大学院への入学を認められた者

施行令

（養成機関又は講習会の指定）

第四条 都道府県知事は、法第十九条第一項第二号に規定する養成機関又は講習会の指定（以下「養成機関等の指定」という。）を行う場合には、入所の資格又は受講資格、教育又は講習の内容その他の事項に関し厚生労働省令で定める基準に従い、行うものとする。

社会福祉主事養成機関等指定規則（平成12年厚生労働省令第53号）☟

社会福祉主事養成機関等指定規則（平成１２年厚生省令第５３号）

（この省令の趣旨）

第一条 社会福祉法（昭和二十六年法律第四十五号。以下「法」という。）第十九条第一項第二号の規定に基づく養成機関及び講習会の指定に関しては、この省令の定めるところによる。

＜以下、省略＞

施行令

（指定の申請）

第五条 養成機関等の指定を受けようとするときは、その設置者又は実施者（都道府県を除く。以下同じ。）は、厚生労働省令で定めるところにより、申請書をその所在地又は開催場所の都道府県知事に提出しなければならない。

施行令

（変更の承認又は届出）

第六条 養成機関等の指定を受けた養成機関又は講習会（以下「指定養成機関等」という。）の設置者又は実施者は、厚生労働省令で定める事項を変更しようとするときは、その所在地又は開催場所の都道府県知事に申請し、その承認を受けなければならない。

2　指定養成機関等の設置者又は実施者は、厚生労働省令で定める事項に変更があつたときは、その日から一月以内に、その所在地又は開催場所の都道府県知事に届け出なければならない。

施行令
（報告）
第七条　法第十九条第一項第二号の指定を受けた養成機関の設置者は、毎事業年度開始後三月以内に、厚生労働省令で定める事項をその所在地の都道府県知事に報告しなければならない。
2　法第十九条第一項第二号の指定を受けた講習会の実施者は、当該講習会の実施後一月以内に、厚生労働省令で定める事項をその開催場所の都道府県知事に報告しなければならない。

施行令
（報告の徴収及び指示）
第八条　都道府県知事は、その指定した指定養成機関等につき必要があると認めるときは、その設置者若しくは長又は実施者に対して報告を求めることができる。
2　都道府県知事は、第四条に規定する厚生労働省令で定める基準に照らして、その指定した指定養成機関等の入所の資格又は受講資格、教育又は講習の内容その他の内容が適当でないと認めるときは、その設置者若しくは長又は実施者に対して必要な指示をすることができる。

施行令
（指定の取消し）
第九条　都道府県知事は、その指定した指定養成機関等が第四条に規定する厚生労働省令で定める基準に適合しなくなつたと認めるとき、その設置者若しくは長若しくは実施者が前条第二項の規定による指示に従わないとき、又は次条の規定による申請があつたときは、その指定を取り消すことができる。

施行令
（指定取消しの申請）
第十条　指定養成機関等について、都道府県知事の指定の取消しを受けようとするときは、その設置者又は実施者は、厚生労働省令で定めるところにより、申請書をその所在地又は開催場所の都道府県知事に提出しなければならない。

施行令
（国の設置する養成機関等の特例）
第十一条　国の設置する法第十九条第一項第二号に規定する養成機関に係る第五条から前条までの規定の適用については、次の表の上欄に掲げる規定中同表の中欄に掲げる字句は、それぞれ同表の下欄に掲げる字句とする。

第五条	設置者又は実施者（都道府県を除く。以下同じ。）	所管大臣
	申請書をその所在地又は開催場所の都道府県知事に提出しなければならない	書面により、その所在地の都道府県知事に申し出るものとする
第六条第一項	設置者又は実施者	所管大臣
	所在地又は開催場所	所在地
	申請し、その承認を受けなければならない	協議し、その承認を受けるものとする
第六条第二項	設置者又は実施者	所管大臣
	所在地又は開催場所	所在地
	届け出なければならない	通知するものとする
第七条第一項	設置者	所管大臣
	報告しなければならない	通知するものとする
第八条第一項	設置者若しくは長又は実施者	所管大臣

第十九条

左は原文のママなので、ここでは左の「上欄」及び「下欄」は、それぞれ「左欄」「右欄」と読む

第八条第二項	設置者若しくは長又は実施者	所管大臣
	指示	勧告
第九条	認めるとき、その設置者若しくは長若しくは実施者が前条第二項の規定による指示に従わないとき、	認めるとき
	申請	申出
前条	設置者又は実施者	所管大臣
	申請書をその所在地又は開催場所の都道府県知事に提出しなければならない	書面により、その所在地の都道府県知事に申し出るものとする

2　国の実施する法第十九条第一項第二号に規定する講習会に係る第五条から前条までの規定の適用については、次の表の上欄に掲げる規定中同表の中欄に掲げる字句は、それぞれ同表の下欄に掲げる字句とする。

第五条	設置者又は実施者（都道府県を除く。以下同じ。）	所管大臣
	申請書をその所在地又は開催場所の都道府県知事に提出しなければならない	書面により、その開催場所の都道府県知事に申し出るものとする
第六条第一項	設置者又は実施者	所管大臣
	所在地又は開催場所	開催場所
	申請し、その承認を受けなければならない	協議し、その承認を受けるものとする
第六条第二項	設置者又は実施者	所管大臣
	所在地又は開催場所	開催場所
	届け出なければならない	通知するものとする
第七条第二項	実施者	所管大臣
	報告しなければならない	通知するものとする
第八条第一項	設置者若しくは長又は実施者	所管大臣
第八条第二項	設置者若しくは長又は実施者	所管大臣
	指示	勧告
第九条	認めるとき、その設置者若しくは長若しくは実施者が前条第二項の規定による指示に従わないとき、	認めるとき
	申請	申出
前条	設置者又は実施者	所管大臣
	申請書をその所在地又は開催場所の都道府県知事に提出しなければならない	書面により、その開催場所の都道府県知事に申し出るものとする

施行令

（厚生労働省令への委任）

第十二条　第四条から前条までに定めるもののほか、申請書の記載事項その他養成機関等の指定に関して必要な事項は、厚生労働省令で定める。

第五章　指導監督及び訓練

（指導監督）
第二十条　都道府県知事並びに指定都市及び中核市の長は、この法律、生活保護法、児童福祉法、母子及び父子並びに寡婦福祉法、老人福祉法、身体障害者福祉法及び知的障害者福祉法の施行に関しそれぞれその所部の職員の行う事務について、その指導監督を行うために必要な計画を樹立し、及びこれを実施するよう努めなければならない。

旧法のまま

（訓練）
第二十一条　この法律、生活保護法、児童福祉法、母子及び父子並びに寡婦福祉法、老人福祉法、身体障害者福祉法及び知的障害者福祉法の施行に関する事務に従事する職員の素質を向上するため、都道府県知事はその所部の職員及び市町村の職員に対し、指定都市及び中核市の長はその所部の職員に対し、それぞれ必要な訓練を行わなければならない。

旧法のまま

第六章　社会福祉法人

第一節　通則

（定義）
第二十二条　この法律において「社会福祉法人」とは、社会福祉事業を行うことを目的として、この法律の定めるところにより設立された法人をいう。

旧法のまま

（名称）
第二十三条　社会福祉法人以外の者は、その名称中に、「社会福祉法人」又はこれに紛らわしい文字を用いてはならない。

旧法のまま
違反は過料１０万円以下(法１６６条)

（経営の原則等）
第二十四条　社会福祉法人は、社会福祉事業の主たる担い手としてふさわしい事業を確実、効果的かつ適正に行うため、自主的にその経営基盤の強化を図るとともに、その提供する福祉サービスの質の向上及び事業経営の透明性の確保を図らなければならない。

２８年法で見出しに「等」が付された
第1項：旧法のまま
なお本項は平成12年法律第111号によって設けられた

2　社会福祉法人は、社会福祉事業及び第二十六条第一項に規定する公益事業を行うに当たつては、日常生活又は社会生活上の支援を必要とする者に対して、無料又は低額な料金で、福祉サービスを積極的に提供するよう努めなければならない。

第2項：２８年法で新設

〈編者注〉　**地域における公益的な取組**
　法２４条2項は、「地域における公益的な取組」を社会福祉法人の責務として位置づけたものとされており、その厚生労働省による解釈については平成３０年１月２３日に「社会福祉法人による「地域における公益的な取組」の推進について」（社援基発0123第1号）が発出されている。

左の通知の施行によって、「社会福祉法人の「地域における公益的な取組」について」(平成２８年6月1日社援基発０６０1第1号)は廃止されている

（要件）
第二十五条　社会福祉法人は、社会福祉事業を行うに必要な資産を備えなければならない。

旧法のまま

第二十条～第二十五条

〈編者注〉 社会福祉法人の資産要件
具体的には、「法人審査基準」の「第２　法人の資産」において定められている。なお、「第２　法人の資産」において、社会福祉法人の株式保有には制限が設けられており、子会社を持つことはできない。

（公益事業及び収益事業）
第二十六条　社会福祉法人は、その経営する社会福祉事業に支障がない限り、公益を目的とする事業（以下「公益事業」という。）又はその収益を社会福祉事業若しくは公益事業（第二条第四項第四号に掲げる事業その他の政令で定めるものに限る。第五十七条第二号において同じ。）の経営に充てることを目的とする事業（以下「収益事業」という。）を行うことができる。

旧法のまま

施行令13条☞

2　公益事業又は収益事業に関する会計は、それぞれ当該社会福祉法人の行う社会福祉事業に関する会計から区分し、特別の会計として経理しなければならない。

公益事業区分、収益事業区分

〈編者注〉 公益事業の具体例等
社会福祉法人であるので、社会福祉に関連するものと考えられ、具体例については、法人審査基準の「第１　社会福祉法人の行う事業」で示されている。
なお、租税特別措置法40条適用に当たっては、公益事業及び収益事業の重要事項について評議員会承認等が必要なことを定款において定めることが要件とされている。

〈編者注〉 特別の会計について
法２６条２項は、事業区分について規定したものと解される。社会福祉法人会計基準は、社会福祉法人のすべての事業に適用され、特別会計の設置は認めていない。したがって、社会福祉協議会においては生活福祉資金貸付事業を除き特別会計は設けず、区分経理が必要な事業（例えば退職共済事業）については、拠点区分として区分する。

生活福祉資金貸付事業：平成２９年２月１３日及び平成３０年４月２７日福祉基盤課事務連絡参照

退職共済事業・貸付制度：平成２９年５月２９日福祉基盤課事務連絡参照

施行令
（社会福祉法人の収益を充てることのできる公益事業）
第十三条　法第二十六条第一項の政令で定める事業は、次に掲げる事業であつて社会福祉事業以外のものとする。
一　法第二条第四項第四号に掲げる事業
二　介護保険法（平成九年法律第百二十三号）第八条第一項に規定する居宅サービス事業、同条第十四項に規定する地域密着型サービス事業、同条第二十四項に規定する居宅介護支援事業、同法第八条の二第一項に規定する介護予防サービス事業又は同条第十六項に規定する介護予防支援事業
三　介護保険法第八条第二十八項に規定する介護老人保健施設又は同条第二十九項に規定する介護医療院を経営する事業
四　社会福祉士及び介護福祉士法（昭和六十二年法律第三十号）第七条第二号若しくは第三号又は第四十条第二項第一号から第三号まで若しくは第五号に規定する都道府県知事の指定した養成施設を経営する事業
五　精神保健福祉士法（平成九年法律第百三十一号）第七条第二号又は第三号に規定する都道府県知事の指定した養成施設を経営する事業
六　児童福祉法第十八条の六第一号に規定する指定保育士養成施設を経営する事業
七　前各号に掲げる事業に準ずる事業であつて厚生労働大臣が定めるもの

左は収益事業の「収益を充てることのできる公益事業」を定めている

（特別の利益供与の禁止）
第二十七条　社会福祉法人は、その事業を行うに当たり、その評議員、理事、監事、職員その他の政令で定める社会福祉法人の関係者に対し特別の利益を与えてはならない。

２８年法で「２６条の２」として新設
２９年法で「２７条」とした上で一部改正

施行令

（特別の利益を与えてはならない社会福祉法人の関係者）

第十三条の二　法第二十七条の政令で定める社会福祉法人の関係者は、次に掲げる者とする。

一　当該社会福祉法人の設立者、評議員、理事、監事又は職員

二　前号に掲げる者の配偶者又は三親等内の親族

三　前二号に掲げる者と婚姻の届出をしていないが事実上婚姻関係と同様の事情にある者

四　前二号に掲げる者のほか、第一号に掲げる者から受ける金銭その他の財産によつて生計を維持する者

五　当該社会福祉法人の設立者が法人である場合にあつては、その法人が事業活動を支配する法人又はその法人の事業活動を支配する者として厚生労働省令で定めるもの

28年法に伴い新設
29年法に伴い一部形式的改正
第2号：租税特別措置法40条の適用を受けるには、「三親等」ではなく「六親等」と要件が加重されている

規則1条の3 ☞

施行規則

（法人が事業活動を支配する法人等）

第一条の三　令第十三条の二第五号の法人が事業活動を支配する法人として厚生労働省令で定めるものは、当該法人が他の法人の財務及び営業又は事業の方針の決定を支配している場合における当該他の法人（第三項各号において「子法人」という。）とする。

2　令第十三条の二第五号の法人の事業活動を支配する者として厚生労働省令で定めるものは、一の者が当該法人の財務及び営業又は事業の方針の決定を支配している場合における当該一の者とする。

3　前二項に規定する「財務及び営業又は事業の方針の決定を支配している場合」とは、次に掲げる場合をいう。

一　一の者又はその一若しくは二以上の子法人が社員総会その他の団体の財務及び営業又は事業の方針を決定する機関における議決権の過半数を有する場合

二　評議員の総数に対する次に掲げる者の数の割合が百分の五十を超える場合

イ　一の法人又はその一若しくは二以上の子法人の役員（理事、監事、取締役、会計参与、監査役、執行役その他これらに準ずる者をいう。）又は評議員

ロ　一の法人又はその一若しくは二以上の子法人の職員

ハ　当該評議員に就任した日前五年以内にイ又はロに掲げる者であつた者

ニ　一の者又はその一若しくは二以上の子法人によつて選任された者

ホ　当該評議員に就任した日前五年以内に一の者又はその一若しくは二以上の子法人によつて当該法人の評議員に選任されたことがある者

28年法に伴い新設

（住所）

第二十八条　社会福祉法人の住所は、その主たる事務所の所在地にあるものとする。

旧法27条のまま

（登記）

第二十九条　社会福祉法人は、政令の定めるところにより、その設立、従たる事務所の新設、事務所の移転その他登記事項の変更、解散、合併、清算人の就任又はその変更及び清算の結了の各場合に、登記をしなければならない。

2　前項の規定により登記をしなければならない事項は、登記の後でなければ、これをもつて第三者に対抗することができない。

旧法28条のまま
登記懈怠は過料20万円以下（法165条1号）なお、不実登記は5年以下の懲役又は50万円以下の罰金（刑法157条）

組合等登記令（昭和三十九年政令第二十九号）

（適用範囲）

第一条　別表の名称の欄に掲げる法人（以下「組合等」という。）の登記については、他の法令に別段の定めがある場合を除くほか、この政令の定めるところによる。

1条に規定する別表の名称の欄に「社会福祉法人」が掲げられている

（設立の登記）
第二条　組合等の設立の登記は、その主たる事務所の所在地において、設立の認可、出資の払込みその他設立に必要な手続が終了した日から二週間以内にしなければならない。
2　前項の登記においては、次に掲げる事項を登記しなければならない。
一　目的及び業務
二　名称
三　事務所の所在場所
四　代表権を有する者の氏名、住所及び資格
五　存続期間又は解散の事由を定めたときは、その期間又は事由
六　別表の登記事項の欄に掲げる事項

2項6号に定める別表の「社会福祉法人」の登記事項の欄に「資産の総額」が掲げられている

（変更の登記）
第三条　組合等において前条第二項各号に掲げる事項に変更が生じたときは、二週間以内に、その主たる事務所の所在地において、変更の登記をしなければならない。
2　前項の規定にかかわらず、出資若しくは払い込んだ出資の総額又は出資の総口数の変更の登記は、毎事業年度末日現在により、当該末日から四週間以内にすれば足りる。
3　第一項の規定にかかわらず、資産の総額の変更の登記は、毎事業年度末日現在により、当該末日から三月以内にすれば足りる。
【第四条以下省略】

（所轄庁）
第三十条　社会福祉法人の所轄庁は、その主たる事務所の所在地の都道府県知事とする。ただし、次の各号に掲げる社会福祉法人の所轄庁は、当該各号に定める者とする。

旧法30条
28年で一部改正
規則13条☞

一　主たる事務所が市の区域内にある社会福祉法人（次号に掲げる社会福祉法人を除く。）であつてその行う事業が当該市の区域を越えないもの　市長（特別区の区長を含む。以下同じ。）

旧法のまま

二　主たる事務所が指定都市の区域内にある社会福祉法人であつてその行う事業が一の都道府県の区域内において二以上の市町村の区域にわたるもの及び第百九条第二項に規定する地区社会福祉協議会である社会福祉法人　指定都市の長

28年で一部改正

2　社会福祉法人でその行う事業が二以上の地方厚生局の管轄区域にわたるものであつて、厚生労働省令で定めるものにあつては、その所轄庁は、前項本文の規定にかかわらず、厚生労働大臣とする。

28年で一部改正
規則1条の4☞

施行規則
（法第三十条第二項に規定する厚生労働省令で定めるもの）
第一条の四　法第三十条第二項に規定する厚生労働省令で定めるものは、次のとおりとする。
一　全国を単位として行われる事業
二　地域を限定しないで行われる事業
三　法令の規定に基づき指定を受けて行われる事業
四　前各号に類する事業

28年法に伴い新設

施行規則
（所轄庁）
第十三条　第二条、第三条、第五条第一項、第六条第一項、第六条の十三、第六条の二十、第六条の二十一及び第十一条第一項において所轄庁とあるのは、法第三十条に規定する所轄庁とする。

所轄庁の定義
28年法及び29年法に伴い改正

第二節　設立

（申請）

第三十一条　社会福祉法人を設立しようとする者は、定款をもつて少なくとも次に掲げる事項を定め、厚生労働省令で定める手続に従い、当該定款について所轄庁の認可を受けなければならない。

一　目的

二　名称

三　社会福祉事業の種類

四　事務所の所在地

五　評議員及び評議員会に関する事項

六　役員（理事及び監事をいう。以下この条、次節第二款、第六章第八節、第九章及び第十章において同じ。）の定数その他役員に関する事項

七　理事会に関する事項

八　会計監査人を置く場合には、これに関する事項

九　資産に関する事項

十　会計に関する事項

十一　公益事業を行う場合には、その種類

十二　収益事業を行う場合には、その種類

十三　解散に関する事項

十四　定款の変更に関する事項

十五　公告の方法

旧法のまま
必要的記載事項
規則2条
無記載・虚偽記載等は過料20万円以下(法165条5号)
1号＝旧法1号
2号＝旧法2号
3号＝旧法3号
4号＝旧法4号
5号＝実質旧法9号
6号＝旧法5号
役員の定義
7号＝旧法6号
29年で改正
8号＝29年法で新設
9号＝旧法7号
10号＝旧法8号
11号＝旧法10号
12号＝旧法11号
13号＝旧法12号
14号＝旧法13号
15号＝旧法14号

> **〈編者注〉　定款記載事項と定款の公表**
>
> 法31条1項に定める事項は、必ず定款に記載しなければならない事項であり、**必要的記載事項**（または絶対的記載事項）という。この記載のない定款は無効であり、社会福祉法人の設立が無効となる。これに対し、定款に記載されてはじめて効力を生じる事項を**相対的記載事項**という。また、単に定款に記載できる事項を任意的記載事項という。
>
> なお、法31条1項の認可を受けたときは、定款の内容を公表しなければならない(法59条の2第1項1号)。
>
> また、租税特別措置法40条の適用を受ける場合の定款については「租税特別措置法施行令（昭和32年政令第43号）第25号の17第6項第1号の要件を満たす社会福祉法人の定款の例について」(平成29年3月29日 福祉基盤課 事務連絡）を参照のこと。

法31条1項は、都道府県及び市の第1号法定受託事務(法151条)

インターネット利用等による公表

2　前項の定款は、電磁的記録（電子的方式、磁気的方式その他人の知覚によつては認識することができない方式で作られる記録であつて、電子計算機による情報処理の用に供されるものとして厚生労働省令で定めるものをいう。以下同じ。）をもつて作成することができる。

29年法で新設
規則2条の2

3　設立当初の役員及び評議員は、定款で定めなければならない。

実質旧法2項

4　設立しようとする社会福祉法人が会計監査人設置社会福祉法人（会計監査人を置く社会福祉法人又はこの法律の規定により会計監査人を置かなければならない社会福祉法人をいう。以下同じ。）であるときは、設立当初の会計監査人は、定款で定めなければならない。

29年法で新設

5　第一項第五号の評議員に関する事項として、理事又は理事会が評議員を選任し、又は解任する旨の定款の定めは、その効力を有しない。

29年法で新設

6　第一項第十三号に掲げる事項中に、残余財産の帰属すべき者に関する規定を設ける場合には、その者は、社会福祉法人その他社会福祉事業を行う者のうちから選定されるようにしなければならない。

実質旧法第3項
定款に規定を設けない場合、国庫に帰属する(法47条2項)なお、厚労省定款例37条参照

施行規則

（設立認可申請手続）

第二条　法第三十一条の規定により、社会福祉法人を設立しようとする者は、次に掲げる事項を記載した申請書及び定款を所轄庁に提出しなければならない。

一　設立者又は設立代表者の氏名及び住所

二　社会福祉法人の名称及び主たる事務所の所在地

三　設立の趣意

四　評議員となるべき者及び役員（法第三十一条第一項第六号に規定する役員をいう。以下同じ。）となるべき者の氏名

五　評議員となるべき者のうちに、他の各評議員となるべき者について、第二条の七第六号に規定する者（同号括弧書に規定する割合が三分の一を超えない場合に限る。）、同条第七号に規定する者（同号括弧書に規定する半数を超えない場合に限る。）又は同条第八号に規定する者（同号括弧書に規定する割合が三分の一を超えない場合に限る。）がいるときは、当該他の各評議員の氏名及び当該他の各評議員との関係を説明する事項

六　評議員となるべき者のうちに、他の各役員となるべき者について、第二条の八第六号に規定する者（同号括弧書に規定する割合が三分の一を超えない場合に限る。）又は同条第七号に規定する者（同号括弧書に規定する半数を超えない場合に限る。）がいるときは、当該他の各役員の氏名及び当該他の各役員との関係を説明する事項

七　理事となるべき者のうちに、他の各理事となるべき者について、第二条の十各号に規定する者（第六号又は第七号に規定する者については、これらの号に規定する割合が三分の一を超えない場合に限る。）がいるときは、当該他の各理事の氏名及び当該他の各理事との関係を説明する事項

八　監事となるべき者のうちに、他の各役員となるべき者について、第二条の十一第六号に規定する者（同号括弧書に規定する割合が三分の一を超えない場合に限る。）、同条第七号に規定する者（同号括弧書に規定する割合が三分の一を超えない場合に限る。）、同条第八号に規定する者（同号括弧書に規定する半数を超えない場合に限る。）又は同条第九号に規定する者（同号括弧書に規定する割合が三分の一を超えない場合に限る。）がいるときは、当該他の各役員の氏名及び当該他の各役員との関係を説明する事項

2　前項の申請書には、次に掲げる書類を添付しなければならない。

一　設立当初において当該社会福祉法人に帰属すべき財産の財産目録及び当該財産が当該社会福祉法人に確実に帰属することを明らかにすることができる書類

二　当該社会福祉法人がその事業を行うため前号の財産目録に記載された不動産以外の不動産の使用を予定しているときは、その使用の権限が当該社会福祉法人に確実に帰属することを明らかにすることができる書類

三　設立当初の会計年度及び次の会計年度における事業計画書及びこれに伴う収支予算書

四　設立者の履歴書

五　設立代表者を定めたときは、その権限を証明する書類

六　評議員となるべき者及び役員となるべき者の履歴書及び就任承諾書

3　所轄庁は、前二項に規定するもののほか、不動産の価格評価書その他必要な書類の提出を求めることができる。

4　社会福祉法人は、その設立の認可を受けたときは、遅滞なく財産目録記載の財産の移転を受けて、その移転を終了した後一月以内にこれを証明する書類を添付して所轄庁に報告しなければならない。

5　第一項の認可申請書類には、副本一通を添付しなければならない。

> 所轄庁の定義
> ☞法30条
> フレキシブルディスク（以下、欄外注では「FD」と略記する）による提出可
> 規則41条☞
>
> 4号：29年法に伴い一部改正
>
> 5号：29年法に伴い新設
>
> 6号：29年法に伴い新設
>
> 7号：29年法に伴い新設
>
> 8号：29年法に伴い新設
>
> 1号：29年一部改正
>
> FDによる提出可
> 規則41条☞

施行規則

（電磁的記録）

第二条の二　法第三十一条第二項に規定する厚生労働省令で定めるものは、磁気ディスクその他これに準ずる方法により一定の情報を確実に記録してお

> 29年法に伴い新設
> **電磁的記録の定義**

くことができる物をもつて調製するファイルに情報を記録したものとする。

施行規則

（フレキシブルディスクによる手続）

第四十一条　次に掲げる書類の提出については、これらの書類に記載すべき事項を記録したフレキシブルディスク並びに申請者又は届出者の名称及び主たる事務所の所在地並びに申請又は届出の趣旨及びその年月日を記載した書類を提出することによつて行うことができる。

一　第二条第一項に規定する申請書及び定款
二　第二条第二項第三号に規定する事業計画書及び収支予算書
三　第三条第一項に規定する申請書
四　第四条第二項において読み替えて準用される第三条第一項に規定する届出書
五　第三条第一項第二号（第四条第二項において準用される場合を含む。）に規定する定款
六　第三条第二項第三号に規定する事業計画書及び収支予算書
七　第三条第三項に規定する書類
八　第五条第一項に規定する申請書
九　第五条第一項第二号に規定する財産目録及び貸借対照表
十　第六条第一項に規定する申請書
十一　第六条第一項第二号に規定する定款
十二　第六条第一項第三号イに規定する財産目録及び貸借対照表
十三　第六条第一項第四号イに規定する財産目録
十四　第六条第一項第四号ロに規定する事業計画書及び収支予算書
十五　第六条第一項第四号ニからトまでに規定する書類
十六　第八条第一項に規定する申請書
十七　第八条第一項第一号に規定する理由書
十八　第八条第一項第二号に規定する計画書及び収支予算書
十九　第八条第一項第三号に規定する書類
二十　第八条第一項第四号に規定する財産目録及び貸借対照表

29年法に伴い一部形式的改正

28年法に伴い22・23号を、29年法に伴い21号を、各削除

施行規則

（フレキシブルディスクの構造）

第四十二条　前条のフレキシブルディスクは、産業標準化法（昭和二十四年法律第百八十五号）に基づく日本産業規格（以下「日本産業規格」という。）X六二二三号に適合する九十ミリメートルフレキシブルディスクカートリッジでなければならない。

施行規則

（フレキシブルディスクへの記録方式）

第四十三条　第四十一条のフレキシブルディスクへの記録は、次に掲げる方式に従つてしなければならない。

一　トラックフォーマットについては、不正競争防止法等の一部を改正する法律（平成三十年法律第三十三号）第二条の規定による改正前の工業標準化法に基づく日本工業規格X六二二四号又は日本産業規格X六二二五号に規定する方式
二　ボリューム及びファイル構成については、日本産業規格X〇六〇五号に規定する方式

施行規則

（フレキシブルディスクに貼り付ける書面）

第四十四条　第四十一条のフレキシブルディスクには、日本産業規格X六二二三号に規定するラベル領域に、次に掲げる事項を記載した書面を貼り付けなければならない。

一　申請者又は届出者の名称
二　申請年月日又は届出年月日

（認可）

第三十二条　所轄庁は、前条第一項の規定による認可の申請があつたときは、当該申請に係る社会福祉法人の資産が第二十五条の要件に該当しているかどうか、その定款の内容及び設立の手続が、法令の規定に違反していないかどうか等を審査した上で、当該定款の認可を決定しなければならない。

旧法のまま

審査は「法人審査基準」による

（定款の補充）

第三十三条　社会福祉法人を設立しようとする者が、第三十一条第一項第二号から第十五号までの各号に掲げる事項を定めないで死亡した場合には、厚生労働大臣は、利害関係人の請求により又は職権で、これらの事項を定めなければならない。

実質旧法３３条

（成立の時期）

第三十四条　社会福祉法人は、その主たる事務所の所在地において設立の登記をすることによつて成立する。

旧法のまま
登記懈怠は過料２０万円以下（法１６５条１号）

（定款の備置き及び閲覧等）

第三十四条の二　社会福祉法人は、第三十一条第一項の認可を受けたときは、その定款をその主たる事務所及び従たる事務所に備え置かなければならない。

実質２９年法で新設（旧法は財産目録について規定）

2　評議員及び債権者は、社会福祉法人の業務時間内は、いつでも、次に掲げる請求をすることができる。ただし、債権者が第二号又は第四号に掲げる請求をするには、当該社会福祉法人の定めた費用を支払わなければならない。

備置義務違反は過料２０万円以下（法１６５条６号）
正当理由のない閲覧・謄写等拒否は過料20万円以下(法１６５条3号)

一　定款が書面をもつて作成されているときは、当該書面の閲覧の請求

二　前号の書面の謄本又は抄本の交付の請求

三　定款が電磁的記録をもつて作成されているときは、当該電磁的記録に記録された事項を厚生労働省令で定める方法により表示したものの閲覧の請求

規則２条の３

四　前号の電磁的記録に記録された事項を電磁的方法（電子情報処理組織を使用する方法その他の情報通信の技術を利用する方法であつて厚生労働省令で定めるものをいう。以下同じ。）であつて当該社会福祉法人の定めたものにより提供することの請求又はその事項を記載した書面の交付の請求

規則２条の４

3　何人（評議員及び債権者を除く。）も、社会福祉法人の業務時間内は、いつでも、次に掲げる請求をすることができる。この場合においては、当該社会福祉法人は、正当な理由がないのにこれを拒んではならない。

正当理由のない閲覧拒否は過料２０万円以下(法１６５条3号)

一　定款が書面をもつて作成されているときは、当該書面の閲覧の請求

二　定款が電磁的記録をもつて作成されているときは、当該電磁的記録に記録された事項を厚生労働省令で定める方法により表示したものの閲覧の請求

規則２条の３

4　定款が電磁的記録をもつて作成されている場合であつて、従たる事務所における第二項第三号及び第四号並びに前項第二号に掲げる請求に応じることを可能とするための措置として厚生労働省令で定めるものをとつている社会福祉法人についての第一項の規定の適用については、同項中「主たる事務所及び従たる事務所」とあるのは、「主たる事務所」とする。

規則２条の５

施行規則

（電磁的記録に記録された事項を表示する方法）

第二条の三　次に掲げる規定に規定する厚生労働省令で定める方法は、次に掲げる規定の電磁的記録（法第三十一条第二項に規定する電磁的記録をいう。以下同じ。）に記録された事項を紙面又は映像面に表示する方法とする。

２９年法に伴い新設

一　法第三十四条の二第二項第三号

1号:定款

二　法第三十四条の二第三項第二号（法第百三十九条第四項において準用する場合を含む。）

2号:定款

三　法第四十五条の九第十項において準用する一般社団法人及び一般財団法人に関する法律（平成十八年法律第四十八号）第百九十四条第三項第二号

3号:評議員会決議省略時の評議員の同意の記録

四　法第四十五条の十一第四項第二号

4号:評議員会議事録

五　法第四十五条の十五第二項第二号 5号:理事会議事録等
六　法第四十五条の十九第三項第二号 6号:会計帳簿等
七　法第四十五条の二十五第二号 7号:会計帳簿等
八　法第四十五条の三十二第三項第三号 8号:計算書類等
九　法第四十五条の三十二第四項第二号（法第百三十八条第一項において準用する場合を含む。） 9号:計算書類等
十　法第四十五条の三十四第三項第二号（法第百三十八条第一項において準用する場合を含む。） 10号:財産目録等
十一　法第四十六条の二十第二項第二号 11号:清算人会議事録等
十二　法第四十六条の二十六第二項第三号 12号:清算法人貸借対照表等
十三　法第五十一条第二項第三号 13号:吸収合併契約書面等
十四　法第五十四条第二項第三号 14号:吸収合併契約書面等
十五　法第五十四条の四第三項第三号 15号:吸収合併関係書面等
十六　法第五十四条の七第二項第三号 16号:新設合併契約書面等
十七　法第五十四条の十一第三項第三号 17号:新設合併関係書面等

施行規則

（電磁的方法）

第二条の四　法第三十四条の二第二項第四号に規定する電子情報処理組織を使用する方法その他の情報通信の技術を利用する方法であつて厚生労働省令で定めるものは、次に掲げる方法とする。 ２９年法に伴い新設

一　電子情報処理組織を使用する方法のうちイ又はロに掲げるもの

イ　送信者の使用に係る電子計算機と受信者の使用に係る電子計算機とを接続する電気通信回線を通じて送信し、受信者の使用に係る電子計算機に備えられたファイルに記録する方法

ロ　送信者の使用に係る電子計算機に備えられたファイルに記録された情報の内容を電気通信回線を通じて情報の提供を受ける者の閲覧に供し、当該情報の提供を受ける者の使用に係る電子計算機に備えられたファイルに当該情報を記録する方法

二　磁気ディスクその他これに準ずる方法により一定の情報を確実に記録しておくことができる物をもつて調製するファイルに情報を記録したものを交付する方法

２　前項各号に掲げる方法は、受信者がファイルへの記録を出力することにより書面を作成することができるものでなければならない。

施行規則

（電磁的記録の備置きに関する特則）

第二条の五　次に掲げる規定に規定する厚生労働省令で定める措置は、社会福祉法人の使用に係る電子計算機を電気通信回線で接続した電子情報処理組織を使用する方法であつて、当該電子計算機に備えられたファイルに記録された情報の内容を電気通信回線を通じて社会福祉法人の従たる事務所において使用される電子計算機に備えられたファイルに当該情報を記録するものによる措置とする。 ２９年法に伴い新設

一　法第三十四条の二第四項 1号:定款の備置・閲覧
二　法第四十五条の十一第三項 2号:評議員会議事録備置
三　法第四十五条の三十二第二項 3号:計算書類等備置閲覧
四　法第四十五条の三十四第五項（法第百三十八条第一項において準用する場合を含む。） 4号:財産目録備置閲覧

（準用規定）

第三十五条　一般社団法人及び一般財団法人に関する法律（平成十八年法律第四十八号）第百五十八条及び第百六十四条の規定は、社会福祉法人の設立について準用する。 第1項:２９年法に伴い一部形式的改正 実質旧法のまま

２　一般社団法人及び一般財団法人に関する法律第二百六十四条第一項（第一号に係る部分に限る。）及び第二項（第一号に係る部分に限る。）、第二百六十九条（第一号に係る部分に限る。）、第二百七十条、第二百七十二条から第二百七十 第2項:２９年法で新設

四条まで並びに第二百七十七条の規定は、社会福祉法人の設立の無効の訴えについて準用する。この場合において、同法第二百六十四条第二項第一号中「社員等（社員、評議員、理事、監事又は清算人をいう。以下この款において同じ。）」とあるのは、「評議員、理事、監事又は清算人」と読み替えるものとする。

〈編者注〉　準用される一般法について
　法３５条第1項は、一般法を「社会福祉法人の設立について準用する」規定。また、同第2項は、一般法を「社会福祉法人の設立の無効の訴えについて準用する」規定。それぞれ準用される一般法については、「社会福祉法人の設立について準用する一般法」「社会福祉法人の立の無効の訴えについて準用する一般法」の見出しを付して**ゴシック体で記載**している。
　また、一般法の条文名の冒頭に「一般法」と付記している。

一般法：本書では「一般社団法人及び一般財団法人に関する法律」を「一般法」と略記している

社会福祉法人の設立について準用する一般法

（贈与又は遺贈に関する規定の準用）
一般法第百五十八条　生前の処分で財産の拠出をするときは、その性質に反しない限り、民法の贈与に関する規定を準用する。
２　遺言で財産の拠出をするときは、その性質に反しない限り、民法の遺贈に関する規定を準用する。

左は、財団法人の設立に関する規定を社会福祉法人の設立に準用するもの

（財産の帰属時期）
一般法第百六十四条　生前の処分で財産の拠出をしたときは、当該財産は、~~一般財団法人~~ 読替 **社会福祉法人**の成立の時から当該~~一般財団法人~~ 読替 **社会福祉法人**に帰属する。
２　遺言で財産の拠出をしたときは、当該財産は、遺言が効力を生じた時から~~一般財団法人~~ 読替 **社会福祉法人**に帰属したものとみなす。

社会福祉法人の設立の無効の訴えについて準用する一般法

（~~一般社団法人等の組織に関する行為~~ 読替 **社会福祉法人設立**の無効の訴え）
一般法第二百六十四条　次~~の各号~~に掲げる行為の無効は、当該各号に定める期間に、訴えをもってのみ主張することができる。
一　~~一般社団法人等~~ 読替 **社会福祉法人**の設立　~~一般社団法人等~~ 読替 **社会福祉法人**の成立の日から二年以内
二～三 【準用対象外】
２　次~~の各号~~に掲げる行為の無効の訴えは、当該各号に定める者に限り、提起することができる。
一　前項第一号に掲げる行為　設立する~~一般社団法人等~~ 読替 **社会福祉法人**の~~社員等（社員、評議員、理事、監事又は清算人をいう。以下この款において同じ。）~~ 法読替 **評議員、理事、監事又は清算人**
二～三 【準用対象外】

（被告）
一般法第二百六十九条　次~~の各号~~に掲げる訴え（以下この節において「~~一般社団法人等~~ 読替 **社会福祉法人**の組織に関する訴え」と総称する。）については、当該各号に定める者を被告とする。
一　~~一般社団法人等~~ 読替 **社会福祉法人**の設立の無効の訴え　設立する~~一般社団法人等~~ 読替 **社会福祉法人**
二～八 【準用対象外】

（訴えの管轄）
一般法第二百七十条　~~一般社団法人等組織に関する訴え~~ 読替 **社会福祉法人の設立の無効の訴え**は、被告となる~~一般社団法人等~~ 読替 **社会福祉法人**の主たる事務所の所在地を管轄する地方裁判所の管轄に専属する。

~~明朝体表記見え消し線部~~は読替前の一般法
読替 に続く**ゴシック体下線部**は読替後の文言
~~明朝体文字列~~ 読替 **ゴシック体文字列**は、準用に際して、~~一般法文字列~~（左では「一般財団法人」）が**ゴシック体文字列**（左では「社会福祉法人」）と読み替えることを示している（詳しくは4頁を参照）

（弁論等の必要的併合）

一般法第二百七十二条　同一の請求を目的とする~~一般社団法人等の組織に関する訴え~~ 読替 社会福祉法人の設立の無効の訴えに係る二以上の訴訟が同時に係属するときは、その弁論及び裁判は、併合してしなければならない。

（認容判決の効力が及ぶ者の範囲）

一般法第二百七十三条　~~一般社団法人等の組織に関する訴え~~ 読替 社会福祉法人の設立の無効の訴えに係る請求を認容する確定判決は、第三者に対してもその効力を有する。

（無効~~又は取消し~~の判決の効力）

一般法第二百七十四条　~~一般社団法人等の組織に関する訴え~~ 読替 社会福祉法人の設立の無効の訴えに（第二百六十九条第一号~~から第三号まで、第六号及び第七号~~に掲げる訴えに限る。）に係る請求を認容する判決が確定したときは、当該判決において無効とされ~~、又は取り消された行為（当該行為によって一般社団法人等が設立された場合にあっては、当該設立を含む。）~~ 読替 た設立は、将来に向かってその効力を失う。

社会福祉法人の設立の無効の訴えについて準用されるのは1号のみで2号以下は準用対象外
また「取消し」も準用対象外
社会福祉法人は設立時から行政庁の関与があることなどから設立の取消しの訴え（一般法206条3号）は措置されていない

（原告が敗訴した場合の損害賠償責任）

一般法第二百七十七条　~~一般社団法人等の組織に関する訴え~~ 読替 社会福祉法人の設立の無効の訴えを提起した原告が敗訴した場合において、原告に悪意又は重大な過失があったときは、原告は、被告に対し、連帯して損害を賠償する責任を負う。

〈編者注〉　本書における一般法の記載・読替

記載場所　一般法は、社福法の準用規定の直下に記載している。

表記字体　**表記は原則としてゴシック体**としているが、読み飛ばした方が法文を理解しやすいと思われる部分は明朝体で表記している。

読替記載　読替の記載については、読み替えられる一般法を~~見え消し線を施した明朝体~~に変換するとともに、続けて 読替 の後に読替後の法文を下線を施した**ゴシック体**で記載している。

例えば一般法277条は、社福法35条2項によって、「社会福祉法人の設立の無効の訴えについて準用する」とされているので、一般法に「一般社団法人等の組織に関する訴え」とあるうち、「一般社団法人等」とあるのは当然に「社会福祉法人」と読み替え、また「組織に関する訴え」とあるのは当然に「無効の訴え」と読み替えることとなるので、次のように記載している。

~~一般社団法人等の組織に関する訴え~~ 読替 **社会福祉法人の設立の無効の訴え**

なお、読替には次の３パターンがあり、それぞれの場合に応じて記載法を変えている。

① 読替えが準用されることから当然に読み替えられるもの
　読替後ゴシック体文字の前に 読替 と記載

② 読替えが社福法の準用規定の定めによる場合
　読替後ゴシック体文字の前に 法読替 と記載

③ 読替えが施行令の定めによる場合
　読替後ゴシック体文字の前に 政令読替 と記載

より詳しくは、本書の4頁から5頁に記載している「Ⅱ 一般法の記載方法」を参照

第三節　機関

28年法までは「第三節　管理」
この節の区分「第○款 ××」は29年法で新設

第一款　機関の設置

（機関の設置）

第三十六条　社会福祉法人は、評議員、評議員会、理事、理事会及び監事を置かなければならない。　29年改正 旧法42条1項

2　社会福祉法人は、定款の定めによつて、会計監査人を置くことができる。　29年法で新設

（会計監査人の設置義務）

第三十七条　特定社会福祉法人（その事業の規模が政令で定める基準を超える社会福祉法人をいう。第四十六条の五第三項において同じ。）は、会計監査人を置かなければならない。　29年法で新設

施行令

（特定社会福祉法人等の基準）

第十三条の三　法第三十七条及び第四十五条の十三第五項の政令で定める基準を超える社会福祉法人は、次の各号のいずれかに該当する社会福祉法人とする。

特定社会福祉法人
29年法に伴い新設

一　最終会計年度（各会計年度に係る法第四十五条の二十七第二項に規定する計算書類につき法第四十五条の三十第二項の承認（法第四十五条の三十一前段に規定する場合にあつては、法第四十五条の二十八第三項の承認）を受けた場合における当該各会計年度のうち最も遅いものをいう。以下この条において同じ。）に係る法第四十五条の三十第二項の承認を受けた収支計算書（法第四十五条の三十一前段に規定する場合にあつては、同条の規定により定時評議員会に報告された収支計算書）に基づいて最終会計年度における社会福祉事業並びに法第二十六条第一項に規定する公益事業及び同項に規定する収益事業による経常的な収益の額として厚生労働省令で定めるところにより計算した額が三十億円を超えること。

収益額30億円基準
法45条の27第2項の計算書類
＝各会計年度に係る計算書類
法45条の30第2項承認
＝定時評議員会の承認
規則2条の6 ☞

二　最終会計年度に係る法第四十五条の三十第二項の承認を受けた貸借対照表（法第四十五条の三十一前段に規定する場合にあつては、同条の規定により定時評議員会に報告された貸借対照表とし、社会福祉法人の成立後最初の定時評議員会までの間においては、法第四十五条の二十七第一項の貸借対照表とする。）の負債の部に計上した額の合計額が六十億円を超えること。

負債額60億円基準

施行規則

（最終会計年度における事業活動に係る収益の額の算定方法）

第二条の六　令第十三条の三第一号に規定する収益の額として厚生労働省令で定めるところにより計算した額は、社会福祉法人会計基準（平成二十八年厚生労働省令第七十九号）第七条の二第一項第二号ロ(1)に規定する法人単位事業活動計算書の当年度決算（A）の項サービス活動収益計(1)欄に計上した額とする。　29年法に伴い新設

〈編者注〉　特定社会福祉法人の対象範囲の拡大について

「社会福祉法等の一部を改正する法律の施行に伴う関係政令の整備等及び経過措置に関する政令等の公布について（通知）」（平成２８年１１月１１日/社援発１１１１第2号）では、次のように特定社会福祉法人の対象範囲を拡大していくことが予定されていた。しかし、令和5年5月1日現在、特定社会福祉法人の対象範囲は拡大されていない。

・令和元年度、令和２年度は、収益２０億円又は負債４０億円を超える法人
・令和３年度以降は、収益１０億円又は負債２０億円を超える法人

第二款　評議員等の選任及び解任

「第二款」の区分は29年法で新設

（社会福祉法人と評議員等との関係）

第三十八条　社会福祉法人と評議員、役員及び会計監査人との関係は、委任に関する規定に従う。

29年法で新設
役員＝理事＋監事（法31条1項6号）

〈編者注〉　委任契約について

委任契約は、当事者の一方（委任者）が法律行為をすることを相手方に委託し、相手方（受任者）がこれを承諾することを内容とする契約（民法第643条)。「受任者は、委任の本旨に従い、善良な管理者の注意義務をもって、委任事務を処理する義務を負う」（善管注意義務。民法644条)。

社福法45条の16は理事の忠実義務を定めているが、理事を含め、監事、会計監査人、評議員等にも善管注意義務がある。善管注意義務を怠り、社会福祉法人に損害を生じたときは、損害賠償の責任がある（社福法45条の20)。

また、理事・監事・評議員等（会計監査人を除く）の特別背任は7年以下の懲役若しくは500万円以下の罰金に処し、又はこれを併科する（法155条1～2項)。未遂も罰する（法155条3項)。

理事・監事・評議員等（会計監査人を含む）の収賄は5年以下の懲役又は500万円以下の罰金に処し（法156条1項)、利益は没収ないし追徴する（法156条3項)。また、贈賄側も3年以下の懲役又は300万円以下の罰金に処す（法156条2項)。

昭和45年6月24日最高裁判決では「忠実義務」＝「善管注意義務」

「又は」・「若しくは」は、ともに選択的接続詞　選択的接続が多段階になる場合、一番大きな接続に「又は」を使う

A若しくはB
又は
C

〈編者注〉　委任の終了事由

委任は、次に掲げる事由によって終了する（民法653条）ので、評議員、役員及び会計監査人が次の各号に相当すれば、当然に退任する。

一　委任者又は受任者の死亡
二　委任者又は受任者が破産手続開始の決定を受けたこと
三　受任者が後見開始の審判を受けたこと

（評議員の選任）

第三十九条　評議員は、社会福祉法人の適正な運営に必要な識見を有する者のうちから、定款の定めるところにより、選任する。

29年法で新設

〈編者注〉　定款の定めるところによる評議員の選任

「社会福祉法人の認可について」（平成12年12月1日 障第890号・社援第2618号・老発第794号・児発第908号 部局長連名通知）において、「定款で定める方法としては、外部委員が参加する機関を設置し、この機関の決定に従って行う方法等が考えられること」とされ、厚労省定款例では、その第6条において、評議員の選任及び解任は評議員選任・解任委員会において行う旨が規定され、ほとんどの法人においてこの方式が採られている。

評議員選任・解任委員会について詳しくは、「制度改革の施行に向けた留意事項についてのFAQ」（福祉基盤課事務連絡）問1以下に詳述されている

（評議員の資格等）

第四十条　次に掲げる者は、評議員となることができない。

一　法人
二　心身の故障のため職務を適正に執行することができない者として厚生労働省令で定めるもの

44条1項で役員に準用
旧法36条4項の欠格事由には「法人」が含まれていなかった
第2号：令和元年法律第37号によって改正

施行規則

（職務を適正に執行することができない者）

第二条の六の二　法第四十条第一項第二号（法第四十四条第一項、第四十六条の六第六項及び第百十五条第二項において準用する場合を含む。）に規定する厚生労働省令で定めるものは、精神の機能の障害により職務を適正に執行するに当たつて必要な認知、判断及び意思疎通を適切に行うことができない者とする。

令和元年法律第37号に伴い新設

第三十六条 ～ 第四十条

三 生活保護法、児童福祉法、老人福祉法、身体障害者福祉法又はこの法律の規定に違反して刑に処せられ、その執行を終わり、又は執行を受けることがなくなるまでの者

四 前号に該当する者を除くほか、禁錮以上の刑に処せられ、その執行を終わり、又は執行を受けることがなくなるまでの者

五 第五十六条第八項の規定による所轄庁の解散命令により解散を命ぜられた社会福祉法人の解散当時の役員

六 暴力団員による不当な行為の防止等に関する法律(平成三年法律第七十七号)第二条第六号に規定する暴力団員(以下この号において「暴力団員」という。)又は暴力団員でなくなつた日から五年を経過しない者(第百二十八条第一号ニ及び第三号において「暴力団員等」という。)

2 評議員は、役員又は当該社会福祉法人の職員を兼ねることができない。

3 評議員の数は、定款で定めた理事の員数を超える数でなければならない。

〈編者注〉 評議員の数について

法40条3項に定める「評議員の数」は「定数」ではなく、現に在任している評議員の数であることに注意(厚労省定款例5条備考2)。

4 評議員のうちには、各評議員について、その配偶者又は三親等以内の親族その他各評議員と厚生労働省令で定める特殊の関係がある者が含まれることになつてはならない。

5 評議員のうちには、各役員について、その配偶者又は三親等以内の親族その他各役員と厚生労働省令で定める特殊の関係がある者が含まれることになつてはならない。

施行規則

(評議員のうちの各評議員と特殊の関係がある者)

第二条の七 法第四十条第四項に規定する各評議員と厚生労働省令で定める特殊の関係がある者は、次に掲げる者とする。

一 当該評議員と婚姻の届出をしていないが事実上婚姻関係と同様の事情にある者

二 当該評議員の使用人

三 当該評議員から受ける金銭その他の財産によつて生計を維持している者

四 前二号に掲げる者の配偶者

五 第一号から第三号までに掲げる者の三親等以内の親族であつて、これらの者と生計を一にするもの

六 当該評議員が役員(法人でない団体で代表者又は管理人の定めのあるものにあつては、その代表者又は管理人。以下この号及び次号において同じ。)若しくは業務を執行する社員である他の同一の団体(社会福祉法人を除く。)の役員、業務を執行する社員又は職員(当該評議員及び当該他の同一の団体の役員、業務を執行する社員又は職員である当該社会福祉法人の評議員の合計数の当該社会福祉法人の評議員の総数のうちに占める割合が、三分の一を超える場合に限る。)

七 他の社会福祉法人の役員又は職員(当該他の社会福祉法人の評議員となつている当該社会福祉法人の評議員及び役員の合計数が、当該他の社会福祉法人の評議員の総数の半数を超える場合に限る。)

八 次に掲げる団体の職員のうち国会議員又は地方公共団体の議会の議員でない者(当該団体の職員(国会議員又は地方公共団体の議会の議員である者を除く。)である当該社会福祉法人の評議員の総数の当該社会福祉法人の評議員の総数のうちに占める割合が、三分の一を超える場合に限る。)

イ 国の機関

ロ 地方公共団体

ハ 独立行政法人通則法(平成十一年法律第百三号)第二条第一項に規定する独立行政法人

第4号の「禁錮」は令和4年法律第68号によって「拘禁刑」に改正(施行日は令和7年6月16日までの政令で定める日)

第5号の役員=理事+監事(法31条1項6号)

令和2年法律第52号により新設

旧法41条

旧法42条2項

規則2条の7☞

役員=理事+監事(法31条1項6号)

規則2条の8☞

29年法に伴い新設

租税特別措置法40条の適用を受けるには「三親等」ではなく「六親等」と要件が加重されている(定款記載必要)

ニ　国立大学法人法（平成十五年法律第百十二号）第二条第一項に規定する国立大学法人又は同条第三項に規定する大学共同利用機関法人

ホ　地方独立行政法人法（平成十五年法律第百十八号）第二条第一項に規定する地方独立行政法人

ヘ　特殊法人（特別の法律により特別の設立行為をもつて設立された法人であつて、総務省設置法（平成十一年法律第九十一号）第四条第一項第九号の規定の適用を受けるものをいう。）又は認可法人（特別の法律により設立され、かつ、その設立に関し行政官庁の認可を要する法人をいう。）

施行規則

（評議員のうちの各役員と特殊の関係がある者）

第二条の八　法第四十条第五項に規定する各役員と厚生労働省令で定める特殊の関係がある者は、次に掲げる者とする。

29年法に伴い新設

一　当該役員と婚姻の届出をしていないが事実上婚姻関係と同様の事情にある者

二　当該役員の使用人

三　当該役員から受ける金銭その他の財産によつて生計を維持している者

四　前二号に掲げる者の配偶者

五　第一号から第三号までに掲げる者の三親等以内の親族であつて、これらの者と生計を一にするもの

租税特別措置法40条の適用を受けるには、「三親等」ではなく「六親等」と要件が加重されている（定款記載必要）

六　当該役員が役員（法人でない団体で代表者又は管理人の定めのあるものにあつては、その代表者又は管理人。以下この号及び次号において同じ。）若しくは業務を執行する社員である他の同一の団体（社会福祉法人を除く。）の役員、業務を執行する社員又は職員（当該他の同一の団体の役員、業務を執行する社員又は職員である当該社会福祉法人の評議員の総数の当該社会福祉法人の評議員の総数のうちに占める割合が、三分の一を超える場合に限る。）

七　他の社会福祉法人の役員又は職員（当該他の社会福祉法人の評議員となつている当該社会福祉法人の評議員及び役員の合計数が、当該他の社会福祉法人の評議員の総数の半数を超える場合に限る。）

（評議員の任期）

第四十一条　評議員の任期は、選任後四年以内に終了する会計年度のうち最終のものに関する定時評議員会の終結の時までとする。ただし、定款によつて、その任期を選任後六年以内に終了する会計年度のうち最終のものに関する定時評議員会の終結の時まで伸長することを妨げない。

実質29年法で新設
相対的記載事項

2　前項の規定は、定款によつて、任期の満了前に退任した評議員の補欠として選任された評議員の任期を退任した評議員の任期の満了する時までとすることを妨げない。

相対的記載事項

〈編者注〉　補欠として選任された評議員の任期の決定

評議員の任期の例外（法41条2項）に関して、定款に「補欠として選任された評議員の任期は、退任した評議員の任期の満了する時までとすることができる」と定めている法人が、任期に関する決定を欠いたまま補欠の評議員を選任した場合、当該補欠評議員の任期は原則に従って4年となる（法41条1項）。したがって、補欠評議員の任期を退任評議員の任期満了時とするためには、そのための決定が別途に必要になる。なお、定款に「ことができる」との文言がない場合には、補欠評議員の任期は一義的に確定する。

評議員の任期を理事会が決定することは法の趣旨に反する。また、評議員会の決議事項は法令定款に記載された事項に限られている
具体的には、選任を決議する選任委員会による任期に関する決議がなされるべきものと思われる

〈編者注〉　評議員の補欠の予めの選任可否

法41条第2項は、欠員に備えた予めの選任を予定した規定ではない。しかし補欠の役員の選任(法43条2項)と同様に、予めに行う補欠の評議員の選任は、条件付・期限付選任であり、定款に定めがなくとも可能であると解される（法43条2項に附記する〈編者注〉参照）。

なお、厚生労働省「制度改革の施行に向けた留意事項についてのFAQ」（福祉基盤課事務連絡）問34では、法41条第2項を根拠とし、「定款で定めるとこ

ろにより、補欠を選任しておくことが可能である」としている。

（評議員に欠員を生じた場合の措置）

第四十二条　この法律又は定款で定めた評議員の員数が欠けた場合には、任期の満了又は辞任により退任した評議員は、新たに選任された評議員（次項の一時評議員の職務を行うべき者を含む。）が就任するまで、なお評議員としての権利義務を有する。

実質29年法で新設

2　前項に規定する場合において、事務が遅滞することにより損害を生ずるおそれがあるときは、所轄庁は、利害関係人の請求により又は職権で、一時評議員の職務を行うべき者を選任することができる。

一時評議員にも特別背任等の罰則を適用(法155条1項3号他)

〈編者注〉　法42条2項について

一時評議員の報酬は定款で定める(一般法196条☞法45条の8第4項)。

法42条2項は、都道府県及び市の第1号法定受託事務（法151条)

（役員等の選任）

第四十三条　役員及び会計監査人は、評議員会の決議によつて選任する。

実質29年法で新設

2　前項の決議をする場合には、厚生労働省令で定めるところにより、この法律又は定款で定めた役員の員数を欠くこととなるときに備えて補欠の役員を選任することができる。

役員＝理事＋監事(法31条1項6号)
規則2条の9☟
解任の規定は法45条の4

施行規則

（補欠の役員の選任）

第二条の九　法第四十三条第二項の規定による補欠の役員の選任については、この条の定めるところによる。

29年法に伴い新設

2　法第四十三条第二項の規定により補欠の役員を選任する場合には、次に掲げる事項も併せて決定しなければならない。

一　当該候補者が補欠の役員である旨

二　当該候補者を一人又は二人以上の特定の役員の補欠の役員として選任するときは、その旨及び当該特定の役員の氏名

三　同一の役員（二人以上の役員の補欠として選任した場合にあつては、当該二人以上の役員）につき二人以上の補欠の役員を選任するときは、当該補欠の役員相互間の優先順位

四　補欠の役員について、就任前にその選任の取消しを行う場合があるときは、その旨及び取消しを行うための手続

3　補欠の役員の選任に係る決議が効力を有する期間は、定款に別段の定めがある場合を除き、当該決議後最初に開催する定時評議員会の開始の時までとする。ただし、評議員会の決議によつてその期間を短縮することを妨げない。

法43条1項の役員選任決議は、候補者ごとに行うこととされている(厚労省定款例13条3項参照)が、定款にそのような定めがない場合には、一括して選任決議を行っても違法ではないと解される

〈編者注〉　補欠の役員の選任

法43条第2項の「補欠」は、欠員に備えたもので（法41条2項対比)、役員の条件付・期限付選任決議に過ぎず、本条がなくとも可能であり、定款に定める必要もない。なお施行規則2条の9第3項の定めによって、定款に別段の定めがある場合を除き、補欠選任は毎期に決議が必要であることに注意。

補欠の役員の任期計算は補欠選任時が起算点
施行規則2条の9☝

3　一般社団法人及び一般財団法人に関する法律第七十二条、第七十三条第一項及び第七十四条の規定は、社会福祉法人について準用する。この場合において、同法第七十二条及び第七十三条第一項中「社員総会」とあるのは「評議員会」と、同項中「監事が」とあるのは「監事の過半数をもって」と、同法第七十四条中「社員総会」とあるのは「評議員会」と読み替えるものとするほか、必要な技術的読替えは、政令で定める。

施行令

（社会福祉法人に関する読替え）

第十三条の四　法第四十三条第三項（法第四十六条の二十一の規定により適用する場合を含む。）において社会福祉法人について一般社団法人及び一般財

29年法に伴い新設

団法人に関する法律（平成十八年法律第四十八号）第七十四条第三項及び第四項の規定を準用する場合においては、同条第三項中「第三十八条第一項第一号」とあるのは「社会福祉法（昭和二十六年法律第四十五号）第四十五条の九第十項において準用する第百八十一条第一項第一号」と、同条第四項中「第七十一条第一項」とあるのは「社会福祉法第四十五条の五第一項」と読み替えるものとする。

社会福祉法人について準用する一般法

（監事の選任に関する監事の同意等）

一般法第七十二条　理事は、監事がある場合において、監事の選任に関する議案を社員総会 法読替 評議員会に提出するには、監事（監事が二人以上ある場合にあっては、その過半数）の同意を得なければならない。

監事は必置機関（法36条）で定数は2人以上（法44条3項）

また、監事の「過半数」なので、監事が2人の場合は2人の同意が必要（以下同じ）

2　監事は、理事に対し、監事の選任を社員総会 法読替 評議員会の目的とすること又は監事の選任に関する議案を社員総会 法読替 評議員会に提出することを請求することができる。

（会計監査人の選任等に関する議案の内容の決定）

一般法第七十三条　監事設置一般社団法人 読替 社会福祉法人においては、社員総会 法読替 評議員会に提出する会計監査人の選任及び解任並びに会計監査人を再任しないことに関する議案の内容は、監事が 法読替 監事の過半数をもって決定する。

監査ガイドラインでは、理事会の議事録に記載がない場合の会計監査人選任に係る確認書類を、「監事の過半数の同意を証する書類」としている

2　【準用対象外】

（監事等の選任等についての意見の陳述）

一般法第七十四条　監事は、社員総会 法読替 評議員会において、監事の選任若しくは解任又は辞任について意見を述べることができる。

2　監事を辞任した者は、辞任後最初に招集される社員総会 法読替 評議員会に出席して、辞任した旨及びその理由を述べることができる。

3　理事は、前項の者に対し、同項の社員総会 法読替 評議員会を招集する旨及び第三十八条第一項第一号 政令読替 社会福祉法（昭和二十六年法律第四十五号）第四十五条の九第十項において準用する第百八十一条第一項第一号に掲げる事項を通知しなければならない。

一般法181条1項1号＝評議員会の日時及び場所
☞法45条の9第10号

4　第一項の規定は会計監査人について、前二項の規定は会計監査人を辞任した者及び第七十一条第一項 政令読替 社会福祉法第四十五条の五第一項の規定により会計監査人を解任された者について、それぞれ準用する。この場合において、第一項中「社員総会 法読替 評議員会において、監事の選任若しくは解任又は辞任について」とあるのは「会計監査人の選任、解任若しくは不再任又は辞任について、社員総会 法読替 評議員会に出席して」と、第二項中「辞任後」とあるのは「解任後又は辞任後」と、「辞任した旨及びその理由」とあるのは「辞任した旨及びその理由又は解任についての意見」と読み替えるものとする。

会計監査人等についての準用

〈編者注〉　一般法７４条１～３項の会計監査人等についての準用・読替え

一般法74条4項の規定は、同条1項の規定を会計監査人に、同条2～3項の規定を会計監査人を辞任した者並びに解任された者に準用するものなので、一般法74条1～3項は次のように読み替えられる。

一般法７４条　監事 読替 会計監査人は、評議員会において、監事の選任若しくは解任又は辞任について 4項による読替 会計監査人の選任、解任若しくは不再任又は辞任について、評議員会に出席して意見を述べることができる。

２　監事を辞任した者 読替 会計監査人を辞任した者及び社会福祉法45条の5第1項の規定により会計監査人を解任された者は、辞任後 4項による読替 解任後又は辞任後最初に招集される評議員会に出席して、辞任した旨及びその理由 4項による読替 辞任した旨及びその理由又は解任についての意見を述べることができる。

左は、すでに読み替えた後の一般法74条1～3項からの読替えを示している

3　理事は、前項の者に対し、同項の評議員会を招集する旨及び社会福祉法45条の9第10項において準用する第181条1項1号に掲げる事項を通知しなければならない。

181条1項1号＝評議員会の日時及び場所

（役員の資格等）

第四十四条　第四十条第一項の規定は、役員について準用する。

法40条1項＝評議員の欠格事由

2　監事は、理事又は当該社会福祉法人の職員を兼ねることができない。 旧法41条

3　理事は六人以上、監事は二人以上でなければならない。 旧法36条1項

4　理事のうちには、次に掲げる者が含まれなければならない。

一　社会福祉事業の経営に関する識見を有する者

二　当該社会福祉法人が行う事業の区域における福祉に関する実情に通じている者

三　当該社会福祉法人が施設を設置している場合にあつては、当該施設の管理者

少なくとも1名の施設管理者が含まれておればよい

〈編者注〉　法44条4項3号の「施設」の意義

原則として、法62条1項の第1種社会福祉事業の経営のために設置した施設とされている。ただし、第2種社会福祉事業であっても、保育所、就労移行支援事業所、就労継続支援事業所等が法人が経営する事業の中核である場合には、当該事業所等は同様に取り扱うこととされている。

「制度改革の施行に向けた留意事項についてのFAQ」（福祉基盤課事務連絡）問39－6

5　監事のうちには、次に掲げる者が含まれなければならない。

一　社会福祉事業について識見を有する者

二　財務管理について識見を有する者

6　理事のうちには、各理事について、その配偶者若しくは三親等以内の親族その他各理事と厚生労働省令で定める特殊の関係がある者が三人を超えて含まれ、又は当該理事並びにその配偶者及び三親等以内の親族その他各理事と厚生労働省令で定める特殊の関係がある者が理事の総数の三分の一を超えて含まれることになつてはならない。

旧法36条2項
規則2条の10 ☞
「三人」には理事本人を含まず、「三分の一」の計算には理事本人を含む

7　監事のうちには、各役員について、その配偶者又は三親等以内の親族その他各役員と厚生労働省令で定める特殊の関係がある者が含まれることになつてはならない。

旧法36条2項
規則2条の11 ☞

施行規則

（理事のうちの各理事と特殊の関係がある者）

第二条の十　法第四十四条第六項に規定する各理事と厚生労働省令で定める特殊の関係がある者は、次に掲げる者とする。

29年法に伴い新設

一　当該理事と婚姻の届出をしていないが事実上婚姻関係と同様の事情にある者

二　当該理事の使用人

三　当該理事から受ける金銭その他の財産によつて生計を維持している者

四　前二号に掲げる者の配偶者

五　第一号から第三号までに掲げる者の三親等以内の親族であつて、これらの者と生計を一にするもの

租税特別措置法40条の適用を受けるには、「三親等」ではなく「六親等」と要件が加重されている（定款記載必要）

六　当該理事が役員（法人でない団体で代表者又は管理人の定めのあるものにあつては、その代表者又は管理人。以下この号において同じ。）若しくは業務を執行する社員である他の同一の団体（社会福祉法人を除く。）の役員、業務を執行する社員又は職員（当該他の同一の団体の役員、業務を執行する社員又は職員である当該社会福祉法人の理事の総数の当該社会福祉法人の理事の総数のうちに占める割合が、三分の一を超える場合に限る。）

七　第二条の七第八号に掲げる団体の職員のうち国会議員又は地方公共団体の議会の議員でない者（当該団体の職員（国会議員又は地方公共団体の議会の議員である者を除く。）である当該社会福祉法人の理事の総数の当該社会福祉法人の理事の総数のうちに占める割合が、三分の一を超える場合に限る。）

施行規則
（監事のうちの各役員と特殊の関係がある者）
第二条の十一　法第四十四条第七項に規定する各役員と厚生労働省令で定める特殊の関係がある者は、次に掲げる者とする。
一　当該役員と婚姻の届出をしていないが事実上婚姻関係と同様の事情にある者
二　当該役員の使用人
三　当該役員から受ける金銭その他の財産によつて生計を維持している者
四　前二号に掲げる者の配偶者
五　第一号から第三号までに掲げる者の三親等以内の親族であつて、これらの者と生計を一にするもの
六　当該理事が役員（法人でない団体で代表者又は管理人の定めのあるものにあつては、その代表者又は管理人。以下この号及び次号において同じ。）若しくは業務を執行する社員である他の同一の団体（社会福祉法人を除く。）の役員、業務を執行する社員又は職員（当該他の同一の団体の役員、業務を執行する社員又は職員である当該社会福祉法人の監事の総数の当該社会福祉法人の監事の総数のうちに占める割合が、三分の一を超える場合に限る。）
七　当該監事が役員若しくは業務を執行する社員である他の同一の団体（社会福祉法人を除く。）の役員、業務を執行する社員又は職員（当該監事及び当該他の同一の団体の役員、業務を執行する社員又は職員である当該社会福祉法人の監事の合計数の当該社会福祉法人の監事の総数のうちに占める割合が、三分の一を超える場合に限る。）
八　他の社会福祉法人の理事又は職員（当該他の社会福祉法人の評議員となつている当該社会福祉法人の評議員及び役員の合計数が、当該他の社会福祉法人の評議員の総数の半数を超える場合に限る。）
九　第二条の七第八号に掲げる団体の職員のうち国会議員又は地方公共団体の議会の議員でない者（当該団体の職員（国会議員又は地方公共団体の議会の議員である者を除く。）である当該社会福祉法人の監事の総数の当該社会福祉法人の監事の総数のうちに占める割合が、三分の一を超える場合に限る。）

29年法に伴い新設

租税特別措置法40条の適用を受けるには、「三親等」ではなく「六親等」と要件が加重されている（定款記載必要）

左の1号から6号及び9号は理事の特殊関係者について定めている規則第2条の10第1号から第6号及び第7号に対応するが、左の第7号・第8号は監事についてのみ定められている

（役員の任期）
第四十五条　役員の任期は、選任後二年以内に終了する会計年度のうち最終のものに関する定時評議員会の終結の時までとする。ただし、定款によつて、その任期を短縮することを妨げない。

旧法36条2項
役員＝理事＋監事（法31条1項6号）
相対的記載事項

（会計監査人の資格等）
第四十五条の二　会計監査人は、公認会計士（外国公認会計士（公認会計士法（昭和二十三年法律第百三号）第十六条の二第五項に規定する外国公認会計士をいう。）を含む。以下同じ。）又は監査法人でなければならない。
2　会計監査人に選任された監査法人は、その社員の中から会計監査人の職務を行うべき者を選定し、これを社会福祉法人に通知しなければならない。
3　公認会計士法の規定により、計算書類（第四十五条の二十七第二項に規定する計算書類をいう。第四十五条の十九第一項及び第四十五条の二十一第二項第一号イにおいて同じ。）について監査をすることができない者は、会計監査人となることができない。

29年法で新設

指定社員・指定有限責任社員（公認会計士法34条の10の4～5☞参照）

特定の事項についての業務の制限＝公認会計士法24条☞

公認会計士法（昭和二十三年法律第百三号）
（指定社員）
第三十四条の十の四　無限責任監査法人は、特定の証明について、一人又は数人の業務を担当する社員（特定社員を除く。次項及び第六項において同じ。）を指定することができる。
2　前項の規定による指定がされた証明（以下この条及び第三十四条の十の六において「指定証明」という。）については、指定を受けた社員（以下この条

名称に「有限責任」を含んでいないものは無限責任監査法人（公認会計士法34条の3）

及び第三十四条の十の六において「指定社員」という。）のみが業務を執行する権利を有し、義務を負う。
3　指定証明については、前条の規定にかかわらず、指定社員のみが無限責任監査法人を代表する。
4　無限責任監査法人は、第一項の規定による指定をしたときは、証明を受けようとする者（以下この条及び第三十四条の十の六において「被監査会社等」という。）に対し、その旨を書面により通知しなければならない。
5　被監査会社等は、その受けようとする証明について、無限責任監査法人に対して、相当の期間を定め、その期間内に第一項の規定による指定をするかどうかを明らかにすることを求めることができる。この場合において、無限責任監査法人が、その期間内に前項の通知をしないときは、無限責任監査法人はその後において、指定をすることができない。ただし、被監査会社等の同意を得て指定をすることを妨げない。
6【指定社員が欠けたときの扱い～省略】

指定社員の通知は、通常は監査契約書においてなされる

（指定有限責任社員）
第三十四条の十の五　有限責任監査法人は、当該有限責任監査法人の行うすべての証明について、各証明ごとに一人又は数人の業務を担当する社員（特定社員を除く。次項、第五項及び第六項において同じ。）を指定しなければならない。
2　前項の規定による指定がされた証明（以下この条及び次条において「特定証明」という。）については、指定を受けた社員（以下この条及び次条において「指定有限責任社員」という。）のみが業務を執行する権利を有し、義務を負う。
3　特定証明については、第三十四条の十の三の規定にかかわらず、指定有限責任社員のみが有限責任監査法人を代表する。
4　有限責任監査法人は、第一項の規定による指定をしたときは、証明を受けようとする者に対し、その旨を書面その他の内閣府令で定める方法により通知しなければならない。
5　第一項の規定による指定がされない証明があつたときは、当該証明については、全社員を指定したものとみなす。
6【指定有限責任社員が欠けたときの扱い～省略】

有限責任監査法人は、法人名称に示されている（公認会計士法34条の3）

無限責任監査法人と異なり、出資額が損害賠償責任額の上限とされている（公認会計士法34条の10の6第7項）

指定有限責任社員の通知は、通常は監査契約書においてなされる

（特定の事項についての業務の制限）
第二十四条　公認会計士は、財務書類のうち、次の各号の一に該当するものについては、第二条第一項の業務を行なつてはならない。
一　公認会計士又はその配偶者が、役員、これに準ずるもの若しくは財務に関する事務の責任ある担当者であり、又は過去一年以内にこれらの者であつた会社その他の者の財務書類
二　公認会計士がその使用人であり、又は過去一年以内に使用人であつた会社その他の者の財務書類
三　前二号に定めるもののほか、公認会計士が著しい利害関係を有する会社その他の者の財務書類
2　前項第三号の著しい利害関係とは、公認会計士又はその配偶者が会社その他の者との間にその者の営業、経理その他に関して有する関係で、公認会計士の行なう第二条第一項の業務の公正を確保するため業務の制限をすることが必要かつ適当であるとして政令で定めるものをいう。
3　国家公務員若しくは地方公務員又はこれらの職にあつた者は、その在職中又は退職後二年間は、その在職し、又は退職前二年間に在職していた職と職務上密接な関係にある営利企業の財務について、第二条第一項の業務を行つてはならない。

役員＝理事＋監事（法31条1項6号）

次の〈編者注〉参照

〈編者注〉　公認会計士に係る著しい利害関係について

公認会計士法施行令第7条において、公認会計士法２４条第２項に規定する政令で定める著しい利害関係は、おおむね、次の各号に規定する関係とされている（抄出）。
一　公認会計士又はその配偶者が、監査又は証明をしようとする財務書類に

係る会計期間の開始の日からその終了後３月を経過する日までの期間（以下「監査関係期間」）内に当該財務書類につき監査又は証明を受けようとする会社その他の者（以下「被監査会社等」）の役員、これに準ずるもの又は財務に関する事務の責任ある担当者（以下「役員等」）であつた場合

二　公認会計士の配偶者が、当該公認会計士に係る被監査会社等の使用人である場合又は過去１年以内にその使用人であつた場合

三　【営利企業に該当するものに限る規定なので省略する】

四　公認会計士又はその配偶者が、被監査会社等の債権者又は債務者である場合。ただし、その有する債権又は債務が被監査会社等との間の公認会計士法第２条第１項又は第２項の業務に関する契約に基づく場合、その有する債権又は債務の額が１００万円未満である場合等を除く。

五　公認会計士又はその配偶者が、被監査会社等から無償又は通常の取引価格より低い対価による事務所又は資金の提供その他の特別の経済上の利益の供与を受けている場合

六　公認会計士又はその配偶者が、被監査会社等から税理士業務その他公認会計士法第２条第１項及び第２項の業務以外の業務により継続的な報酬を受けている場合

七　公認会計士又はその配偶者が、被監査会社等の役員等又は過去１年以内若しくは監査関係期間内にこれらの者であつた者から第５号又は前号に規定する利益の供与又は報酬を受けている場合

八　公認会計士又はその配偶者が、被監査会社等の関係会社等の役員若しくはこれに準ずるものである場合又は過去１年以内若しくは監査関係期間内にこれらの者であつた場合

九　公認会計士が、被監査会社等の親会社等又は子会社等の使用人である場合

（会計監査人の任期）

第四十五条の三　会計監査人の任期は、選任後一年以内に終了する会計年度のうち最終のものに関する定時評議員会の終結の時までとする。

２９年法で新設

２　会計監査人は、前項の定時評議員会において別段の決議がされなかつたときは、当該定時評議員会において再任されたものとみなす。

３　前二項の規定にかかわらず、会計監査人設置社会福祉法人が会計監査人を置く旨の定款の定めを廃止する定款の変更をした場合には、会計監査人の任期は、当該定款の変更の効力が生じた時に満了する。

（役員又は会計監査人の解任等）

第四十五条の四　役員が次のいずれかに該当するときは、評議員会の決議によつて、当該役員を解任することができる。

２９年法で新設
役員＝理事＋監事
（法31条1項6号）
監事解任は評議員会の特別決議事項
（法45条の9）

一　職務上の義務に違反し、又は職務を怠つたとき。

二　心身の故障のため、職務の執行に支障があり、又はこれに堪えないとき。

２　会計監査人が次条第一項各号のいずれかに該当するときは、評議員会の決議によつて、当該会計監査人を解任することができる。

３　一般社団法人及び一般財団法人に関する法律第二百八十四条（第二号に係る部分に限る。）、第二百八十五条及び第二百八十六条の規定は、役員又は評議員の解任の訴えについて準用する。

評議員解任につき、法には定めがないが、通常は選任・解任委員会の決議に委ねられている

役員又は評議員の解任の訴えについて準用する一般法

（~~一般社団法人等~~ 読替 社会福祉法人の役員等の解任の訴え）

役員＝理事＋監事
（法31条1項6号）
役員等＝理事、監事又は評議員

一般法第二百八十四条　理事、監事又は評議員（以下この款において「役員等」という。）の職務の執行に関し不正の行為又は法令若しくは定款に違反する重大な事実があったにもかかわらず、当該役員等を解任する旨の議案が~~社員総会又は~~評議員会において否決されたときは、次に掲げる者は、当該~~社員総会又は~~評議員会の日から三十日以内に、訴えをもって当該役員等の解任を請求することができる。

一　【準用対象外】

二　評議員

（被告）

一般法第二百八十五条　前条の訴え（次条~~及び第三百十五条第一項第一号ニ~~において「~~一般社団法人等~~ 読替 社会福祉法人の役員等の解任の訴え」という。）については、当該~~一般社団法人等~~ 読替 社会福祉法人及び前条の役員等を被告とする。

（訴えの管轄）

一般法第二百八十六条　~~一般社団法人等~~ 読替 社会福祉法人の役員等の解任の訴えは、当該~~一般社団法人等~~ 読替 社会福祉法人の主たる事務所の所在地を管轄する地方裁判所の管轄に専属する。

一般法315条1項1号ニは解任の訴え認容判決が確定したときの登記の嘱託に関わる規定であるが、一般法315条を社会福祉法に準用する定めは置かれていない

（監事による会計監査人の解任）

第四十五条の五　監事は、会計監査人が次のいずれかに該当するときは、当該会計監査人を解任することができる。

一　職務上の義務に違反し、又は職務を怠つたとき。

二　会計監査人としてふさわしくない非行があつたとき。

三　心身の故障のため、職務の執行に支障があり、又はこれに堪えないとき。

2　前項の規定による解任は、監事の全員の同意によつて行わなければならない。

3　第一項の規定により会計監査人を解任したときは、監事の互選によつて定めた監事は、その旨及び解任の理由を解任後最初に招集される評議員会に報告しなければならない。

29年法で新設

解任された会計監査人の評議員会における意見陳述権→一般法74条4項 ☞法43条

（役員等に欠員を生じた場合の措置）

第四十五条の六　この法律又は定款で定めた役員の員数が欠けた場合には、任期の満了又は辞任により退任した役員は、新たに選任された役員（次項の一時役員の職務を行うべき者を含む。）が就任するまで、なお役員としての権利義務を有する。

2　前項に規定する場合において、事務が遅滞することにより損害を生ずるおそれがあるときは、所轄庁は、利害関係人の請求により又は職権で、一時役員の職務を行うべき者を選任することができる。

〈編者注〉 法45条の6第2項は都道府県及び市の第1号法定受託事務（法151条）

3　会計監査人が欠けた場合又は定款で定めた会計監査人の員数が欠けた場合において、遅滞なく会計監査人が選任されないときは、監事は、一時会計監査人の職務を行うべき者を選任しなければならない。

4　第四十五条の二及び前条の規定は、前項の一時会計監査人の職務を行うべき者について準用する。

29年法で新設

役員＝理事＋監事（法31条1項6号）

旧法39条の3

一時役員にも特別背任等の罰則を適用（法155条）

一時会計監査人にも収賄の罰則を適用（法156条）

法45条の2＝会計監査人の資格等

（役員の欠員補充）

第四十五条の七　理事のうち、定款で定めた理事の員数の三分の一を超える者が欠けたときは、遅滞なくこれを補充しなければならない。

2　前項の規定は、監事について準用する。

旧法37条同旨

第三款　評議員及び評議員会

「第三款」の区分は29年法で新設

（評議員会の権限等）

第四十五条の八　評議員会は、全ての評議員で組織する。

29年法で新設

2　評議員会は、この法律に規定する事項及び定款で定めた事項に限り、決議をすることができる。

旧法42条3項
なお、評議員会決議事項に係る制限としては、他に法45条の9第9項がある

3　この法律の規定により評議員会の決議を必要とする事項について、理事、理事会その他の評議員会以外の機関が決定することができることを内容とする定款の定めは、その効力を有しない。

4　一般社団法人及び一般財団法人に関する法律第百八十四条から第百八十六条まで及び第百九十六条の規定は、評議員について準用する。この場合において、必要な技術的読替えは、政令で定める。

> 施行令
> （評議員に関する読替え）
> **第十三条の五**　法第四十五条の八第四項（法第四十六条の二十一の規定により適用する場合を含む。）において評議員について一般社団法人及び一般財団法人に関する法律第百八十六条第一項の規定を準用する場合においては、同項中「第百八十二条第一項」とあるのは、「社会福祉法（昭和二十六年法律第四十五号）第四十五条の九第十項において準用する第百八十二条第一項」と読み替えるものとする。

29年法に伴い新設

評議員について準用する一般法

（評議員提案権）

一般法第百八十四条　評議員は、理事に対し、一定の事項を評議員会の目的とすることを請求することができる。この場合において、その請求は、評議員会の日の四週間（これを下回る期間を定款で定めた場合にあっては、その期間）前までにしなければならない。

相対的記載事項

一般法第百八十五条　評議員は、評議員会において、評議員会の目的である事項につき議案を提出することができる。ただし、当該議案が法令若しくは定款に違反する場合又は実質的に同一の議案につき評議員会において議決に加わることができる評議員の十分の一（これを下回る割合を定款で定めた場合にあっては、その割合）以上の賛成を得られなかった日から三年を経過していない場合は、この限りでない。

相対的記載事項

一般法第百八十六条　評議員は、理事に対し、評議員会の日の四週間（これを下回る期間を定款で定めた場合にあっては、その期間）前までに、評議員会の目的である事項につき当該評議員が提出しようとする議案の要領を~~第百八十二条第一項~~ 政令読替 社会福祉法（昭和二十六年法律第四十五号）第四十五条の九第十項において準用する第百八十二条第一項又は第二項の通知に記載し、又は記録して評議員に通知することを請求することができる。

相対的記載事項

一般法182条
＝評議員会の招集の通知
☞法45条の9

2　前項の規定は、同項の議案が法令若しくは定款に違反する場合又は実質的に同一の議案につき評議員会において議決に加わることができる評議員の十分の一（これを下回る割合を定款で定めた場合にあっては、その割合）以上の賛成を得られなかった日から三年を経過していない場合には、適用しない。

相対的記載事項

（評議員の報酬等）

一般法第百九十六条　評議員の報酬等の額は、定款で定めなければならない。

支給基準について法45条の35参照
情報公開について法59条の2第1項2号参照

> 〈編者注〉 評議員の報酬を無報酬とする場合
> 厚労省定款例では、無報酬の旨を定款に記載することとしている（厚労省定款例第8条参照）。

（評議員会の運営）

第四十五条の九　定時評議員会は、毎会計年度の終了後一定の時期に招集しなければならない。

29年法で新設
定時評議員会の議事につき45条の30（計算書類等の定時評議員会への提出）参照

> **〈編者注〉　定時評議員会の決議省略**
> 法45条の9第1項は、毎会計年度に重要事項の決議をすべきとの趣旨。必ずしも会議としての開催を求めているものではなく、定時評議員会についても決議の省略が認められている（同条10項で準用される一般法194条4項）。

2　評議員会は、必要がある場合には、いつでも、招集することができる。

3　評議員会は、第五項の規定により招集する場合を除き、理事が招集する。

4　評議員は、理事に対し、評議員会の目的である事項及び招集の理由を示して、評議員会の招集を請求することができる。

5　次に掲げる場合には、前項の規定による請求をした評議員は、所轄庁の許可を得て、評議員会を招集することができる。

一　前項の規定による請求の後遅滞なく招集の手続が行われない場合

二　前項の規定による請求があつた日から六週間（これを下回る期間を定款で定めた場合にあつては、その期間）以内の日を評議員会の日とする評議員会の招集の通知が発せられない場合

法45条の9第5項は都道府県及び市の第1号法定受託事務（法151条）

相対的記載事項

6　評議員会の決議は、議決に加わることができる評議員の過半数（これを上回る割合を定款で定めた場合にあつては、その割合以上）が出席し、その過半数（これを上回る割合を定款で定めた場合にあつては、その割合以上）をもつて行う。

普通決議
相対的記載事項
「議決に加わることができる評議員」➡第8項参照

7　前項の規定にかかわらず、次に掲げる評議員会の決議は、議決に加わることができる評議員の三分の二（これを上回る割合を定款で定めた場合にあつては、その割合）以上に当たる多数をもつて行わなければならない。

特別決議
相対的記載事項

一　第四十五条の四第一項の評議員会（監事を解任する場合に限る。）

二　第四十五条の二十二の二において準用する一般社団法人及び一般財団法人に関する法律第百十三条第一項の評議員会

三　第四十五条の三十六第一項の評議員会

四　第四十六条第一項第一号の評議員会

五　第五十二条、第五十四条の二第一項及び第五十四条の八の評議員会

1号：役員等の解任
2号：役員等の責任の一部免除　令和元年法律第71号で一部形式的改正
3号：定款の変更
4号：解散の決議
5号：合併契約の承認

> **〈編者注〉　評議員会への評議員の出席の方法**
> 出席の方法については特に規定されておらず、テレビ会議や電話会議の方法であっても、出席者が一堂に会するのと同等の相互に十分な議論を行い得ることが担保されておれば差し支えない。他方、十分な議論を行うことが必要とされるので、書面又は電磁的方法による議決権の行使や代理人又は持ち回りによる議決権の行使は認められない。

左の場合の評議員会議事録の記載方法について、規則2条の15第3項1号括弧書き参照
☞法45条の11

> **〈編者注〉　普通決議と特別決議**
> 法45条の9第6項の方法による決議を「普通決議」といい、第7項の方法による決議を「特別決議」という。第7項の「三分の二」を算定する際の分母は「出席した評議員」ではなく「議決に加わることができる評議員」（特別の利害関係を有しない評議員）である点に注意が必要。
> なお、株式会社においては、「普通決議」に対して、「発行済株式総数の過半数が出席し出席株主の議決権の3分の2以上」と決議要件が加重されている決議を「特別決議」といい、また、「発行済み株式総数の3分の2以上」などのように決議要件がさらに加重されている決議を「特殊決議」という。

社会福祉法人指導監査実施要綱（平成29年4月27日局長連名通知）別紙「指導監査ガイドライン」は、法45条の9第7項の決議を「特別決議」としており、本書もこれに倣った

8　前二項の決議について特別の利害関係を有する評議員は、議決に加わることができない。

法45条の14第5項付記＜編者注＞参照

9　評議員会は、次項において準用する一般社団法人及び一般財団法人に関する法律第百八十一条第一項第二号に掲げる事項以外の事項については、決議をす

評議員会**決議事項**

ることができない。ただし、第四十五条の十九第六項において準用する同法第百九条第二項の会計監査人の出席を求めることについては、この限りでない。　の制限

〈編者注〉　評議員会の決議事項

法45条の9第9項によって、評議員会の目的である事項（一般法181条1項2号）以外の事項について、評議員会は決議できない（会計監査人の出席を求める決議を除く）。この他、評議員会は、社福法に規定する事項及び定款で定めた事項以外は決議できない（法45条の8第2項）。

理事会の目的事項については、左のような規定はない

10　一般社団法人及び一般財団法人に関する法律第百八十一条から第百八十三条まで及び第百九十二条の規定は評議員会の招集について、同法第百九十四条の規定は評議員会の決議について、同法第百九十五条の規定は評議員会への報告について、それぞれ準用する。この場合において、同法第百八十一条第一項第三号及び第百九十四条第三項第二号中「法務省令」とあるのは、「厚生労働省令」と読み替えるものとするほか、必要な技術的読替えは、政令で定める。

評議員会の招集・決議・報告についての準用

施行令

（評議員会の招集に関する読替え）

第十三条の七　法第四十五条の九第十項（法第四十六条の二十一の規定により適用する場合を含む。）において評議員会の招集について一般社団法人及び一般財団法人に関する法律第百八十一条第二項並びに第百八十二条第一項及び第二項の規定を準用する場合においては、同法第百八十一条第二項中「前条第二項」とあるのは「社会福祉法（昭和二十六年法律第四十五号）第四十五条の九第五項」と、同法第百八十二条第一項中「第百八十条第二項」とあるのは「社会福祉法第四十五条の九第五項」と、同条第二項中「電磁的方法」とあるのは「電磁的方法（社会福祉法第三十四条の二第二項第四号に規定する電磁的方法をいう。）」と読み替えるものとする。

29年法に伴い新設

評議員会の招集について準用する一般法

（評議員会の招集の決定）

一般法第百八十一条　評議員会を招集する場合には、理事会の決議によって、次に掲げる事項を定めなければならない。

一　評議員会の日時及び場所

二　評議員会の目的である事項があるときは、当該事項

三　前二号に掲げるもののほか、~~法務省令~~ 法読替 厚生労働省令で定める事項

規則2条の12

施行規則

（招集の決定事項）

第二条の十二　法第四十五条の九第十項において準用する一般社団法人及び一般財団法人に関する法律第百八十一条第一項第三号に規定する厚生労働省令で定める事項は、評議員会の目的である事項に係る議案（当該目的である事項が議案となるものを除く。）の概要（議案が確定していない場合にあつては、その旨）とする。

29年法に伴い新設

2　前項の規定にかかわらず、~~前条第二項~~ 政令読替 社会福祉法（昭和二十六年法律第四十五号）第四十五条の九第五項の規定により評議員が評議員会を招集する場合には、当該評議員は、前項各号に掲げる事項を定めなければならない。

（評議員会の招集の通知）

一般法第百八十二条　評議員会を招集するには、理事（~~第百八十条第二項~~ 政令読替 社会福祉法第四十五条の九第五項の規定により評議員が評議員会を招集する場合にあっては、当該評議員。次項において同じ）は、評議員会の日の一週間（これを下回る期間を定款で定めた場合にあっては、その期間）前までに、評議員に対して、書面でその通知を発しなければならない。

法45条の9第5項
＝評議員による評議員会の招集
理事会招集については書面要件なし

2　理事は、前項の書面による通知の発出に代えて、政令で定めるところにより、評議員の承諾を得て、~~電磁的方法~~ 政令読替 **電磁的方法**（社会福祉法第三十四条の二第二項第四号に規定する電磁的方法をいう。）により通知を発することができる。この場合において、当該理事は、同項の書面による通知を発したものとみなす。

3　前二項の通知には、前条第一項各号に掲げる事項を記載し、又は記録しなければならない。

施行令13条の6☞

理事会招集については左のような定めはない(そもそも前項の書面要件がない)

> **施行令**
>
> **（電磁的方法による通知の承諾等）**
>
> **第十三条の六**　法第四十五条の九第十項（法第四十六条の二十一の規定により適用する場合を含む。）及び次条において読み替えて準用する一般社団法人及び一般財団法人に関する法律第百八十二条第二項の規定により電磁的方法（同項に規定する電磁的方法をいう。以下この条及び第十四条において同じ。）により通知を発しようとする者（次項において「通知発出者」という。）は、厚生労働省令で定めるところにより、あらかじめ、当該通知の相手方に対し、その用いる電磁的方法の種類及び内容を示し、書面又は電磁的方法による承諾を得なければならない。
>
> 2　前項の規定による承諾を得た通知発出者は、同項の相手方から書面又は電磁的方法により電磁的方法による通知を受けない旨の申出があつたときは、当該相手方に対し、当該通知を電磁的方法によつて発してはならない。ただし、当該相手方が再び同項の規定による承諾をした場合は、この限りでない。

29年法に伴い新設

左に「次条」とあるのは、前頁に既出の施行令13条の7のこと

規則2条の13☞

> **施行規則**
>
> **（社会福祉法施行令に係る電磁的方法）**
>
> **第二条の十三**　令第十三条の六第一項の規定により示すべき電磁的方法の種類及び内容は、次に掲げるものとする。
>
> **一**　次に掲げる方法のうち送信者が使用するもの
>
> **イ**　電子情報処理組織を使用する方法のうち次に掲げるもの
>
> ⑴　送信者の使用に係る電子計算機と受信者の使用に係る電子計算機とを接続する電気通信回線を通じて送信し、受信者の使用に係る電子計算機に備えられたファイルに記録する方法
>
> ⑵　送信者の使用に係る電子計算機に備えられたファイルに記録された情報の内容を電気通信回線を通じて情報の提供を受ける者の閲覧に供し、当該情報の提供を受ける者の使用に係る電子計算機に備えられたファイルに当該情報を記録する方法
>
> **ロ**　磁気ディスクその他これに準ずる方法により一定の情報を確実に記録しておくことができる物をもつて調製するファイルに情報を記録したものを交付する方法
>
> **二**　ファイルへの記録の方式

29年法に伴い新設

（招集手続の省略）

一般法第百八十三条　前条の規定にかかわらず、評議員会は、評議員の全員の同意があるときは、招集の手続を経ることなく開催することができる。

（延期又は続行の決議）

一般法第百九十二条　評議員会においてその延期又は続行について決議があった場合には、第百八十一条及び第百八十二条の規定は、適用しない。

延期＝開会後に議事に入らずに開催日を後日に変更すること

続行＝議事に入った後、会議を中断して議事を後日に継続すること

評議員会の決議について準用する一般法

（評議員会の決議の省略）

一般法第百九十四条　理事が評議員会の目的である事項について提案をした場合において、当該提案につき評議員（当該事項について議決に加わることができるものに限る。）の全員が書面又は電磁的記録により同意の意思表示をしたときは、当該提案を可決する旨の評議員会の決議があったものとみなす。

評議員会決議の省略

電磁的記録の表示:
規則2条の3
☞法34条の2

〈編者注〉 評議員会の決議の省略に係る監事の同意等
評議員会の決議の省略は、理事会の決議の省略(法45条の14で準用する一般法96条)の場合と異なり、定款記載を要件とせず、かつ、監事が不同意であっても成立する。しかし、監事は、理事が評議員会に提出しようとする議案等を調査する必要があるので(法45条の18第3項で準用される一般法102条)、理事はその内容等を監事に対して通知をなすことが必要と思われる。なお、**評議員会決議省略の場合の議事録**の内容については、施行規則2条の15第4項1号(☞法45条の11)に規定されている。

決議省略の場合、評議員会は開催されないので招集通知は不要であるが、決議の省略をする旨の理事会の決議が必要と解される

2　~~一般財団法人~~ 読替 社会福祉法人は、前項の規定により評議員会の決議があったものとみなされた日から十年間、同項の書面又は電磁的記録をその主たる事務所に備え置かなければならない。

備置義務違反は過料20万円以下(法165条6号)

3　評議員及び債権者は、~~一般財団法人~~ 読替 社会福祉法人の業務時間内は、いつでも、次に掲げる請求をすることができる。

一　前項の書面の閲覧又は謄写の請求

二　前項の電磁的記録に記録された事項を~~法務省令~~ 法読替 厚生労働省令で定める方法により表示したものの閲覧又は謄写の請求

正当理由のない閲覧・謄写拒否は過料20万円以下(法165条3号)

規則2条の3
☞法34条の2

4　第一項の規定により定時評議員会の目的である事項のすべてについての提案を可決する旨の評議員会の決議があったものとみなされた場合には、その時に当該定時評議員会が終結したものとみなす。

定時評議員会終結のみなし

評議員会への報告について準用する一般法

（評議員会への報告の省略）

評議員会への報告の省略

一般法第百九十五条　理事が評議員の全員に対して評議員会に報告すべき事項を通知した場合において、当該事項を評議員会に報告することを要しないことにつき評議員の全員が書面又は電磁的記録により同意の意思表示をしたときは、当該事項の評議員会への報告があったものとみなす。

左の場合の議事録の内容は施行規則2条の15第4項1号
☞法45条の11

〈編者注〉 「決議の省略」と「報告の省略」との異同
「決議の省略」は「理事の提案についての同意」であるのに対し、「報告の省略」は「報告しないことについての同意」であるので、議事録に記載される文言が若干異なることに留意。

（理事等の説明義務）

29年法で新設

第四十五条の十　理事及び監事は、評議員会において、評議員から特定の事項について説明を求められた場合には、当該事項について必要な説明をしなければならない。ただし、当該事項が評議員会の目的である事項に関しないものである場合その他正当な理由がある場合として厚生労働省令で定める場合は、この限りでない。

規則2条の14☟

施行規則
（理事等の説明義務）

29年法に伴い新設

第二条の十四　法第四十五条の十に規定する厚生労働省令で定める場合は、次に掲げる場合とする。

一　評議員が説明を求めた事項について説明をするために調査をすることが必要である場合（次に掲げる場合を除く。）

イ　当該評議員が評議員会の日より相当の期間前に当該事項を社会福祉法人に対して通知した場合

ロ　当該事項について説明をするために必要な調査が著しく容易である場合

二　評議員が説明を求めた事項について説明をすることにより社会福祉法人その他の者（当該評議員を除く。）の権利を侵害することとなる場合

三　評議員が当該評議員会において実質的に同一の事項について繰り返し

て説明を求める場合

四　前三号に掲げる場合のほか、評議員が説明を求めた事項について説明をしないことにつき正当な理由がある場合

（議事録）

２９年法で新設

規則2条の１５👇

第四十五条の十一　評議員会の議事については、厚生労働省令で定めるところにより、議事録を作成しなければならない。

１項の無記載・虚偽記載等は過料２０万円以下(法１６５条5号)

２　社会福祉法人は、評議員会の日から十年間、前項の議事録をその主たる事務所に備え置かなければならない。

2項・3項の備置義務違反は過料２０万円以下（法１６５条6号）

３　社会福祉法人は、評議員会の日から五年間、第一項の議事録の写しをその従たる事務所に備え置かなければならない。ただし、当該議事録が電磁的記録をもつて作成されている場合であつて、従たる事務所における次項第二号に掲げる請求に応じることを可能とするための措置として厚生労働省令で定めるものをとつているときは、この限りでない。

規則2条の5

☞法３４条の2

４　評議員及び債権者は、社会福祉法人の業務時間内は、いつでも、次に掲げる請求をすることができる。

正当理由のない閲覧・謄写拒否は過料２０万円以下(法１６５条3号)

一　第一項の議事録が書面をもつて作成されているときは、当該書面又は当該書面の写しの閲覧又は謄写の請求

二　第一項の議事録が電磁的記録をもつて作成されているときは、当該電磁的記録に記録された事項を厚生労働省令で定める方法により表示したものの閲覧又は謄写の請求

規則2条の3

☞法３４条の2

施行規則

（評議員会の議事録）

第二条の十五　法第四十五条の十一第一項の規定による評議員会の議事録の作成については、この条の定めるところによる。

２９年法に伴い新設

２　評議員会の議事録は、書面又は電磁的記録をもつて作成しなければならない。

３　評議員会の議事録は、次に掲げる事項を内容とするものでなければならない。

議事録の内容

一　評議員会が開催された日時及び場所（当該場所に存しない評議員、理事、監事又は会計監査人が評議員会に出席した場合における当該出席の方法を含む。）

テレビ会議等の出席方法

二　評議員会の議事の経過の要領及びその結果

三　決議を要する事項について特別の利害関係を有する評議員があるときは、当該評議員の氏名

四　次に掲げる規定により評議員会において述べられた意見又は発言があるときは、その意見又は発言の内容の概要

イ　法第四十三条第三項において準用する一般社団法人及び一般財団法人に関する法律第七十四条第一項（法第四十三条第三項において準用する一般社団法人及び一般財団法人に関する法律第七十四条第四項において準用する場合を含む。）

監事の評議員会における意見陳述権(会計監査人に準用)

ロ　法第四十三条第三項において準用する一般社団法人及び一般財団法人に関する法律第七十四条第二項（法第四十三条第三項において準用する一般社団法人及び一般財団法人に関する法律第七十四条第四項において準用する場合を含む。）

辞任した監事の評議員会における意見陳述権（会計監査人に準用）

ハ　法第四十五条の十八第三項において準用する一般社団法人及び一般財団法人に関する法律第百二条

議案等に対する監事の報告義務

ニ　法第四十五条の十八第三項において準用する一般社団法人及び一般財団法人に関する法律第百五条第三項

監事報酬に対する監事の意見陳述権

ホ　法第四十五条の十九第六項において準用する一般社団法人及び一般財団法人に関する法律第百九条第一項

会計監査人の監事と異なる意見の陳述権

ヘ　法第四十五条の十九第六項において準用する一般社団法人及び一般財団法人に関する法律第百九条第二項

会計監査人の意見陳述義務

五　評議員会に出席した評議員、理事、監事又は会計監査人の氏名又は名称

六　評議員会の議長が存するときは、議長の氏名

七　議事録の作成に係る職務を行つた者の氏名

4　次の各号に掲げる場合には、評議員会の議事録は、当該各号に定める事項を内容とするものとする。

一　法第四十五条の九第十項において準用する一般社団法人及び一般財団法人に関する法律第百九十四条第一項の規定により評議員会の決議があつたものとみなされた場合　次に掲げる事項

イ　評議員会の決議があつたものとみなされた事項の内容

ロ　イの事項の提案をした者の氏名

ハ　評議員会の決議があつたものとみなされた日

ニ　議事録の作成に係る職務を行つた者の氏名

二　法第四十五条の九第十項において準用する一般社団法人及び一般財団法人に関する法律第百九十五条の規定により評議員会への報告があつたものとみなされた場合　次に掲げる事項

イ　評議員会への報告があつたものとみなされた事項の内容

ロ　評議員会への報告があつたものとみなされた日

ハ　議事録の作成に係る職務を行つた者の氏名

評議員会決議の省略

評議員会への報告の省略

〈編者注〉　評議員会議事録署名人について

厚労省定款例では、「出席した評議員及び理事は、前項の議事録に記名押印する。」としている（厚労省定款例１４条）。

評議員会議事録署名人について、法は何ら定めていない

（評議員会の決議の不存在若しくは無効の確認又は取消しの訴え）

第四十五条の十二　一般社団法人及び一般財団法人に関する法律第二百六十五条、第二百六十六条第一項（第三号に係る部分を除く。）及び第二項、第二百六十九条（第四号及び第五号に係る部分に限る。）、第二百七十条、第二百七十一条第一項及び第三項、第二百七十二条、第二百七十三条並びに第二百七十七条の規定は、評議員会の決議の不存在若しくは無効の確認又は取消しの訴えについて準用する。この場合において、同法第二百六十五条第一項中「社員総会又は評議員会（以下この款及び第三百十五条第一項第一号ロにおいて「社員総会等」という。）」とあり、及び同条第二項中「社員総会等」とあるのは「評議員会」と、同法第二百六十六条第一項中「社員等」とあるのは「評議員、理事、監事又は清算人」と、「、社員総会等」とあるのは「、評議員会」と、同項第一号及び第二号並びに同条第二項中「社員総会等」とあるのは「評議員会」と、同法第二百七十一条第一項中「社員」とあるのは「債権者」と読み替えるものとするほか、必要な技術的読替えは、政令で定める。

２９年法で新設

「評議員会の決議の不存在若しくは無効の確認又は取消しの訴え」についての準用

施行令

（評議員会の決議の不存在若しくは無効の確認又は取消しの訴えに関する読替え）

第十三条の八　法第四十五条の十二において評議員会の決議の不存在若しくは無効の確認又は取消しの訴えについて一般社団法人及び一般財団法人に関する法律第二百六十六条第一項の規定を準用する場合においては、同項中「第七十五条第一項（第百七十七条及び第二百十条第四項において準用する場合を含む。）又は」とあるのは、「社会福祉法（昭和二十六年法律第四十五号）第四十二条第一項若しくは第四十五条の六第一項又は同法第四十六条の七第三項において準用する第七十五条第一項若しくは」と読み替えるものとする。

２９年法に伴い新設

評議員会の決議の不存在若しくは無効の確認又は取消しの訴えについて準用する一般法

（~~社員総会等~~ 読替 評議員会の決議の不存在又は無効の確認の訴え）

一般法第二百六十五条　~~社員総会又は評議員会（以下この款及び第三百十五条第一項第一号ロにおいて「社員総会等」という。）~~ 法読替 **評議員会の決議については、決議が存在しないことの確認を、訴えをもって請求することができる。**

２　~~社員総会等~~ 法読替 **評議員会の決議については、決議の内容が法令に違反することを理由として、決議が無効であることの確認を、訴えをもって請求することができる。**

決議の不存在・無効については誰からでもどのようにでも主張できるが、規範力を有するためには確認の訴えが必要となる

（~~社員総会等~~ 読替 評議員会の決議の取消しの訴え）

一般法第二百六十六条　次に掲げる場合には、~~社員等~~ 法読替 評議員、理事、監事又は清算人は~~、社員総会等~~ 法読替 、評議員会の決議の日から三箇月以内に、訴えをもって当該決議の取消しを請求することができる。当該決議の取消しにより~~社員等~~ 法読替 評議員、理事、監事又は清算人（~~第七十五条第一項（第百七十七条及び第二百十条第四項において準用する場合を含む。）又は~~ 政令読替 社会福祉法（昭和二十六年法律第四十五号）第四十二条第一項若しくは第四十五条の六第一項又は同法第四十六条の七第三項において準用する第七十五条第一項若しくは第百七十五条第一項の規定により理事、監事、清算人又は評議員としての権利義務を有する者を含む。）となる者も、同様とする。

一　~~社員総会等~~ 法読替 評議員会の招集の手続又は決議の方法が法令若しくは定款に違反し、又は著しく不公正なとき。

二　~~社員総会等~~ 法読替 評議員会の決議の内容が定款に違反するとき。

三　【準用対象外】

2　前項の訴えの提起があった場合において、~~社員総会等~~ 法読替 評議員会の招集の手続又は決議の方法が法令又は定款に違反するときであっても、裁判所は、その違反する事実が重大でなく、かつ、決議に影響を及ぼさないものであると認めるときは、同項の規定による請求を棄却することができる。

取消し原因のある決議は、判決によって取り消されることにより遡及的に無効となり、取り消されるまでは有効

左の括弧内は、役員等に欠員を生じ、新たに選任された者が就任するまでの間、役員等としての権利義務を有する旧評議員(法42条)、旧役員(法46条)、旧清算人又は清算法人の旧監事(一般法75条)、清算法人の旧評議員(一般法175条1項)を含む意

（被告）

一般法第二百六十九条　次の各号に掲げる訴え（以下この節において「~~一般社団法人等の組織に関する訴え~~ 読替 評議員会の決議の不存在若しくは無効の確認又は取消しの訴え」と総称する。）については、当該各号に定める者を被告とする。

一～三　【準用対象外】

四　~~社員総会等~~ 読替 評議員会の決議が存在しないこと又は~~社員総会等~~ 読替 評議員会の決議の内容が法令に違反することを理由として当該決議が無効であることの確認の訴え　当該~~一般社団法人等~~ 読替 社会福祉法人

五　~~社員総会等~~ 読替 評議員会の決議の取消しの訴え　当該~~一般社団法人等~~ 読替 社会福祉法人

六～八　【準用対象外】

（訴えの管轄）

一般法第二百七十条　~~一般社団法人等の組織に関する訴え~~ 読替 評議員会の決議の不存在若しくは無効の確認又は取消しの訴えは、被告となる~~一般社団法人等~~ 読替 社会福祉法人の主たる事務所の所在地を管轄する地方裁判所の管轄に専属する。

（担保提供命令）

一般法第二百七十一条　~~一般社団法人等の組織に関する訴え~~ 読替 評議員会の決議の不存在若しくは無効の確認又は取消しの訴えであって、~~社員~~ 法読替 債権者が提起することができるものについては、裁判所は、被告の申立てにより、当該~~一般社団法人等の組織に関する訴え~~ 読替 評議員会の決議の不存在若しくは無効の確認又は取消しの訴えを提起した~~社員~~ 法読替 債権者に対し、相当の担保を立てるべきことを命ずることができる。ただし、当該~~社員~~ 法読替 債権者が理事、監事又は清算人であるときは、この限りでない。

理事・監事等が決議不存在等の訴えを提起する場合、担保提供不要

2　【準用対象外】

3　被告は、第一項（前項において準用する場合を含む。）の申立てをするには、原告の訴えの提起が悪意によるものであることを疎明しなければならない。

（弁論等の必要的併合）

一般法第二百七十二条　同一の請求を目的とする~~一般社団法人等の組織に関する訴え~~ 読替 評議員会の決議の不存在若しくは無効の確認又は取消しの訴えに係る二以上の訴訟が同時に係属するときは、その弁論及び裁判は、併合してしなければならない。

（認容判決の効力が及ぶ者の範囲）
一般法第二百七十三条　~~一般社団法人等の組織に関する訴え~~ 読替 **評議員会の決議の不存在若しくは無効の確認又は取消しの訴え**に係る請求を認容する確定判決は、第三者に対してもその効力を有する。

（原告が敗訴した場合の損害賠償責任）
一般法第二百七十七条　~~一般社団法人等の組織に関する訴え~~ 読替 **評議員会の決議の不存在若しくは無効の確認又は取消しの訴え**を提起した原告が敗訴した場合において、原告に悪意又は重大な過失があったときは、原告は、被告に対し、連帯して損害を賠償する責任を負う。

第四款　理事及び理事会

「第四款」の区分は29年法で新設

（理事会の権限等）
第四十五条の十三　理事会は、全ての理事で組織する。

29年法で新設

2　理事会は、次に掲げる職務を行う。
一　社会福祉法人の業務執行の決定
二　理事の職務の執行の監督
三　理事長の選定及び解職

旧法39条

3　理事会は、理事の中から理事長一人を選定しなければならない。
4　理事会は、次に掲げる事項その他の重要な業務執行の決定を理事に委任することができない。
一　重要な財産の処分及び譲受け
二　多額の借財
三　重要な役割を担う職員の選任及び解任
四　従たる事務所その他の重要な組織の設置、変更及び廃止
五　理事の職務の執行が法令及び定款に適合することを確保するための体制その他社会福祉法人の業務の適正を確保するために必要なものとして厚生労働省令で定める体制の整備

規則2条の16☞

〈編者注〉　45条の13第4項5号の読み方
一般に、法文に「A、Bその他C」と記載されている場合、「A、B」と「C」とは別物であって独立的並列。これに対して、「A、Bその他のC」と記載されている場合は、「A、B」は「C」の例示であって例示的並列。

法45条13第5項の「理事の職務……体制」と「その他社会……省令で定める体制」とは別物と考えることとなる

六　第四十五条の二十二の二において準用する一般社団法人及び一般財団法人に関する法律第百十四条第一項の規定による定款の定めに基づく第四十五条の二十第一項の責任の免除

役員等の任務懈怠責任の免除
令和元年法律第71号で一部形式的改正

5　その事業の規模が政令で定める基準を超える社会福祉法人においては、理事会は、前項第五号に掲げる事項を決定しなければならない。

特定社会福祉法人等の基準＝施行令13条の3　☞法37条

〈編者注〉　事業報告への記載
法45条13第4項5号に規定する体制の整備についての決定又は決議があるときは、その決定又は決議の内容の概要及び当該体制の運用状況の概要を事業報告に記載する必要がある。

規則2条の25第2項2号参照 ☞45条の27

施行規則
（社会福祉法人の業務の適正を確保するための体制）
第二条の十六　法第四十五条の十三第四項第五号に規定する厚生労働省令で定める体制は、次に掲げる体制とする。
一　理事の職務の執行に係る情報の保存及び管理に関する体制
二　損失の危険の管理に関する規程その他の体制
三　理事の職務の執行が効率的に行われることを確保するための体制

29年法に伴い新設
「業務の適正を確保するための体制」に関する上場会社等の実例はインターネットで見ることができる

四　職員の職務の執行が法令及び定款に適合することを確保するための体制
五　監事がその職務を補助すべき職員を置くことを求めた場合における当該職員に関する事項
六　前号の職員の理事からの独立性に関する事項
七　監事の第五号の職員に対する指示の実効性の確保に関する事項
八　理事及び職員が監事に報告をするための体制その他の監事への報告に関する体制
九　前号の報告をした者が当該報告をしたことを理由として不利な取扱いを受けないことを確保するための体制
十　監事の職務の執行について生ずる費用の前払又は償還の手続その他の当該職務の執行について生ずる費用又は債務の処理に係る方針に関する事項
十一　その他監事の監査が実効的に行われることを確保するための体制

法45条の18で準用する一般法106条に監事の職務執行に係る費用の請求について定めがある

（理事会の運営）

第四十五条の十四　理事会は、各理事が招集する。ただし、理事会を招集する理事を定款又は理事会で定めたときは、その理事が招集する。

29年法で新設
相対的記載事項

2　前項ただし書に規定する場合には、同項ただし書の規定により定められた理事（以下この項において「招集権者」という。）以外の理事は、招集権者に対し、理事会の目的である事項を示して、理事会の招集を請求することができる。

3　前項の規定による請求があつた日から五日以内に、その請求があつた日から二週間以内の日を理事会の日とする理事会の招集の通知が発せられない場合には、その請求をした理事は、理事会を招集することができる。

4　理事会の決議は、議決に加わることができる理事の過半数（これを上回る割合を定款で定めた場合にあつては、その割合以上）が出席し、その過半数（これを上回る割合を定款で定めた場合にあつては、その割合以上）をもつて行う。

旧法39条
相対的記載事項
委任状不可

〈編者注〉　理事会への理事の出席の方法

出席の方法については特に規定されておらず、テレビ会議や電話会議の方法であっても、出席者が一堂に会するのと同等の相互に十分な議論を行い得ることが担保されておれば差し支えない。他方、十分な議論を行うことが必要とされるので、書面又は電磁的方法による議決権の行使や代理人又は持ち回りによる議決権の行使は認められない。

左の場合の理事会議事録の記載方法について、規則2条の17第3項1号括弧書き参照

〈編者注〉　租税特別措置法40条の適用を受けるための理事会の特別決議

租税特別措置法40条の適用を受けるには、以下の事項については理事総数（現在数）の3分の2以上の多数による同意又は承認を要する

○ 事業計画及び収支予算の承認・変更　　○ 基本財産の処分・担保提供
○ 臨機の措置（予算外の新たな義務の負担及び権利の放棄）　　○ 公益事業・収益事業に関する重要な事項（公益事業・収益事業を行う法人に限る）

評議員会の承認及び定款記載も必要

5　前項の決議について特別の利害関係を有する理事は、議決に加わることができない。

旧法39条の4

〈編者注〉　特別の利害関係を有する理事

特別の利害関係を有する理事とは、次のような理事を指す。就任規制に係る「特殊の関係がある者」（法44条6項）とは、まったく概念が異なる。

① 理事が競業及び利益相反取引を行おうとする場合の承認決議における当該理事
② 理事の法人に対する責任の一部免除を受ける当該理事
③ 理事長解任決議を提出された場合の当該理事長（一部には、特別利害関係にあたらないとする説もあると思われる）
④ 理事会決議において、評議員会に上程する議案を決議する場合の、その評議員会決議の議案について利害関係を有する当該理事（特定の理事に対する退職慰労金支給・理事解任などを評議員会の目的とする理事会決議における当該特定の理事）

1号：一般法84条☞法45条の16
2号：一般法114条☞法45条の22の2
3号：法45条の13第2項3号

当該理事は議決に加わることができないので、法45条の14第4項に定める定足数等にもカウントされない。なお、評議員会における「特別の利害関係を有する評議員」についても、考え方は同様である。

6　理事会の議事については、厚生労働省令で定めるところにより、議事録を作成し、議事録が書面をもつて作成されているときは、出席した理事（定款で議事録に署名し、又は記名押印しなければならない者を当該理事会に出席した理事長とする旨の定めがある場合にあつては、当該理事長）及び監事は、これに署名し、又は記名押印しなければならない。

規則第2条の17☞
相対的記載事項
議事録署名人とされた理事長欠席の場合、出席理事全員の署名が必要(本則)
無記載・虚偽記載等は過料20万円以下(法165条5号)

7　前項の議事録が電磁的記録をもつて作成されている場合における当該電磁的記録に記録された事項については、厚生労働省令で定める署名又は記名押印に代わる措置をとらなければならない。

規則第2条の18☞

8　理事会の決議に参加した理事であつて第六項の議事録に異議をとどめないものは、その決議に賛成したものと推定する。

9　一般社団法人及び一般財団法人に関する法律第九十四条の規定は理事会の招集について、同法第九十六条の規定は理事会の決議について、同法第九十八条の規定は理事会への報告について、それぞれ準用する。この場合において、必要な技術的読替えは、政令で定める。

第四十五条の十四

施行令

（理事会への報告に関する読替え）

第十三条の九　法第四十五条の十四第九項において理事会への報告について一般社団法人及び一般財団法人に関する法律第九十八条第二項の規定を準用する場合においては、同項中「第九十一条第二項」とあるのは、「社会福祉法（昭和二十六年法律第四十五号）第四十五条の十六第三項」と読み替えるものとする。

29年法に伴い新設

施行規則

（理事会の議事録）

第二条の十七　法第四十五条の十四第六項の規定による理事会の議事録の作成については、この条の定めるところによる。

29年法に伴い新設

2　理事会の議事録は、書面又は電磁的記録をもつて作成しなければならない。

3　理事会の議事録は、次に掲げる事項を内容とするものでなければならない。

一　理事会が開催された日時及び場所（当該場所に存しない理事、監事又は会計監査人が理事会に出席した場合における当該出席の方法を含む。）

議事録の内容
テレビ会議等の出席方法

二　理事会が次に掲げるいずれかのものに該当するときは、その旨

イ　法第四十五条の十四第二項の規定による理事の請求を受けて招集されたもの

ロ　法第四十五条の十四第三項の規定により理事が招集したもの

ハ　法第四十五条の十八第三項において準用する一般社団法人及び一般財団法人に関する法律第百一条第二項の規定による監事の請求を受けて招集されたもの

ニ　法第四十五条の十八第三項において準用する一般社団法人及び一般財団法人に関する法律第百一条第三項の規定により監事が招集したもの

イ:招集権者外の理事による招集請求
ロ:イによる理事会招集通知が発せられない場合の当該理事による招集
ハ:監事による招集請求
ニ:ハによる理事会招集通知が発せられない場合の当該理事による招集

三　理事会の議事の経過の要領及びその結果

四　決議を要する事項について特別の利害関係を有する理事があるときは、当該理事の氏名

五　次に掲げる規定により理事会において述べられた意見又は発言があるときは、その意見又は発言の内容の概要

イ　法第四十五条の十六第四項において準用する一般社団法人及び一般財団法人に関する法律第九十二条第二項

イ:競業取引等

ロ　法第四十五条の十八第三項において準用する一般社団法人及び一般財団法人に関する法律第百条

ロ:監事の理事会への報告義務

ハ　法第四十五条の十八第三項において準用する一般社団法人及び一般財団法人に関する法律第百一条第一項

ハ:監事の理事会出席・意見陳述義務

ニ　法第四十五条の二十二の二において準用する一般社団法人及び一般財団法人に関する法律第百十八条の二第四項

六　法第四十五条の十四第六項の定款の定めがあるときは、理事長以外の理事であつて、理事会に出席したものの氏名

七　理事会に出席した会計監査人の氏名又は名称

八　理事会の議長が存するときは、議長の氏名

4　次の各号に掲げる場合には、理事会の議事録は、当該各号に定める事項を内容とするものとする。

一　法第四十五条の十四第九項において準用する一般社団法人及び一般財団法人に関する法律第九十六条の規定により理事会の決議があつたものとみなされた場合　次に掲げる事項

イ　理事会の決議があつたものとみなされた事項の内容

ロ　イの事項の提案をした理事の氏名

ハ　理事会の決議があつたものとみなされた日

ニ　議事録の作成に係る職務を行つた理事の氏名

二　法第四十五条の十四第九項において準用する一般社団法人及び一般財団法人に関する法律第九十八条第一項の規定により理事会への報告を要しないものとされた場合　次に掲げる事項

イ　理事会への報告を要しないものとされた事項の内容

ロ　理事会への報告を要しないものとされた日

ハ　議事録の作成に係る職務を行つた理事の氏名

ニ：役員等の任務懈怠責任の免除（令和元年法律第71号で追加）

法45条の14第6項の理事長以外の理事＝署名義務のない理事

理事会決議省略の場合の議事録の内容

理事会報告省略の場合の議事録の内容

施行規則

（電子署名）

第二条の十八　次に掲げる規定に規定する厚生労働省令で定める署名又は記名押印に代わる措置は、電子署名とする。

一　法第四十五条の十四第七項

二　法第四十六条の十八第五項において準用する一般社団法人及び一般財団法人に関する法律第九十五条第四項

2　前項に規定する「電子署名」とは、電磁的記録に記録することができる情報について行われる措置であつて、次の要件のいずれにも該当するものをいう。

一　当該情報が当該措置を行つた者の作成に係るものであることを示すためのものであること。

二　当該情報について改変が行われていないかどうかを確認することができるものであること。

29年法に伴い新設

一般法95条4項：清算人会決議議事録

理事会の招集について準用する一般法

（招集手続）

一般法第九十四条　理事会を招集する者は、理事会の日の一週間（これを下回る期間を定款で定めた場合にあっては、その期間）前までに、各理事及び各監事に対してその通知を発しなければならない。

2　前項の規定にかかわらず、理事会は、理事及び監事の全員の同意があるときは、招集の手続を経ることなく開催することができる。

相対的記載事項

招集手続は評議員会の招集と異なり書面を要しない

招集手続の省略

〈編者注〉　理事選任後第１回目の理事会招集手続について

理事を選任する評議員会に引き続いて第１回目の理事会を開催する場合には、一般法９４条１項に定める１週間前までの開催通知の発送は不可能であり、理事及び監事の全員の同意によって招集の手続を経ることなく開催すること（一般法９４条２項）となるものと思われる。

なお「出席」は、必ずしも理事会が開催される場所に出席者が物理的にいることを意味しない（法４５条の１４第４項に附記する〈編者注〉参照）。

左について、実務では、役員候補者に対して通知すれば足りると扱われている模様である

理事会の決議について準用する一般法

（理事会の決議の省略）

一般法第九十六条 ~~理事会設置一般社団法人~~ 読替 社会福祉法人は、理事が理事会の決議の目的である事項について提案をした場合において、当該提案につき理事（当該事項について議決に加わることができるものに限る。）の全員が書面又は電磁的記録により同意の意思表示をしたとき（監事が当該提案について異議を述べたときを除く。）は、当該提案を可決する旨の理事会の決議があったものとみなす旨を定款で定めることができる。

理事会決議の省略
左の場合、理事会は開催されないので招集通知は不要
全員の同意が確認された時点が決議成立時点
相対的記載事項

理事会への報告について準用する一般法

（理事会への報告の省略）

一般法第九十八条 理事、監事又は会計監査人が理事及び監事の全員に対して理事会に報告すべき事項を通知したときは、当該事項を理事会へ報告することを要しない。

2 前項の規定は、~~第九十一条第二項~~ 政令読替 社会福祉法（昭和二十六年法律第四十五号）第四十五条の十六第三項の規定による報告については、適用しない。

通知すれば足りる（同意は不要）

法45条の16第3項
＝業務執行理事の理事会への職務執行状況報告

（議事録等）

第四十五条の十五 社会福祉法人は、理事会の日（前条第九項において準用する一般社団法人及び一般財団法人に関する法律第九十六条の規定により理事会の決議があつたものとみなされた日を含む。）から十年間、前条第六項の議事録又は同条第九項において準用する同法第九十六条の意思表示を記載し、若しくは記録した書面若しくは電磁的記録（以下この条において「議事録等」という。）をその主たる事務所に備え置かなければならない。

2 評議員は、社会福祉法人の業務時間内は、いつでも、次に掲げる請求をすることができる。

一 議事録等が書面をもつて作成されているときは、当該書面の閲覧又は謄写の請求

二 議事録等が電磁的記録をもつて作成されているときは、当該電磁的記録に記録された事項を厚生労働省令で定める方法により表示したものの閲覧又は謄写の請求

3 債権者は、理事又は監事の責任を追及するため必要があるときは、裁判所の許可を得て、議事録等について前項各号に掲げる請求をすることができる。

4 裁判所は、前項の請求に係る閲覧又は謄写をすることにより、当該社会福祉法人に著しい損害を及ぼすおそれがあると認めるときは、同項の許可をすることができない。

5 一般社団法人及び一般財団法人に関する法律第二百八十七条第一項、第二百八十八条、第二百八十九条（第一号に係る部分に限る。）、第二百九十条本文、第二百九十一条（第二号に係る部分に限る。）、第二百九十二条本文、第二百九十四条及び第二百九十五条の規定は、第三項の許可について準用する。

29年法で新設

備置義務違反は過料20万円以下(法165条6号)

正当理由のない閲覧・謄写拒否は過料20万円以下(法165条3号)

規則2条の3
☞法34条の2

正当理由のない閲覧・謄写拒否は過料20万円以下(法165条3号)

第3項（債権者による議事録等の閲覧・謄写の請求に係る裁判所の許可）についての準用

債権者による議事録等の閲覧・謄写請求の許可について準用する一般法

（非訟事件の管轄）

一般法第二百八十七条 ~~この法律の規定による非訟事件（次項に規定する事件を除く。）~~ 読替 社会福祉法の規定による債権者による議事録等の閲覧・謄写の請求許可申立事件は、~~一般社団法人等~~ 読替 社会福祉法人の主たる事務所の所在地を管轄する地方裁判所の管轄に属する。

2 【準用対象外】

非訟事件
＝民事上の権利義務の確定を目的とせず裁判所が後見的に介入する事件

（疎明）

一般法第二百八十八条　この法律の規定による許可の申立てをする場合には、その原因となる事実を疎明しなければならない。

（陳述の聴取）

一般法第二百八十九条　裁判所は、~~この法律の規定による非訟事件~~[読替]社会福祉法の規定による債権者による議事録等の閲覧・謄写の請求許可申立事件についての裁判のうち、次の各号に掲げる裁判をする場合には、当該各号に定める者の陳述を聴かなければならない。ただし、不適法又は理由がないことが明らかであるとして申立てを却下する裁判をするときは、この限りでない。

一　この法律の規定により~~一般社団法人等~~[読替]社会福祉法人が作成し、又は備え置いた書面又は電磁的記録についての閲覧又は謄写の許可の申立てについての裁判　当該~~一般社団法人等~~[読替]社会福祉法人

二〜六　【準用対象外】

（理由の付記）

一般法第二百九十条　~~この法律の規定による非訟事件~~[読替]社会福祉法の規定による債権者による議事録等の閲覧・謄写の請求許可申立事件についての裁判には、理由を付さなければならない。【ただし書は準用対象外】 旧法47条の4

（即時抗告）

一般法第二百九十一条　次の各号に掲げる裁判に対しては、当該各号に定める者に限り、即時抗告をすることができる。

一　【準用対象外】

二　第二百八十九条各号に掲げる裁判　申立人及び当該~~各号に定める者（同条第二号及び第三号に掲げる裁判にあっては、当該各号に定める者）~~[読替]社会福祉法人

（原裁判の執行停止）

一般法第二百九十二条　前条の即時抗告は、執行停止の効力を有する。【ただし書は準用対象外】

（非訟事件手続法の規定の適用除外）

一般法第二百九十四条　~~この法律の規定による非訟事件~~[読替]社会福祉法の規定による債権者による議事録等の閲覧・謄写の請求許可申立事件については、非訟事件手続法（平成二十三年法律第五十一号）第四十条及び第五十七条第二項第二号の規定は、適用しない。

> 非訟事件手続法（平成二十三年法律第五十一号）
>
> （検察官の関与）
>
> 第四十条　検察官は、非訟事件について意見を述べ、その手続の期日に立ち会うことができる。
>
> 2　裁判所は、検察官に対し、非訟事件が係属したこと及びその手続の期日を通知するものとする
>
> （終局決定の方式及び裁判書）
>
> 第五十七条　終局決定は、裁判書を作成してしなければならない。ただし、即時抗告をすることができない決定については、非訟事件の申立書又は調書に主文を記載することをもって、裁判書の作成に代えることができる。
>
> 2　終局決定の裁判書には、次に掲げる事項を記載しなければならない。
>
> 一　主文
>
> 二　理由の要旨
>
> 三　当事者及び法定代理人
>
> 四　裁判所

（最高裁判所規則）

一般法第二百九十五条　この法律に定めるもののほか、~~この法律の規定による非訟事件~~[読替]社会福祉法の規定による債権者による議事録等の閲覧・謄写の請求許可申

立事件の手続に関し必要な事項は、最高裁判所規則で定める。

（理事の職務及び権限等）
第四十五条の十六　理事は、法令及び定款を遵守し、社会福祉法人のため忠実にその職務を行わなければならない。

２　次に掲げる理事は、社会福祉法人の業務を執行する。
一　理事長
二　理事長以外の理事であつて、理事会の決議によつて社会福祉法人の業務を執行する理事として選定されたもの

３　前項各号に掲げる理事は、三月に一回以上、自己の職務の執行の状況を理事会に報告しなければならない。ただし、定款で毎会計年度に四月を超える間隔で二回以上その報告をしなければならない旨を定めた場合は、この限りでない。

〈編者注〉　業務執行理事の職務執行状況の理事会への報告について
法45条の16第3項の狙いは、非業務執行理事及び監事による業務執行理事に対する監督に実効性を持たせることにある。また、ただし書の趣旨は、3か月に1回以上(年間4回)の報告という本則を年度内に2回以上の報告に緩める場合には、同一会計年度に4か月を超える間隔で報告させることによって、監督の実効性を担保することにある。したがって、ただし書に規定する定款の定めがなされている場合に前回報告から4か月を超えない間隔で理事会に報告したとしても、前回報告後4か月を超える間隔で同一会計年度内に重ねて報告がなされる限り、法の趣旨には反しない。

４　一般社団法人及び一般財団法人に関する法律第八十四条、第八十五条、第八十八条（第二項を除く。）、第八十九条及び第九十二条第二項の規定は、理事について準用する。この場合において、同法第八十四条第一項中「社員総会」とあるのは「理事会」と、同法第八十八条の見出し及び同条第一項中「社員」とあるのは「評議員」と、「著しい」とあるのは「回復することができない」と、同法第八十九条中「社員総会」とあるのは「評議員会」と読み替えるものとするほか、必要な技術的読替えは、政令で定める。

29年法で新設
理事の特別背任等につき法38条付記〈編者注〉「委任契約について」末尾参照
2項2号のいわゆる**業務執行理事**の選定は法人の任意
職務執行状況の報告は省略できない(一般法98条2項 ☞法45条の14)
相対的記載事項
定款記載文言に工夫が必要と思われる
なお左については異説もある
令和5年5月1日現在、読替政令は存在しないと思われる

理事について準用する一般法

（競業及び利益相反取引の制限）
一般法第八十四条　理事は、次に掲げる場合には、~~社員総会~~ 法読替 理事会において、当該取引につき重要な事実を開示し、その承認を受けなければならない。
一　理事が自己又は第三者のために~~一般社団法人~~ 読替 社会福祉法人の事業の部類に属する取引をしようとするとき。
二　理事が自己又は第三者のために~~一般社団法人~~ 読替 社会福祉法人と取引をしようとするとき。
三　~~一般社団法人~~ 読替 社会福祉法人が理事の債務を保証することその他理事以外の者との間において~~一般社団法人~~ 読替 社会福祉法人と当該理事との利益が相反する取引をしようとするとき。

２　民法第百八条の規定は、前項の承認を受けた同項第二号又は第三号の取引については、適用しない。

違反の効果☞法45条の20第2・3項
競業取引
利益相反取引（自己取引）
利益相反取引
旧法39条の4

民法（明治二十九年法律第八十九号）
（自己契約及び双方代理等）
第百八条　同一の法律行為について、相手方の代理人として、又は当事者双方の代理人としてした行為は、代理権を有しない者がした行為とみなす。ただし、債務の履行及び本人があらかじめ許諾した行為については、この限りでない。
２　前項本文に規定するもののほか、代理人と本人との利益が相反する行為に

ついては、代理権を有しない者がした行為とみなす。ただし、本人があらかじめ許諾した行為については、この限りでない。

〈編者注〉　利益相反取引の理事会承認及び報告について

旧法39条の4では、「社会福祉法人と理事との利益が相反する事項については、理事は、代理権を有しない。この場合においては、所轄庁は、利害関係人の請求により又は職権で、特別代理人を選任しなければならない。」とされていた。しかし29年法によって旧法39条の4の規定が削除され、法45条の16第4項によって一般法第84条が適用されることとなったので、理事会による承認及び理事会への報告（一般法第92条）で足りることとなった。

なお、承認を求める理事は、当該決議に特別の理解関係を有する理事として、議決に加わることができない。

監事は法人の業務執行を行わず理事会における議決権もないので、監事には利益相反取引に関する規制は存しない

（理事の報告義務）

一般法第八十五条　理事は、~~一般社団法人~~ [読替] 社会福祉法人に著しい損害を及ぼすおそれのある事実があることを発見したときは、直ちに、当該事実を~~社員（監事設置一般社団法人にあっては、監事）~~に報告しなければならない。

（~~社員~~ [読替] 評議員）による理事の行為の差止め）

一般法第八十八条　~~社員~~ [法読替] 評議員は、理事が~~一般社団法人~~ [読替] 社会福祉法人の目的の範囲外の行為その他法令若しくは定款に違反する行為をし、又はこれらの行為をするおそれがある場合において、当該行為によって当該~~一般社団法人~~ [読替] 社会福祉法人に~~著しい~~ [法読替] 回復することができない損害が生ずるおそれがあるときは、当該理事に対し、当該行為をやめることを請求することができる。

2　【準用対象外】

単に「著しい損害」では差止め請求できない

（理事の報酬等）

一般法第八十九条　理事の報酬等（報酬、賞与その他の職務執行の対価として~~一般社団法人等~~ [読替] 社会福祉法人から受ける財産上の利益をいう。以下同じ。）は、定款にその額を定めていないときは、~~社員総会~~ [法読替] 評議員会の決議によって定める。

報酬等支給基準を定める必要がある（法45条の35）
報酬等には退職手当を含む（法45条の34第1項3号）

（競業及び~~理事会設置一般社団法人~~ [読替] 社会福祉法人との取引等の制限）

一般法第九十二条　【第１項は準用対象外】

2　~~理事会設置一般社団法人~~ [読替] 社会福祉法人においては、第八十四条第一項各号の取引をした理事は、当該取引後、遅滞なく、当該取引についての重要な事実を理事会に報告しなければならない。

（理事長の職務及び権限等）

第四十五条の十七　理事長は、社会福祉法人の業務に関する一切の裁判上又は裁判外の行為をする権限を有する。

29年法で新設

2　前項の権限に加えた制限は、善意の第三者に対抗することができない。

〈編者注〉　理事長の職務代行者

理事長の職務を代行する者は、本条第3項で準用される一般法80条に限られる。したがって、理事長以外の理事が職務を代理すること、及び理事長が代理者を選定する旨の定款の定めは無効とされる。

3　第四十五条の六第一項及び第二項並びに一般社団法人及び一般財団法人に関する法律第七十八条及び第八十二条の規定は理事長について、同法第八十条の規定は民事保全法（平成元年法律第九十一号）第五十六条に規定する仮処分命令により選任された理事又は理事長の職務を代行する者について、それぞれ準用する。この場合において、第四十五条の六第一項中「この法律又は定款で定めた役員の員数が欠けた場合」とあるのは、「理事長が欠けた場合」と読み替えるものとする。

法45条の6第1・2項の規定＝役員等に欠員が生じた場合の前役員

〈編者注〉
第3項による法45条の6第1項及び2項の理事長についての準用・読替え
（~~役員等に欠員を生じた~~ 読替 理事長が欠けた場合の措置）
45条の6 ~~この法律又は定款で定めた役員の員数~~ 第3項による読替 理事長が欠けた場合には、任期の満了又は辞任により退任した~~役員~~ 読替 理事長は、新たに選任された~~役員~~ 読替 理事長（次項の一時~~役員~~ 読替 理事長の職務を行うべき者を含む。）が就任するまで、なお~~役員~~ 読替 理事長としての権利義務を有する。
2　前項に規定する場合において、事務が遅滞することにより損害を生ずるおそれがあるときは、所轄庁は、利害関係人の請求により又は職権で、一時~~役員~~ 読替 理事長の職務を行うべき者を選任することができる。

一時理事長にも特別背任等の罰則適用(法155条1項3号)
左の第2項は都道府県及び市の第1号法定受託事務(法151条)

理事長について準用する一般法

（~~代表者~~ 読替 理事長の行為についての損害賠償責任）
一般法第七十八条　~~一般社団法人~~ 読替 社会福祉法人は、~~代表理事~~ 読替 理事長その他の代表者がその職務を行うについて第三者に加えた損害を賠償する責任を負う。

「その他の代表者」としては、職務代行者がある(法45条の17)

（表見~~代表理事~~ 読替 理事長）
一般法第八十二条　~~一般社団法人~~ 読替 社会福祉法人は、~~代表理事~~ 読替 理事長以外の理事に理事長その他~~一般社団法人~~ 読替 社会福祉法人を代表する権限を有するものと認められる名称を付した場合には、当該理事がした行為について、善意の第三者に対してその責任を負う。

理事又は理事長の職務を代行する者について準用する一般法

（理事の職務を代行する者の権限）
一般法第八十条　民事保全法（平成元年法律第九十一号）第五十六条に規定する仮処分命令により選任された理事又は~~代表理事~~ 読替 理事長の職務を代行する者は、仮処分命令に別段の定めがある場合を除き、~~一般社団法人~~ 読替 社会福祉法人の常務に属しない行為をするには、裁判所の許可を得なければならない。
2　前項の規定に違反して行った理事又は~~代表理事~~ 読替 理事長の職務を代行する者の行為は、無効とする。ただし、~~一般社団法人~~ 読替 社会福祉法人は、これをもって善意の第三者に対抗することができない。

民事保全法☞
職務代行者にも特別背任等の罰則が適用される(法155条他)

民事保全法（平成元年法律第九十一号）
（法人の代表者の職務執行停止の仮処分等の登記の嘱託）
第五十六条　法人を代表する者その他法人の役員として登記された者について、その職務の執行を停止し、若しくはその職務を代行する者を選任する仮処分命令又はその仮処分命令を変更し、若しくは取り消す決定がされた場合には、裁判所書記官は、法人の本店又は主たる事務所の所在地（外国法人にあっては、各事務所の所在地）を管轄する登記所にその登記を嘱託しなければならない。ただし、これらの事項が登記すべきものでないときは、この限りでない。

第五款　監事

第四十五条の十八　監事は、理事の職務の執行を監査する。この場合において、監事は、厚生労働省令で定めるところにより、監査報告を作成しなければならない。

「第五款」の区分は29年法で新設
旧法40条1項
規則2条の19☞
無記載・虚偽記載等は過料20万円以下(法165条5号)

施行規則
（監査報告の作成）
第二条の十九　法第四十五条の十八第一項の規定による監査報告の作成については、この条の定めるところによる。

29年法に伴い新設
監査報告の内容・

> 2　監事は、その職務を適切に遂行するため、次に掲げる者との意思疎通を図り、情報の収集及び監査の環境の整備に努めなければならない。この場合において、理事又は理事会は、監事の職務の執行のための必要な体制の整備に留意しなければならない。
> 一　当該社会福祉法人の理事及び職員
> 二　その他監事が適切に職務を遂行するに当たり意思疎通を図るべき者
> 3　前項の規定は、監事が公正不偏の態度及び独立の立場を保持することができなくなるおそれのある関係の創設及び維持を認めるものと解してはならない。
> 4　監事は、その職務の遂行に当たり、必要に応じ、当該社会福祉法人の他の監事との意思疎通及び情報の交換を図るよう努めなければならない。

通知期限等
＝規則2条の26～37
☞法45条の28
「監事の監査報告書の様式例について」(平成30年4月27日福祉基盤課事務連絡)参照

監事の特別背任等につき法38条に付記する〈編者注〉参照

2　監事は、いつでも、理事及び当該社会福祉法人の職員に対して事業の報告を求め、又は当該社会福祉法人の業務及び財産の状況の調査をすることができる。

3　一般社団法人及び一般財団法人に関する法律第百条から第百三条まで、第百四条第一項、第百五条及び第百六条の規定は、監事について準用する。この場合において、同法第百二条（見出しを含む。）中「社員総会」とあるのは「評議員会」と、同条中「法務省令」とあるのは「厚生労働省令」と、同法第百五条中「社員総会」とあるのは「評議員会」と読み替えるものとするほか、必要な技術的読替えは、政令で定める。

> 施行令
> （監事に関する読替え）
> **第十三条の十**　法第四十五条の十八第三項において監事について一般社団法人及び一般財団法人に関する法律第百一条第二項及び第百四条第一項の規定を準用する場合においては、同法第百一条第二項中「第九十三条第一項ただし書」とあるのは「社会福祉法（昭和二十六年法律第四十五号）第四十五条の十四第一項ただし書」と、「招集権者」とあるのは「同項ただし書の規定により定められた理事」と、同法第百四条第一項中「第七十七条第四項及び第八十一条」とあるのは「社会福祉法第四十五条の十七第一項」と読み替えるものとする。

29年法に伴い新設

監事について準用する一般法

（~~理事~~ 読替 理事会への報告義務）

一般法第百条　監事は、理事が不正の行為をし、若しくは当該行為をするおそれがあると認めるとき、又は法令若しくは定款に違反する事実若しくは著しく不当な事実があると認めるときは、遅滞なく、その旨を~~理事（理事会設置一般社団法人にあっては、理事会）~~ 読替 理事会に報告しなければならない。

社会福祉法人は理事会設置法人なので、見出しは(理事会への報告義務)と読む
連携法人にあっては「理事会」ではなく「所轄庁、社員総会又は理事会」に報告

（理事会への出席義務等）

一般法第百一条　監事は、理事会に出席し、必要があると認めるときは、意見を述べなければならない。

2　監事は、前条に規定する場合において、必要があると認めるときは、理事（~~第九十三条第一項ただし書~~ 政令読替 社会福祉法（昭和二十六年法律第四十五号）第四十五条の十四第一項ただし書に規定する場合にあっては、~~招集権者~~ 政令読替 同項ただし書の規定により定められた理事）に対し、理事会の招集を請求することができる。

ただし書の規定により定められた理事
＝理事会を招集すると定められた理事がある場合の当該理事

3　前項の規定による請求があった日から五日以内に、その請求があった日から二週間以内の日を理事会の日とする理事会の招集の通知が発せられない場合は、その請求をした監事は、理事会を招集することができる。

（~~社員総会~~ 法読替 評議員会に対する報告義務）

一般法第百二条　監事は、理事が~~社員総会~~ 法読替 評議員会に提出しようとする議案、

書類その他~~法務省令~~ 法読替 厚生労働省令で定めるものを調査しなければならない。この場合において、法令若しくは定款に違反し、又は著しく不当な事項があると認めるときは、その調査の結果を~~社員総会~~ 法読替 評議員会に報告しなければならない。

規則2条の20参照

> 施行規則
> （監事の調査の対象）
> 第二条の二十　法第四十五条の十八第三項において準用する一般社団法人及び一般財団法人に関する法律第百二条に規定する厚生労働省令で定めるものは、電磁的記録その他の資料とする。

29年法に伴い新設

（監事による理事の行為の差止め）

一般法第百三条　監事は、理事が~~監事設置一般社団法人~~ 読替 社会福祉法人の目的の範囲外の行為その他法令若しくは定款に違反する行為をし、又はこれらの行為をするおそれがある場合において、当該行為によって当該~~監事設置一般社団法人~~ 読替 社会福祉法人に著しい損害が生ずるおそれがあるときは、当該理事に対し、当該行為をやめることを請求することができる。

2　前項の場合において、裁判所が仮処分をもって同項の理事に対し、その行為をやめることを命ずるときは、担保を立てさせないものとする。

社会福祉法人は監事設置法人（法36条1項）

> 〈編者注〉　監事の差止請求権
> 　法人に損害が生じるのを未然に防止するため、損害が回復可能なものであるか否かにかかわらず、行為前であっても「おそれ」があれば、差止請求権が認められる。一般法100条の理事会への報告との先後の関係なく請求することができ、また、担保を立てることなく仮処分命令の申立て（民事保全法23条・24条）等ができる。監事は善管注意義務を負っているので、一般法103条1項の要件を満たす場合、差止請求権を行使すべき義務を負う場合が多いと考えられる。

（~~監事設置一般社団法人~~ 読替 社会福祉法人と理事との間の訴えにおける法人の代表）

一般法第百四条　~~第七十七条第四項及び第八十一条~~ 政令読替 社会福祉法第四十五条の十七第一項の規定にかかわらず、~~監事設置一般社団法人~~ 読替 社会福祉法人が理事（理事であった者を含む。以下この条において同じ。）に対し、又は理事が~~監事設置一般社団法人~~ 読替 社会福祉法人に対して訴えを提起する場合には、当該訴えについては、監事が~~監事設置一般社団法人~~ 読替 社会福祉法人を代表する。

2　【準用対象外】

法45条の17第1項＝理事長は一切の裁判上又は裁判外の行為権限を有する

（監事の報酬等）

一般法第百五条　監事の報酬等は、定款にその額を定めていないときは、~~社員総会~~ 法読替 評議員会の決議によって定める。

任意的記載事項

2　~~監事が二人以上ある場合において、~~各監事の報酬等について定款の定め又は~~社員総会~~ 法読替 評議員会の決議がないときは、当該報酬等は、前項の報酬等の範囲内において、監事の協議によって定める。

3　監事は、~~社員総会~~ 法読替 評議員会において、監事の報酬等について意見を述べることができる。

社会福祉法人の監事は2人以上（法44条3項）

支給基準について法45条の35参照

（費用等の請求）

一般法第百六条　監事がその職務の執行について~~監事設置一般社団法人~~ 読替 社会福祉法人に対して次に掲げる請求をしたときは、当該~~監事設置一般社団法人~~ 読替 社会福祉法人は、当該請求に係る費用又は債務が当該監事の職務の執行に必要でないことを証明した場合を除き、これを拒むことができない。

一　費用の前払の請求

二　支出した費用及び支出の日以後におけるその利息の償還の請求

三　負担した債務の債権者に対する弁済（当該債務が弁済期にない場合にあっては、相当の担保の提供）の請求

〈編者注〉 監事の職務を補助すべき職員等
社会福祉法人の業務の適正を確保するための体制を規定している施行規則2条の16は、具体的な体制の一つとして「監事がその職務を補助すべき職員を置くことを求めた場合における当該職員に関する事項」や「前号の職員の理事からの独立性に関する事項」、あるいは「監事の第五号の職員に対する指示の実効性の確保に関する事項」、また「監事の職務の執行について生ずる費用の前払又は償還の手続その他の当該職務の執行について生ずる費用又は債務の処理に係る方針に関する事項」等を求めている。

規則2条の16
☞法45条の13

第六款　会計監査人

「第六款」の区分は29年法で新設

第四十五条の十九　会計監査人は、次節の定めるところにより、社会福祉法人の計算書類及びその附属明細書を監査する。この場合において、会計監査人は、厚生労働省令で定めるところにより、会計監査報告を作成しなければならない。

29年法で新設
規則2条の21☞

施行規則
（会計監査報告の作成）
第二条の二十一　法第四十五条の十九第一項の規定による会計監査報告の作成については、この条の定めるところによる。
2　会計監査人は、その職務を適切に遂行するため、次に掲げる者との意思疎通を図り、情報の収集及び監査の環境の整備に努めなければならない。ただし、会計監査人が公正不偏の態度及び独立の立場を保持することができなくなるおそれのある関係の創設及び維持を認めるものと解してはならない。
一　当該社会福祉法人の理事及び職員
二　その他会計監査人が適切に職務を遂行するに当たり意思疎通を図るべき者

29年法に伴い新設
無記載・虚偽記載等は過料20万円以下(法165条5号)
会計監査人の収賄は懲役5年以下若しくは罰金500万円以下　贈賄側も罰せられる　利益は没収ないし追徴
☞法38条付記〈編者注〉「委任契約について」末尾参照

2　会計監査人は、前項の規定によるもののほか、財産目録その他の厚生労働省令で定める書類を監査する。この場合において、会計監査人は、会計監査報告に当該監査の結果を併せて記載し、又は記録しなければならない。

規則2条の22☞

施行規則
（会計監査人が監査する書類）
第二条の二十二　法第四十五条の十九第二項の厚生労働省令で定める書類は、財産目録（社会福祉法人会計基準第七条の二第一項第一号イに規定する法人単位貸借対照表に対応する項目に限る。）とする。

会計監査人の監査対象
29年法に伴い新設

3　会計監査人は、いつでも、次に掲げるものの閲覧及び謄写をし、又は理事及び当該会計監査人設置社会福祉法人の職員に対し、会計に関する報告を求めることができる。
一　会計帳簿又はこれに関する資料が書面をもつて作成されているときは、当該書面
二　会計帳簿又はこれに関する資料が電磁的記録をもつて作成されているときは、当該電磁的記録に記録された事項を厚生労働省令で定める方法により表示したもの

正当理由のない閲覧・謄写拒否は過料20万円以下(法165条3号)

規則2条の3
☞法34条の2

4　会計監査人は、その職務を行うため必要があるときは、会計監査人設置社会福祉法人の業務及び財産の状況の調査をすることができる。
5　会計監査人は、その職務を行うに当たつては、次のいずれかに該当する者を使用してはならない。
一　第四十五条の二第三項に規定する者
二　理事、監事又は当該会計監査人設置社会福祉法人の職員である者
三　会計監査人設置社会福祉法人から公認会計士又は監査法人の業務以外の

第45条の2第3項に規定する者＝公認会計士法の規定によって計算書類の監査を

業務により継続的な報酬を受けている者

できない者

6　一般社団法人及び一般財団法人に関する法律第百八条から第百十条までの規定は、会計監査人について準用する。この場合において、同法第百九条（見出しを含む。）中「定時社員総会」とあるのは、「定時評議員会」と読み替えるものとするほか、必要な技術的読替えは、政令で定める。

> 施行令
> （会計監査人に関する読替え）
> **第十三条の十一**　法第四十五条の十九第六項において会計監査人について一般社団法人及び一般財団法人に関する法律第百九条第一項の規定を準用する場合においては、同項中「第百七条第一項」とあるのは、「社会福祉法（昭和二十六年法律第四十五号）第四十五条の十九第一項」と読み替えるものとする。

29年法に伴い新設

会計監査人について準用する一般法

（監事に対する報告）

一般法第百八条　会計監査人は、その職務を行うに際して理事の職務の執行に関し不正の行為又は法令若しくは定款に違反する重大な事実があることを発見したときは、遅滞なく、これを監事に報告しなければならない。

2　監事は、その職務を行うため必要があるときは、会計監査人に対し、その監査に関する報告を求めることができる。

（~~定時社員総会~~ 法読替 定時評議員会における会計監査人の意見の陳述）

一般法第百九条　~~第百七条第一項~~ 政令読替 **社会福祉法（昭和二十六年法律第四十五号）第四十五条の十九第一項**に規定する書類が法令又は定款に適合するかどうかについて会計監査人が監事と意見を異にするときは、会計監査人（会計監査人が監査法人である場合にあっては、その職務を行うべき社員。次項において同じ。）は、~~定時社員総会~~ 法読替 **定時評議員会**に出席して意見を述べることができる。

2　~~定時社員総会~~ 法読替 **定時評議員会**において会計監査人の出席を求める決議があったときは、会計監査人は、~~定時社員総会~~ 法読替 **定時評議員会**に出席して意見を述べなければならない。

（会計監査人の報酬等の決定に関する監事の関与）

一般法第百十条　理事は、会計監査人又は一時会計監査人の職務を行うべき者の報酬等を定める場合には、監事~~（監事が二人以上ある場合にあっては、その過半数）~~の同意を得なければならない。

一時会計監査人の職務を行うべき者
☞法45条の6第3項

> **〈編者注〉　監事の同意**
> 社会福祉法人の監事の定数は2人以上とされている（法44条3項）ので、「監事（監事が二人以上ある場合にあっては、その過半数）」は、「監事の過半数」と読む。また、「過半数」なので、監事が2人の場合は2人の同意が必要。

> **〈編者注〉　会計監査人の報酬等に係る理事会の決定**
> 会計監査人の報酬等については、一般法110条の定めは理事会決議を必須としておらず、監事の過半数の同意を得て理事長専決事項等として決定することができる（評議員及び役員の場合は定款又は評議員会決議で定める）。
> 「会計監査人の報酬等の決定は、重要な業務執行の決定に該当し、法45条の13第4項によって理事会決議が必要である」との主張も考えられるが、定款において、監査人の報酬等の決定は「一定金額未満の場合には理事長専決事項とする旨」あるいは「理事会決議事項とする旨」等を明定しておくと、このような紛れは生じない。なお理事会決議事項とした場合、理事会議事録に監事の過半数の同意を得ている旨の記載があり、かつ、監事の議事録への署名又は記名押印によって、監事の過半数の同意を得ていたことが確認できる場合には、議事録とは別に監事の過半数の同意を得たことを証する書類は必要ない。

厚労省定款例第21条2項では「会計監査人に対する報酬等は、監事の過半数の同意を得て、理事会において定める」としている

第七款 役員等の損害賠償責任等

〈編者注〉 役員等の損害賠償責任等について

役員の損害賠償責任の理解のためには、社会福祉法人と役員等とは委任の関係にあることを理解しておく必要がある（法38条及び同条に付記してる〈編者注〉を参照)。なお、役員の損害賠償責任に関する法改正の経緯は次のとおりである。

29年法で第七款の区分及び法45条の20から法45条の22を新設。令和元年会社法改正において役員等に係る補償契約・保険契約に関する条文を新設し、これに伴う整備法（令和元年法律71号）によって一般法に同旨条文を新設するとともに当該新設条文を社会福祉法人に準用することとなった（法45条の22の2)。

「第七款」の区分は29年法で新設
令和元年法律第71号(令和3年3月1日施行)で「等」を追加
旧法29条では、一般法78条(☞法45条の17)の規定を準用することのみを規定していた

（役員等又は評議員の社会福祉法人に対する損害賠償責任）

第四十五条の二十 理事、監事若しくは会計監査人（以下この款において「役員等」という。）又は評議員は、その任務を怠つたときは、社会福祉法人に対し、これによつて生じた損害を賠償する責任を負う。

29年法で新設
任務懈怠責任(過失責任)
評議員も責任を負うことに留意

〈編者注〉 経営判断の原則

経営判断に対して経営者が事後的に法的責任を負担させられたのでは、萎縮して積極的な経営ができない。そこで、経営者の経営判断については、経営判断の前提となる事実認識の過程及び意思決定の過程・内容に著しく不合理な点がない場合は、結果的に法人に損害が発生したとしても、経営者としての善管注意義務違反には当たらないと考えられている（経営判断の原則)。

経営判断の原則

2 理事が第四十五条の十六第四項において準用する一般社団法人及び一般財団法人に関する法律第八十四条第一項の規定に違反して同項第一号の取引をしたときは、当該取引によつて理事又は第三者が得た利益の額は、前項の損害の額と推定する。

一般法84条1項1号
＝**競業取引**
☞法45条の16

3 第四十五条の十六第四項において準用する一般社団法人及び一般財団法人に関する法律第八十四条第一項第二号又は第三号の取引によつて社会福祉法人に損害が生じたときは、次に掲げる理事は、その任務を怠つたものと推定する。

一 第四十五条の十六第四項において準用する一般社団法人及び一般財団法人に関する法律第八十四条第一項の理事

二 社会福祉法人が当該取引をすることを決定した理事

三 当該取引に関する理事会の承認の決議に賛成した理事

一般法84条1項2号
＝**自己取引**
一般法84条1項3号
＝**利益相反取引**
令和元年法律第71号で第45条の20第4項を削除し法45条の22の2を新設

（役員等又は評議員の第三者に対する損害賠償責任）

第四十五条の二十一 役員等又は評議員がその職務を行うについて悪意又は重大な過失があつたときは、当該役員等又は評議員は、これによつて第三者に生じた損害を賠償する責任を負う。

2 次の各号に掲げる者が、当該各号に定める行為をしたときも、前項と同様とする。ただし、その者が当該行為をすることについて注意を怠らなかつたことを証明したときは、この限りでない。

一 理事 次に掲げる行為

イ 計算書類及び事業報告並びにこれらの附属明細書に記載し、又は記録すべき重要な事項についての虚偽の記載又は記録

ロ 虚偽の登記

ハ 虚偽の公告

二 監事 監査報告に記載し、又は記録すべき重要な事項についての虚偽の記載又は記録

三 会計監査人 会計監査報告に記載し、又は記録すべき重要な事項についての虚偽の記載又は記録

29年法で新設
役員等には会計監査人を含む(法45条の20第1項)（過失責任)
立証責任の転換
法人に対する損害賠償責任と異なり、第三者に対する損害賠償責任については当然のことながら、免除に係る定めはない

（役員等又は評議員の連帯責任）

第四十五条の二十二　役員等又は評議員が社会福祉法人又は第三者に生じた損害を賠償する責任を負う場合において、他の役員等又は評議員も当該損害を賠償する責任を負うときは、これらの者は、連帯債務者とする。

29年法で新設

役員等には会計監査人を含む（法45条の20第1項）

（準用規定）

第四十五条の二十二の二　一般社団法人及び一般財団法人に関する法律第百十二条から第百十六条までの規定は第四十五条の二十第一項の責任について、同法第百十八条の二及び第百十八条の三の規定は社会福祉法人について、それぞれ準用する。この場合において、同法第百十二条中「総社員」とあるのは「総評議員」と、同法第百十三条第一項中「社員総会」とあるのは「評議員会」と、同項第二号中「法務省令」とあるのは「厚生労働省令」と、同号イ及びロ中「代表理事」とあるのは「理事長」と、同条第二項及び第三項中「社員総会」とあるのは「評議員会」と、同条第四項中「法務省令」とあるのは「厚生労働省令」と、「社員総会」とあるのは「評議員会」と、同法第百十四条第二項中「社員総会」とあるのは「評議員会」と、「限る。）についての理事の同意を得る場合及び当該責任の免除」とあるのは「限る。）」と、同条第三項中「社員」とあるのは「評議員」と、同条第四項中「総社員（前項の責任を負う役員等であるものを除く。）の議決権」とあるのは「総評議員」と、「議決権を有する社員が同項」とあるのは「評議員が前項」と、同法第百十五条第一項中「代表理事」とあるのは「理事長」と、同条第三項及び第四項中「社員総会」とあるのは「評議員会」と、同法第百十八条の二第一項中「社員総会（理事会設置一般社団法人にあっては、理事会）」とあるのは「理事会」と、同法第百十八条の三第一項中「法務省令」とあるのは「厚生労働省令」と、「社員総会（理事会設置一般社団法人にあっては、理事会）」とあるのは「理事会」と読み替えるものとするほか、必要な技術的読替えは、政令で定める。

会社法整備法（令和元年法律第71号）で新設（改正前の法45条の20第4項を法45条の22の2として独立させたもの）同法によって一般法118条の2及び同118条の3が新設され、当該条文を社会福祉法人に準用するために下線部が改正・追加された

> 施行令
>
> （役員等又は評議員の損害賠償責任等に関する読替え）
>
> **第十三条の十二**　法第四十五条の二十二の二において役員等又は評議員の損害賠償責任等について一般社団法人及び一般財団法人に関する法律第百十五条第四項第三号、第百十六条第一項、第百十八条の二第二項第二号及び第五項並びに第百十八条の三第二項の規定を準用する場合においては、同法第百十五条第四項第三号中「第百十一条第一項」とあるのは「社会福祉法（昭和二十六年法律第四十五号）第四十五条の二十第一項」と、同法第百十六条第一項中「第八十四条第一項第二号」とあるのは「社会福祉法第四十五条の十六第四項において準用する第八十四条第一項第二号」と、同法第百十八条の二第二項第二号中「第百十一条第一項」とあるのは「社会福祉法第四十五条の二十第一項」と、同条第五項中「第八十四条第一項、第九十二条第二項、第百十一条第三項及び第百十六条第一項」とあるのは「社会福祉法第四十五条の十六第四項において読み替えて準用する第八十四条第一項、同法第四十五条の十六第四項において準用する第九十二条第二項、同法第四十五条の二十第三項及び同法第四十五条の二十二の二において準用する第百十六条第一項」と、同法第百十八条の三第二項中「第八十四条第一項、第九十二条第二項及び第百十一条第三項」とあるのは「社会福祉法第四十五条の十六第四項において読み替えて準用する第八十四条第一項、同法第四十五条の十六第四項において準用する第九十二条第二項及び同法第四十五条の二十第三項」と読み替えるものとする。

29年法に伴い新設
会社法整備法（令和元年法律第71号）に伴い下線部が新設・改正

役員等又は評議員の社会福祉法人に対する損害賠償責任について準用される一般法

（~~一般社団法人~~ 読替 社会福祉法人に対する損害賠償責任の免除）

一般法第百十二条　~~前条~~ 読替 **社会福祉法第四十五条の二十第一項の責任は、**~~総社員~~ 法読替 **総評議員の同意がなければ、免除することができない。**

〈編者注〉 総評議員による免除
法45条の20第1項は評議員も損害賠償責任を負うものとしており、一般法112条の免除対象には評議員も含まれる。これと異なり一般法113条以下は、「役員等」(＝理事・監事・会計監査人(法45条の20第1項))を対象として規定されており、評議員は責任の一部免除等の規定の対象外である。

「総評議員の同意」以外の方法では評議員の責任は免除できない

（責任の一部免除）

一般法第百十三条　前条の規定にかかわらず、役員等の~~第百十一条~~読替**社会福祉法第四十五条の二十**第一項の責任は、当該役員等が職務を行うにつき善意でかつ重大な過失がないときは、第一号に掲げる額から第二号に掲げる額（第百十五条第一項において「最低責任限度額」という。）を控除して得た額を限度として、~~社員総会~~法読替**評議員会**の決議によって免除することができる。

評議員会決議による一部免除(特別決議による:法45条の9第7項2号)
役員等＝理事・監事・会計監査人(法45条の20第1項)
最低責任限度額

一　賠償の責任を負う額

二　当該役員等がその在職中に~~一般社団法人~~読替**社会福祉法人**から職務執行の対価として受け、又は受けるべき財産上の利益の一年間当たりの額に相当する額として~~法務省令~~法読替**厚生労働省令**で定める方法により算定される額に、次のイからハまでに掲げる役員等の区分に応じ、当該イからハまでに定める数を乗じて得た額

規則2条の23☞

イ　~~代表理事~~法読替**理事長**　六

ロ　~~代表理事~~法読替**理事長**以外の理事であって、次に掲げるもの　四

(1)　理事会の決議によって~~一般社団法人~~読替**社会福祉法人**の業務を執行する理事として選定されたもの

法45条の16第2項2号

(2)　当該~~一般社団法人~~読替**社会福祉法人**の業務を執行した理事（(1)に掲げる理事を除く。）

(3)　当該~~一般社団法人~~読替**社会福祉法人**の使用人

使用人である理事

ハ　理事（イ及びロに掲げるものを除く。）、監事又は会計監査人　二

2　前項の場合には、理事は、同項の~~社員総会~~法読替**評議員会**において次に掲げる事項を開示しなければならない。

一　責任の原因となった事実及び賠償の責任を負う額

二　前項の規定により免除することができる額の限度及びその算定の根拠

三　責任を免除すべき理由及び免除額

3　~~監事設置一般社団法人~~読替**社会福祉法人**においては、理事は、~~第百十一条~~読替**社会福祉法第四十五条の二十**第一項の責任の免除（理事の責任の免除に限る。）に関する議案を~~社員総会~~法読替**評議員会**に提出するには、~~監事（監事が二人以上ある場合にあっては、~~各監事~~）~~の同意を得なければならない。

社会福祉法人は監事設置法人

4　第一項の決議があった場合において、~~一般社団法人~~読替**社会福祉法人**が当該決議後に同項の役員等に対し退職慰労金その他の~~法務省令~~法読替**厚生労働省令**で定める財産上の利益を与えるときは、~~社員総会~~法読替**評議員会**の承認を受けなければならない。

規則2条の24☞
役員等＝理事・監事・会計監査人(法45条の20第1項)

施行規則

（責任の一部免除に係る報酬等の額の算定方法）

第二条の二十三　法第四十五条の二十二の二において準用する一般社団法人及び一般財団法人に関する法律第百十三条第一項第二号に規定する厚生労働省令で定める方法により算定される額は、次に掲げる額の合計額とする。

一　役員等（法第四十五条の二十第一項に規定する役員等をいう。以下同じ。）がその在職中に報酬、賞与その他の職務執行の対価（当該役員等のうち理事が当該社会福祉法人の職員を兼ねている場合における当該職員の報酬、賞与その他の職務執行の対価を含む。）として社会福祉法人から受け、又は受けるべき財産上の利益（次号に定めるものを除く。）の額の会計年度（次のイからハまでに掲げる場合の区分に応じ、当該イからハまでに定める日を含む会計年度及びその前の各会計年度に限る。）ごとの合計額

29年法に伴い新設
会社法整備法(令和元年法律第71号)に伴い「法45条の20第4項」が「法45条の22の2」と改正
以下同じ

（当該会計年度の期間が一年でない場合にあつては、当該合計額を一年当たりの額に換算した額）のうち最も高い額

イ　法第四十五条の二十二の二において準用する一般社団法人及び一般財団法人に関する法律第百十三条第一項の評議員会の決議を行つた場合　当該評議員会の決議の日

ロ　法第四十五条の二十二の二において準用する一般社団法人及び一般財団法人に関する法律第百十四条第一項の規定による定款の定めに基づいて責任を免除する旨の理事会の決議を行つた場合　当該決議のあつた日

ハ　法第四十五条の二十二の二において準用する一般社団法人及び一財団法人に関する法律第百十五条第一項の契約を締結した場合　責任の原因となる事実が生じた日（二以上の日がある場合にあつては、最も遅い日）

二　イに掲げる額をロに掲げる数で除して得た額

イ　次に掲げる額の合計額

⑴　当該役員等が当該社会福祉法人から受けた退職慰労金の額

⑵　当該役員等のうち理事が当該社会福祉法人の職員を兼ねていた場合における当該職員としての退職手当のうち当該役員等のうち理事を兼ねていた期間の職務執行の対価である部分の額

⑶　⑴又は⑵欄に掲げるものの性質を有する財産上の利益の額

ロ　当該役員等がその職に就いていた年数（当該役員等が次に掲げるものに該当する場合における次に定める数が当該年数を超えている場合にあつては、当該数）

⑴　理事長　六

⑵　理事長以外の理事であつて、次に掲げる者　四

（ⅰ）理事会の決議によつて社会福祉法人の業務を執行する理事として選定されたもの

（ⅱ）当該社会福祉法人の業務を執行した理事（（ⅰ）に掲げる理事を除く。）

（ⅲ）当該社会福祉法人の職員

⑶　理事（⑴及び⑵に掲げるものを除く。）、監事又は会計監査人　二

施行規則

（責任の免除の決議後に受ける退職慰労金等）

29年法に伴い新設

第二条の二十四　法第四十五条の二十二の二において準用する一般社団法人及び一般財団法人に関する法律第百十三条第四項（法第四十五条の二十二の二において準用する一般社団法人及び一般財団法人に関する法律第百十四条第五項及び第百十五条第五項において準用する場合を含む。）に規定する厚生労働省令で定める財産上の利益は、次に掲げるものとする。

省令で定める財産上の利益

一　退職慰労金

二　当該役員等のうち理事が当該社会福祉法人の職員を兼ねていたときは、当該職員としての退職手当のうち当該役員等のうち理事を兼ねていた期間の職務執行の対価である部分

三　前二号に掲げるものの性質を有する財産上の利益

（~~理事等~~ 読替 理事会の決議による免除に関する定款の定め）

相対的記載事項

一般法第百十四条　**第百十二条の規定にかかわらず、~~監事設置一般社団法人（理事が二人以上ある場合に限る。）~~ 読替 社会福祉法人は、~~第百十一条~~ 読替 社会福祉法第四十五条の二十第一項の責任について、役員等が職務を行うにつき善意でかつ重大な過失がない場合において、責任の原因となった事実の内容、当該役員等の職務の執行の状況その他の事情を勘案して特に必要と認めるときは、前条第一項の規定により免除することができる額を限度として~~理事（当該責任を負う理事を除く。）の過半数の同意（理事会設置一般社団法人にあっては、~~理事会の決議~~）~~によって免除することができる旨を定款で定めることができる。**

社会福祉法人は監事設置法人（法36条）であり、理事は6人以上（法44条3項）
役員等＝理事・監事・会計監査人（法45条の20第1項）
社会福祉法人は理事会設置法人（法36条1項）

2　前条第三項の規定は、定款を変更して前項の規定による定款の定め（理事の責任を免除することができる旨の定めに限る。）を設ける議案を~~社員総会~~ 法読替 評議員会に提出する場合、同項の規定による定款の定めに基づく責任の免除（理事の責任

の免除に~~限る。）についての理事の同意を得る場合及び当該責任の免除~~ 法読替 限る。）に関する議案を理事会に提出する場合について準用する。

> 〈編者注〉　一般法１１４条について
>
> 　一般法114条2項は、「理事の責任免除規定を定款に設ける場合」及び「当該規定に基づく理事の責任を免除する場合」について、各監事の同意が必要との趣旨。なお、一般法１１４条1項の旨を定款に定める場合の記載例は次のとおり。
>
> **定款記載例**
>
> （責任の免除）
>
> 第○条　理事、監事若しくは会計監査人が任務を怠ったことによって生じた損害について、法人に対して賠償する責任は、職務を行うにつき善意でかつ重大な過失がなく、その原因や職務執行状況などの事情を勘案して特に必要と認める場合には、社会福祉法第４５条の２２の２において準用する一般社団法人及び一般財団法人に関する法律（以下「一般法人法」という。）第１１３条第1項の規定により免除することができる額を限度として理事会の決議によって免除することができる。
>
> ２　前項の定めに基づく責任の免除（理事の責任の免除に限る。）に関する議案を理事会に提出するには、各監事の同意を得なければならない。
>
> ３　第１項の決議を行ったときには、遅滞なく、一般法人法第１１３条第2項各号に掲げる事項及び責任を免除することに異議がある場合には一定の期間内に当該異議を述べるべき旨を評議員に通知しなければならない。

左の記載例は厚労省定款例には示されていないが定款に記載されてはじめて効力を生じる相対的記載事項である点に留意

会計監査人非設置法人、あるいは会計監査人を責任免除対象に含めない場合には、「理事、監事若しくは会計監査人」を「理事又は監事」と規定する

第2項・第3項：一般法114条2項・3項に相当する部分（手続失念防止のための記載　定款に記載がなくとも遵守する必要がある）

３　第一項の規定による定款の定めに基づいて役員等の責任を免除する旨の~~同意（理事会設置一般社団法人にあっては、~~理事会の決議~~）~~を行ったときは、理事は、遅滞なく、前条第二項各号に掲げる事項及び責任を免除することに異議がある場合には一定の期間内に当該異議を述べるべき旨を~~社員~~ 法読替 評議員に通知しなければならない。ただし、当該期間は、一箇月を下ることができない。

社会福祉法人は理事会設置法人（法36条1項）

４　~~総社員（前項の責任を負う役員等であるものを除く。）の議決権~~ 法読替 総評議員の十分の一（これを下回る割合を定款で定めた場合にあっては、その割合）~~以上の議決権を有する社員が同項~~ 法読替 評議員が前項の期間内に同項の異議を述べたときは、~~一般社団法人~~ 読替 社会福祉法人は、第一項の規定による定款の定めに基づく免除をしてはならない。

相対的記載事項

５　前条第四項の規定は、第一項の規定による定款の定めに基づき責任を免除した場合について準用する。

> 〈編者注〉　一般法114条5項による一般法１１３条4項の準用・読替え
>
> **一般法113条4項**　１１４条1項の規定による定款の定めに基づき責任を免除した場合において、社会福祉法人が当該決議後に同項の役員等に対し退職慰労金その他の厚生労働省令で定める財産上の利益を与えるときは、評議員会の承認を受けなければならない。

省令で定める財産上の利益
＝規則2条の２４
☞前頁

（責任限定契約）

一般法第百十五条　第百十二条の規定にかかわらず、~~一般社団法人~~ 読替 社会福祉法人は、理事（業務執行理事（~~代表理事~~ 法読替 理事長、~~代表理事~~ 法読替 理事長以外の理事であって理事会の決議によって~~一般社団法人~~ 読替 社会福祉法人の業務を執行する理事として選定されたもの及び当該~~一般社団法人~~ 読替 社会福祉法人の業務を執行したその他の理事をいう。次項~~及び第百四十一条第三項~~において同じ。）又は当該~~一般社団法人~~ 読替 社会福祉法人の使用人でないものに限る。）、監事又は会計監査人（以下この条及び第三百一条第二項第十二号において「非業務執行理事等」という。）の~~第百十一条~~ 読替 社会福祉法第四十五条の二十第一項の責任について、当該非業務執行理事等が職務を行うにつき善意でかつ重大な過失がないときは、定款で定めた額の範囲内であらかじめ~~一般社団法人~~ 読替 社会福祉法人が定めた額と最低責任限度額とのいずれか高い額を限度とする旨の契約を非業務執行理事等と締結することができる旨を定款で定めることができる。

一般法141条3項は一般社団法人の基金（社会福祉法人には制度がない）に係る規定

また、一般法301条2項１２号についても非業務執行理事等の責任限定契約に関する定款の定めを登記させる規定であるが、社福法には同条を準用する規定が見当たらない

〈編者注〉 責任限定契約に関する定款記載例
(責任限定契約)
第○条 理事(理事長、業務執行理事[注1]、業務を執行したその他の理事又は法人[注2]の職員でないものに限る。)又は監事(以下、この条において「非業務執行理事等」という。)が任務を怠ったことによって生じた損害について法人に対して賠償する責任は、当該非業務執行理事等が職務を行うにつき善意でかつ重大な過失がないときは、金○○万円[注3]以上であらかじめ定めた額[注4]と社会福祉法第45条の22の2において準用する一般法人法[注5]第113条第1項第2号で定める額とのいずれか高い額を限度とする旨の契約を非業務執行理事等と締結することができる。

注1 法人によっては、定款上、業務執行理事の存在しない法人がある
注2 記載例によっては、法文と同じく「当該社会福祉法人」と記載しているが、通常の法人の定款では、その第1条において「本社会福祉法人(以下「法人」という。)」と記載しているので、ここでは単に「法人」と記載している
注3 具体的に金額を定款に記載すること(一般法115条1項で「定款で定めた額」とされている)
注4 「あらかじめ定めた額」は責任限定契約に記載することとなるものと思われる
注5 前条の「責任の免除」の定款記載で「一般社団法人及び一般財団法人に関する法律(以下「一般法人法」という。)」とされていることを前提

厚労省定款例には左の記載例は示されていない
定款に記載されてはじめて効力を生じる相対的記載事項である点に留意

会計監査人についても責任限定契約の締結対象とする場合には、「又は監事」を「、監事又は会計監査人」とする

2 前項の契約を締結した非業務執行理事等が当該~~一般社団法人~~ 読替 社会福祉法人の業務執行理事又は使用人に就任したときは、当該契約は、将来に向かってその効力を失う。

3 第百十三条第三項の規定は、定款を変更して第一項の規定による定款の定め(同項に規定する理事と契約を締結することができる旨の定めに限る。)を設ける議案を~~社員総会~~ 法読替 評議員会に提出する場合について準用する。

〈編者注〉 一般法115条3項による一般法113条3項の準用・読替え
一般法113条3項 社会福祉法人においては、理事は、定款を変更して115条1項の規定による定款の定め(115条1項に規定する理事と契約を締結することができる旨の定めに限る。)を設ける議案を評議員会に提出するには、各監事の同意を得なければならない。

4 第一項の契約を締結した~~一般社団法人~~ 読替 社会福祉法人が、当該契約の相手方である非業務執行理事等が任務を怠ったことにより損害を受けたことを知ったときは、その後最初に招集される~~社員総会~~ 法読替 評議員会において次に掲げる事項を開示しなければならない。

一 第百十三条第二項第一号及び第二号に掲げる事項
二 当該契約の内容及び当該契約を締結した理由
三 ~~第百十一条第一項~~ 政令読替 社会福祉法(昭和二十六年法律第四十五号)第四十五条の二十第一項の損害のうち、当該非業務執行理事等が賠償する責任を負わないとされた額

5 第百十三条第四項の規定は、非業務執行理事等が第一項の契約によって同項に規定する限度を超える部分について損害を賠償する責任を負わないとされた場合について準用する。

〈編者注〉 一般法115条5項による一般法113条4項の準用・読替え
一般法113条4項 非業務執行理事等が115条1項の契約によって同項に規定する限度を超える部分について損害を賠償する責任を負わないとされた後に、社会福祉法人が当該非業務執行理事等に対し厚生労働省令で定める財産上の利益を与えるときは、評議員会の承認を受けなければならない。

省令で定める財産上の利益
規則2条の24参照
☞2頁前

(理事が自己のためにした取引に関する特則)
一般法第百十六条 ~~第八十四条第一項第二号~~ 政令読替 社会福祉法第四十五条の十六第四項において準用する第八十四条第一項第二号の取引(自己のためにした取引に限

社福法45条の22の責任は過失責任(過失がなければ責任がない)であるが自

る。）をした理事の~~第百十一条第一項~~ 政令読替 社会福祉法（昭和二十六年法律第四十五号）第四十五条の二十第一項の責任は、任務を怠ったことが当該理事の責めに帰することができない事由によるものであることをもって免れることができない。

己取引については、無過失責任（過失有無にかかわりなく責任を負担すべき者に責任が発生する）とされている

2　前三条の規定は、前項の責任については、適用しない。

> 〈編者注〉　一般法116条第2項の意味
> 前3条の規定は、責任の一部免除（一般法113条）、理事会決議による免除に関する定款の定め（一般法114条）及び責任限定契約（一般法115条）を指している。したがって自己取引によって法人に対して生じた理事の惨害賠償責任は、総評議員の同意以外では免除できない。

社会福祉法人について準用される一般法

（補償契約）

一般法第百十八条の二　~~一般社団法人~~ 読替 社会福祉法人が、役員等に対して次に掲げる費用等の全部又は一部を当該~~一般社団法人~~ 読替 社会福祉法人が補償することを約する契約（以下この条において「補償契約」という。）の内容の決定をするには、~~社員総会（理事会設置一般社団法人にあっては、理事会）~~ 法読替 理事会の決議によらなければならない。

会社法整備法（令和元年法律第71号）で新設（令和3年3月1日施行）

役員等＝理事・監事・会計監査人（法45条の20第1項）

一　当該役員等が、その職務の執行に関し、法令の規定に違反したことが疑われ、又は責任の追及に係る請求を受けたことに対処するために支出する費用

二　当該役員等が、その職務の執行に関し、第三者に生じた損害を賠償する責任を負う場合における次に掲げる損失

イ　当該損害を当該役員等が賠償することにより生ずる損失

ロ　当該損害の賠償に関する紛争について当事者間に和解が成立したときは、当該役員等が当該和解に基づく金銭を支払うことにより生ずる損失

2　~~一般社団法人~~ 読替 社会福祉法人は、補償契約を締結している場合であっても、当該補償契約に基づき、次に掲げる費用等を補償することができない。

補償できない費用等

一　前項第一号に掲げる費用のうち通常要する費用の額を超える部分

二　当該~~一般社団法人~~ 読替 社会福祉法人が前項第二号の損害を賠償するとすれば当該役員等が当該~~一般社団法人~~ 読替 社会福祉法人に対して~~第百十一条第一項~~ 政令読替 社会福祉法第四十五条の二十第一項の責任を負う場合には、同号に掲げる損失のうち当該責任に係る部分

三　役員等がその職務を行うにつき悪意又は重大な過失があったことにより前項第二号の責任を負う場合には、同号に掲げる損失の全部

3　補償契約に基づき第一項第一号に掲げる費用を補償した~~一般社団法人~~ 読替 社会福祉法人が、当該役員等が自己若しくは第三者の不正な利益を図り、又は当該~~一般社団法人~~ 読替 社会福祉法人に損害を加える目的で同号の職務を執行したことを知ったときは、当該役員等に対し、補償した金額に相当する金銭を返還することを請求することができる。

4　~~理事会設置一般社団法人~~ 読替 社会福祉法人においては、補償契約に基づく補償をした理事及び当該補償を受けた理事は、遅滞なく、当該補償についての重要な事実を理事会に報告しなければならない。

5　~~第八十四条第一項、第九十二条第二項、第百十一条第三項及び第百十六条第一項~~ 政令読替 社会福祉法第四十五条の十六第四項において読み替えて準用する第八十四条第一項、同法第四十五条の十六第四項において準用する第九十二条第二項、同法第四十五条の二十第三項及び同法第四十五条の二十二の二において準用する第百十六条第一項の規定は、~~一般社団法人~~ 読替 社会福祉法人と理事との間の補償契約については、適用しない。

> 〈編者注〉　適用除外について（一般法118条の2第5項）
> 理事会決議によって内容が決定される補償契約については、一般法84条1

項（競業・利益相反取引の承認）、一般法92条2項（競業・利益相反取引事実の理事会への報告）、法45条の20第3項（利益相反取引等に対する任務懈怠推定）及び一般法116条1項（自己取引に関する特則）の理事会承認手続等の規定を適用する必要が無い。

6　民法第百八条の規定は、第一項の決議によってその内容が定められた前項の補償契約の締結については、適用しない。

民法108条＝双方代理　☞法45条の16

〈編者注〉　経過措置
一般法118条の2の規定は、会社法整備法（令和元年法律第71号）の施行（令和3年3月1日）後に締結された補償契約について準用（会社法整備法第74条1項）。

（役員等のために締結される保険契約）
一般法第百十八条の三　~~一般社団法人~~ 読替 社会福祉法人が、保険者との間で締結する保険契約のうち役員等がその職務の執行に関し責任を負うこと又は当該責任の追及に係る請求を受けることによって生ずることのある損害を保険者が塡補することを約するものであって、役員等を被保険者とするもの（当該保険契約を締結することにより被保険者である役員等の職務の執行の適正性が著しく損なわれるおそれがないものとして~~法務省令~~ 法読替 厚生労働省令で定めるものを除く。第三項ただし書において「役員等賠償責任保険契約」という。）の内容の決定をするには、~~社員総会（理事会設置一般社団法人にあっては、理事会）~~ 法読替 理事会の決議によらなければならない。

会社法整備法（令和元年法律第71号）で新設（令和3年3月1日施行）

役員等＝理事・監事・会計監査人（法45条の20第1項）

施行規則2条の24の2☞

2　~~第八十四条第一項、第九十二条第二項及び第百十一条第三項~~ 政令読替 社会福祉法第四十五条の十六第四項において読み替えて準用する第八十四条第一項、同法第四十五条の十六第四項において準用する第九十二条第二項及び同法第四十五条の二十第三項の規定は、~~一般社団法人~~ 読替 社会福祉法人が保険者との間で締結する保険契約のうち役員等がその職務の執行に関し責任を負うこと又は当該責任の追及に係る請求を受けることによって生ずることのある損害を保険者が塡補することを約するものであって、理事を被保険者とするものの締結については、適用しない。

前条5項付記〈編者注〉参照

3　民法第百八条の規定は、前項の保険契約の締結については、適用しない。ただし、当該契約が役員等賠償責任保険契約である場合には、第一項の決議によってその内容が定められたときに限る。

民法108条＝双方代理　☞法45条の16

施行規則
（役員等のために締結される保険契約）
第二条の二十四の二　法第四十五条の二十二の二において準用する一般社団法人及び一般財団法人に関する法律第百十八条の三第一項に規定する厚生労働省令で定めるものは、次に掲げるものとする。
一　被保険者に保険者との間で保険契約を締結する社会福祉法人を含む保険契約であつて、当該社会福祉法人がその業務に関連し第三者に生じた損害を賠償する責任を負うこと又は当該責任の追及に係る請求を受けることによつて当該社会福祉法人に生ずることのある損害を保険者が塡補することを主たる目的として締結されるもの
二　役員等が第三者に生じた損害を賠償する責任を負うこと又は当該責任の追及に係る請求を受けることによつて当該役員等に生ずることのある損害（役員等がその職務上の義務に違反し若しくは職務を怠つたことによつて第三者に生じた損害を賠償する責任を負うこと又は当該責任の追及に係る請求を受けることによつて当該役員等に生ずることのある損害を除く。）を保険者が塡補することを目的として締結されるもの

会社法整備法（令和元年法律第71号）に伴い新設

〈編者注〉　経過措置
会社法整備法（令和元年法律第71号）の施行（令和3年3月1日）前に締結された役員等賠償責任保険契約については、一般法118条の3の規定は、適用しない（会社法整備法第71号第74条2項）。

第四節　計算

第一款　会計の原則等

第四十五条の二十三　社会福祉法人は、厚生労働省令で定める基準に従い、会計処理を行わなければならない。

2　社会福祉法人の会計年度は、四月一日に始まり、翌三月三十一日に終わるものとする。

> 〈編者注〉　**社会福祉法人会計基準**
> 法45条の23の「厚生労働省令で定める基準」は、**社会福祉法人会計基準**(平成28年厚生労働省令第79号) を指していると考えられるが、生活福祉資金貸付事業については「生活福祉資金会計準則」(平成25年3月29日社援発0329第28号) によることとなっており、社会福祉法人会計基準で全てが完結しているわけではない。

第二款　会計帳簿

(会計帳簿の作成及び保存)

第四十五条の二十四　社会福祉法人は、厚生労働省令で定めるところにより、適時に、正確な会計帳簿を作成しなければならない。

2　社会福祉法人は、会計帳簿の閉鎖の時から十年間、その会計帳簿及びその事業に関する重要な資料を保存しなければならない。

> **社会福祉法人会計基準(平成28年厚生労働省令第79号)**
> **(会計帳簿の作成)**
> **第三条**　社会福祉法(昭和二十六年法律第四十五号。以下「法」という。)第四十五条の二十四第一項の規定により社会福祉法人が作成すべき会計帳簿に付すべき資産、負債及び純資産の価額その他会計帳簿の作成に関する事項については、この章の定めるところによる。
> 2【省略】

(会計帳簿の閲覧等の請求)

第四十五条の二十五　評議員は、社会福祉法人の業務時間内は、いつでも、次に掲げる請求をすることができる。

一　会計帳簿又はこれに関する資料が書面をもつて作成されているときは、当該書面の閲覧又は謄写の請求

二　会計帳簿又はこれに関する資料が電磁的記録をもつて作成されているときは、当該電磁的記録に記録された事項を厚生労働省令で定める方法により表示したものの閲覧又は謄写の請求

(会計帳簿の提出命令)

第四十五条の二十六　裁判所は、申立てにより又は職権で、訴訟の当事者に対し、会計帳簿の全部又は一部の提出を命ずることができる。

> 〈編者注〉　**会計帳簿の提出命令**
> 訴訟当事者は、文書提出義務の有無にかかわらず提出命令を申し立てることができる。当事者が提出命令に従わない場合、裁判所は、当該文書に関する相手方の主張を真実と認めることができる(真実擬制)等のことが民事訴訟法第224条に定められている。しかし、法45条の16に基づく提出命令に対しては、真実擬制はなされないとの少数説がある。

「第四節 計算」及びこの節内の「第○款××」の区分は29年法で新設

28年法44条1項として新設

旧法44条1項

法26条に付記する〈編者注〉参照

「第二款」の区分は29年法で新設

法45条の24第1項・第2項は28年法45条3項・4項として新設

無記載・虚偽記載等は過料20万円以下(法165条5号)

正当理由のない閲覧・謄写拒否は過料20万円以下(法165条3号)

規則2条の3

☞法34条の2

第三款　計算書類等

「第三款」の区分は29年法で新設

（計算書類等の作成及び保存）

第四十五条の二十七　社会福祉法人は、厚生労働省令で定めるところにより、その成立の日における貸借対照表を作成しなければならない。

社会福祉法人会計基準

2　社会福祉法人は、毎会計年度終了後三月以内に、厚生労働省令で定めるところにより、各会計年度に係る計算書類（貸借対照表及び収支計算書をいう。以下この款において同じ。）及び事業報告並びにこれらの附属明細書を作成しなければならない。

規則2条の25☞
旧法44条2項では「2月以内」

計算書類の定義

無記載・虚偽記載等は過料20万円以下（法165条5号）

3　計算書類及び事業報告並びにこれらの附属明細書は、電磁的記録をもつて作成することができる。

4　社会福祉法人は、計算書類を作成した時から十年間、当該計算書類及びその附属明細書を保存しなければならない。

施行規則

（事業報告）

第二条の二十五　法第四十五条の二十七第二項の規定による事業報告及びその附属明細書の作成については、この条の定めるところによる。ただし、他の法令に別段の定めがある場合は、この限りでない。

29年法に伴い新設

2　事業報告は、次に掲げる事項をその内容としなければならない。

一　当該社会福祉法人の状況に関する重要な事項（計算関係書類（計算書類（法第四十五条の二十七第二項に規定する計算書類をいう。第四十条第七項第一号及び第四十条の十七第一号を除き、以下同じ。）及びその附属明細書をいう。以下同じ。）の内容となる事項を除く。）

二　法第四十五条の十三第四項第五号に規定する体制の整備についての決定又は決議があるときは、その決定又は決議の内容の概要及び当該体制の運用状況の概要

3　事業報告の附属明細書は、事業報告の内容を補足する重要な事項をその内容としなければならない。

計算関係書類の定義
＝計算書類及びその附属明細書

連携法人制度創設に伴い下線部追加（下線部の意味については下の「〈編者注〉事業報告の内容」を参照のこと）

〈編者注〉　計算書類の定義などについて

法45条の27第2項によって **計算書類＝貸借対照表及び収支計算書** と定義されるが、**「計算書類等」の定義はない**。同じく「計算書類等・・・」との見出しが付されていても、法45条の27及び法45条の28の内容は「計算書類及び事業報告並びにこれらの付属明細書」であり、法45条の29、法45条の32などと内容を異にする。法45条の32第1項は計算書類等を規定しているが、その規定は法45条の32においてのみ有効な規定であると記載している。したがって、「計算書類等」の内容は条文ごとに理解すべきものである。なお、平成28年3月31日改正前の社会福祉法人会計基準（局長通知）は、「計算書類等」を「計算書類、その附属明細書及び財産目録」と定義していた。

また上記の規則2条の25第2項1号によって、**計算関係書類の定義**は、**計算書類及びその附属明細書**と定まっている。

社会福祉法人会計基準（平成28年3月31日厚生労働省令79号）によって「収支計算書」は、「資金収支計算書」並びに「事業活動計算書」からなると定められている（会計基準7条の2第1項）

〈編者注〉　事業報告の内容

規則2条の25第2項は、事業報告の内容を次の1・2号と定めている。

1号は、法人の「状況に関する重要な事項」としている。しかし、計算関係書類等の内容となる事項までを重ねて記載する必要がないので、括弧書きで除外している。なお、括弧内の「第四十条第七項第一号及び第四十条の十七第一号」は、連携推進法人が作成すべき計算関係書類に係る施行規則の40条7項1号及び40条の17第1号であり、このようなものまでを事業報告に記載すべき事項から除外するものではないことが明らかにされている。

施行規則40条
☞法第127条
施行規則40条の17
☞法第144条

また2号は、法45条の13第4項5号に規定する体制の整備についての「決定又は決議の内容の概要及び当該体制の運用状況の概要」の記載を求めている。なお、当該決定等は、監事監査の対象である（規則2条の36第5号）ことに留意する必要がある。

（計算書類等の監査等）

第四十五条の二十八　前条第二項の計算書類及び事業報告並びにこれらの附属明細書は、厚生労働省令で定めるところにより、監事の監査を受けなければならない。

2　前項の規定にかかわらず、会計監査人設置社会福祉法人においては、次の各号に掲げるものは、厚生労働省令で定めるところにより、当該各号に定める者の監査を受けなければならない。

一　前条第二項の計算書類及びその附属明細書　監事及び会計監査人

二　前条第二項の事業報告及びその附属明細書　監事

3　第一項又は前項の監査を受けた計算書類及び事業報告並びにこれらの附属明細書は、理事会の承認を受けなければならない。

旧法44条3項

規則2条の26～37

規則2条の26～34

施行規則

（計算関係書類の監査）

第二条の二十六　法第四十五条の二十八第一項及び第二項の規定による監査（計算関係書類（各会計年度に係るものに限る。以下この条から第二条の三十四までにおいて同じ。）に係るものに限る。以下同じ。）については、この条から第二条の三十四までに定めるところによる。

2　前項に規定する監査には、公認会計士法（昭和二十三年法律第百三号）第二条第一項に規定する監査のほか、計算関係書類に表示された情報と計算関係書類に表示すべき情報との合致の程度を確かめ、かつ、その結果を利害関係者に伝達するための手続を含むものとする。

計算関係書類の監査

29年法に伴い新設

以下、規則2条の39までは**財産目録の承認手続に準用**

→規則2条の40

☞法45条の34

〈編者注〉　規則2条の26～37について

規則2条の26から2条の37まで、監査に係る規定が続いているが、これらの関係については、次のように整理して参照されたい。

計算関係書類の監査関係		事業報告等の監査関係
2条の26 **計算関係書類の監査**については以下の2条の34までによる		2条の35 **事業報告等の監査**については、以下の2条の37までによる
会計監査人非設置法人	**会計監査人設置法人**	
2条の27 **監事の**監査報告の内容	2条の29 監査人と監事への計算関係書類の提供 2条の30 **会計監査人の**会計監査報告の内容 2条の31 **監事の**監査報告の内容	2条の36 **監事の**監査報告の内容
2条の28 **監事の**監査報告の通知期限等	2条の32 **会計監査人の**会計監査報告の通知期限等 2条の33 会計監査人の職務遂行事項の監事への通知 2条の34 **監事の**監査報告の通知期限等	2条の37 **監事の**監査報告の通知期限等

なお規則2条の40の規定によって、法45条の28から法45条の31まで及び規則2条の26から規則2条の39までの監査に係る規定が、財産目録についても準用される（会計監査人の監査対象となる）。

事業報告等は会計監査人の監査対象外なので、事業報告等の監査については、会計監査人設置法人か否かの区分はない

規則においては、**会計監査人の監査報告は「会計監査報告」**としている

これに対して、計算関係書類に係るものも含めて**監事の監査報告は、「監査報告」**としている

施行規則

（監査報告の内容）

第二条の二十七　監事（会計監査人設置社会福祉法人（法第三十一条第四項に規定する会計監査人設置社会福祉法人をいう。以下同じ。）の監事を除く。以下この条及び次条において同じ。）は、計算関係書類を受領したときは、次に掲げる事項を内容とする監査報告を作成しなければならない。

計算関係書類の監査

29年法に伴い新設

左は会計監査人**非設置法人の場合**

→会計監査人設置法人の場合は

一　監事の監査の方法及びその内容
二　計算関係書類が当該社会福祉法人の財産、収支及び純資産の増減の状況を全ての重要な点において適正に表示しているかどうかについての意見
三　監査のため必要な調査ができなかつたときは、その旨及びその理由
四　追記情報
五　監査報告を作成した日
2　前項第四号に規定する「追記情報」とは、次に掲げる事項その他の事項のうち、監事の判断に関して説明を付す必要がある事項又は計算関係書類の内容のうち強調する必要がある事項とする。
一　会計方針の変更
二　重要な偶発事象
三　重要な後発事象

規則2条の31Ⓟ
→事業報告等の監査に係るものは規則2条の36Ⓟ

施行規則
（監査報告の通知期限等）
第二条の二十八　特定監事は、次に掲げる日のいずれか遅い日までに、特定理事に対し、計算関係書類についての監査報告の内容を通知しなければならない。
一　当該計算関係書類のうち計算書類の全部を受領した日から四週間を経過した日
二　当該計算関係書類のうち計算書類の附属明細書を受領した日から一週間を経過した日
三　特定理事及び特定監事が合意により定めた日があるときは、その日
2　計算関係書類については、特定理事が前項の規定による監査報告の内容の通知を受けた日に、監事の監査を受けたものとする。
3　前項の規定にかかわらず、特定監事が第一項の規定により通知をすべき日までに同項の規定による監査報告の内容の通知をしない場合には、当該通知をすべき日に、計算関係書類については、監事の監査を受けたものとみなす。
4　第一項及び第二項に規定する「特定理事」とは、次の各号に掲げる場合の区分に応じ、当該各号に定める者をいう。
一　第一項の規定による通知を受ける理事を定めた場合　当該通知を受ける理事として定められた理事
二　前号に掲げる場合以外の場合　監査を受けるべき計算関係書類の作成に関する職務を行つた理事
5　第一項及び第三項に規定する「特定監事」とは、次の各号に掲げる場合の区分に応じ、当該各号に定める者をいう。
一　第一項の規定による監査報告の内容の通知をすべき監事を定めたとき　当該通知をすべき監事として定められた監事
二　前号に掲げる場合以外の場合　全ての監事

計算関係書類の監査
29年法に伴い新設
左は会計監査人**非設置法人の場合**
→会計監査人設置法人の場合は規則2条の34Ⓟ
→事業報告等の監査に係るものは規則2条の37Ⓟ

計算関係書類の監事監査に係る**特定理事の定義**
規則2条の32･37Ⓟ参照

計算関係書類の監事監査に係る**特定監事の定義**
規則2条の32･37Ⓟ参照

施行規則
（計算関係書類の提供）
第二条の二十九　計算関係書類を作成した理事は、会計監査人に対して計算関係書類を提供しようとするときは、監事に対しても計算関係書類を提供しなければならない。

計算関係書類の監査
29年法に伴い新設
左は会計監査人**設置法人の場合**

施行規則
（会計監査報告の内容）
第二条の三十　会計監査人は、計算関係書類を受領したときは、次に掲げる事項を内容とする会計監査報告を作成しなければならない。
一　会計監査人の監査の方法及びその内容
二　計算関係書類（社会福祉法人会計基準第七条の二第一項第一号イに規定する法人単位貸借対照表、同項第二号イ⑴に規定する法人単位資金収支計算書及び同号ロ⑴に規定する法人単位事業活動計算書並びにそれらに対応する附属明細書（同省令第三十条第一項第一号から第三号まで及び第六号並びに第七号に規定する書類に限る。）の項目に限る。以下この条（第五号を除く。）及び第二条の三十二において同じ。）が当該社会福祉法人の

会計監査人の監査
29年法に伴い新設
「会計監査報告」は会計監査人の監査報告を指している

財産、収支及び純資産の増減の状況を全ての重要な点において適正に表示しているかどうかについての意見があるときは、次のイからハまでに掲げる意見の区分に応じ、当該イからハまでに定める事項

イ　無限定適正意見　監査の対象となつた計算関係書類が一般に公正妥当と認められる社会福祉法人会計の慣行に準拠して、当該計算関係書類に係る期間の財産、収支及び純資産の増減の状況を全ての重要な点において適正に表示していると認められる旨

ロ　除外事項を付した限定付適正意見　監査の対象となつた計算関係書類が除外事項を除き一般に公正妥当と認められる社会福祉法人会計の慣行に準拠して、当該計算関係書類に係る期間の財産、収支及び純資産の増減の状況を全ての重要な点において適正に表示していると認められる旨、除外事項並びに除外事項を付した限定付適正意見とした理由

ハ　不適正意見　監査の対象となつた計算関係書類が不適正である旨及びその理由

三　前号の意見がないときは、その旨及びその理由

四　継続事業の前提に関する事項の注記に係る事項

五　第二号の意見があるときは、事業報告及びその附属明細書、計算関係書類（監査の範囲に属さないものに限る。）並びに財産目録（第二条の二十二の財産目録を除く。）の内容と計算関係書類（監査の範囲に属するものに限る。）の内容又は会計監査人が監査の過程で得た知識との間の重要な相違等について、報告すべき事項の有無及び報告すべき事項があるときはその内容

5号：令和4年厚生労働省令第50号で追加(改正前の5号・6号番号繰下げ）これに伴い、2号に「(第五号を除く。)」を追加し、2項の「第五号」を「第六号」に改正

六　追記情報

七　会計監査報告を作成した日

2　前項第六号に規定する「追記情報」とは、次に掲げる事項その他の事項のうち、会計監査人の判断に関して説明を付す必要がある事項又は計算関係書類の内容のうち強調する必要がある事項とする。

一　会計方針の変更

二　重要な偶発事象

三　重要な後発事象

施行規則

（会計監査人設置社会福祉法人の監事の監査報告の内容）

計算関係書類の監査

29年法に伴い新設

左は会計監査人**設置法人の場合**
→会計監査人非設置法人の場合は規則2条の27

第二条の三十一　会計監査人設置社会福祉法人の監事は、計算関係書類及び会計監査報告（次条第三項に規定する場合にあつては、計算関係書類）を受領したときは、次に掲げる事項を内容とする監査報告を作成しなければならない。

一　監事の監査の方法及びその内容

二　会計監査人の監査の方法又は結果を相当でないと認めたときは、その旨及びその理由（次条第三項に規定する場合にあつては、会計監査報告を受領していない旨）

三　重要な後発事象（会計監査報告の内容となつているものを除く。）

四　会計監査人の職務の遂行が適正に実施されることを確保するための体制に関する事項

規則2条の33第3号☞参照

五　監査のため必要な調査ができなかつたときは、その旨及びその理由

六　監査報告を作成した日

〈編者注〉　監事が監査する計算関係書類の範囲について

会計監査人設置法人において、規則2条の31第2号によって会計監査人の監査の方法又は結果を相当とするとき、監事は監査報告の内容に計算関係書類に対する意見を含める必要がない。他方、会計監査の対象となる計算関係書類は法人単位の計算関係書類に限られているので（規則2条の30第2項）、結果として、例えば、本部拠点区分で法人全体の引当金の計上を行っていたような場合、法人単位の計算関係書類は適正であるので、会計監査人からも監事からも何らの指摘もされないこととなる。

左で「例えば」として記載したような場合に、監事が拠点区分の計算書類の監査を全く行っていなかったときは、監事の善管注意義務違反が問われる可能性が残る

施行規則
（会計監査報告の通知期限等）
第二条の三十二 会計監査人は、次に掲げる日のいずれか遅い日までに、特定監事及び特定理事に対し、計算関係書類についての会計監査報告の内容を通知しなければならない。
一 当該計算関係書類のうち計算書類の全部を受領した日から四週間を経過した日
二 当該計算関係書類のうち計算書類の附属明細書を受領した日から一週間を経過した日
三 特定理事、特定監事及び会計監査人の間で合意により定めた日があるときは、その日
2 計算関係書類については、特定監事及び特定理事が前項の規定による会計監査報告の内容の通知を受けた日に、会計監査人の監査を受けたものとする。
3 前項の規定にかかわらず、会計監査人が第一項の規定により通知をすべき日までに同項の規定による会計監査報告の内容の通知をしない場合には、当該通知をすべき日に、計算関係書類については、会計監査人の監査を受けたものとみなす。
4 第一項及び第二項に規定する「特定理事」とは、次の各号に掲げる場合の区分に応じ、当該各号に定める者をいう（第二条の三十四において同じ。）。
一 第一項の規定による通知を受ける理事を定めた場合 当該通知を受ける理事として定められた理事
二 前号に掲げる場合以外の場合 監査を受けるべき計算関係書類の作成に関する職務を行つた理事
5 第一項及び第二項に規定する「特定監事」とは、次の各号に掲げる場合の区分に応じ、当該各号に定める者をいう（次条及び第二条の三十四において同じ。）。
一 第一項の規定による会計監査報告の内容の通知を受ける監事を定めたとき 当該通知を受ける監事として定められた監事
二 前号に掲げる場合以外の場合 全ての監事

会計監査人の監査
29年法に伴い新設
「会計監査報告」は会計監査人の監査報告を指している

会計監査報告に係る
特定理事の定義
規則2条の28・37参照

会計監査報告に係る
特定監事の定義
規則2条の28・37参照

2号の場合「全て」の監事に通知する必要がある

施行規則
（会計監査人の職務の遂行に関する事項）
第二条の三十三 会計監査人は、前条第一項の規定による特定監事に対する会計監査報告の内容の通知に際して、当該会計監査人についての次に掲げる事項（当該事項に係る定めがない場合にあつては、当該事項を定めていない旨）を通知しなければならない。ただし、全ての監事が既に当該事項を知つている場合は、この限りでない。
一 独立性に関する事項その他監査に関する法令及び規程の遵守に関する事項
二 監査、監査に準ずる業務及びこれらに関する業務の契約の受任及び継続の方針に関する事項
三 会計監査人の職務の遂行が適正に行われることを確保するための体制に関するその他の事項

会計監査人の監査
29年法に伴い新設

施行規則
（会計監査人設置社会福祉法人の監事の監査報告の通知期限）
第二条の三十四 会計監査人設置社会福祉法人の特定監事は、次に掲げる日のいずれか遅い日までに、特定理事及び会計監査人に対し、計算関係書類に係る監査報告の内容を通知しなければならない。
一 会計監査報告を受領した日（第二条の三十二第三項に規定する場合にあつては、同項の規定により監査を受けたものとみなされた日）から一週間を経過した日
二 特定理事及び特定監事の間で合意により定めた日があるときは、その日
2 計算関係書類については、特定理事及び会計監査人が前項の規定による監査報告の内容の通知を受けた日に、監事の監査を受けたものとする。

計算関係書類の監査
29年法に伴い新設
左は会計監査人**設置法人の場合**
→会計監査人非設置法人の場合は規則2条の28

3　前項の規定にかかわらず、特定監事が第一項の規定により通知をすべき日までに同項の規定による監査報告の内容の通知をしない場合には、当該通知をすべき日に、計算関係書類については、監事の監査を受けたものとみなす。

施行規則

（事業報告等の監査）

第二条の三十五　法第四十五条の二十八第一項及び第二項の規定による監査（事業報告及びその附属明細書に係るものに限る。次条及び第二条の三十七において同じ。）については、次条及び第二条の三十七に定めるところによる。

事業報告等の監査
29年法に伴い新設

施行規則

（監査報告の内容）

第二条の三十六　監事は、事業報告及びその附属明細書を受領したときは、次に掲げる事項を内容とする監査報告を作成しなければならない。

一　監事の監査の方法及びその内容
二　事業報告及びその附属明細書が法令又は定款に従い当該社会福祉法人の状況を正しく示しているかどうかについての意見
三　当該社会福祉法人の理事の職務の遂行に関し、不正の行為又は法令若しくは定款に違反する重大な事実があつたときは、その事実
四　監査のため必要な調査ができなかつたときは、その旨及びその理由
五　第二条の二十五第二項第二号に掲げる事項（監査の範囲に属さないものを除く。）がある場合において、当該事項の内容が相当でないと認めるときは、その旨及びその理由
六　監査報告を作成した日

事業報告等の監査
29年法に伴い新設
➡計算関係書類の監査報告内容は
・会計監査人非設置法人の場合⇒規則2条の27
・会計監査人設置法人の場合⇒規則2条の31

施行規則

（監査報告の通知期限等）

第二条の三十七　特定監事は、次に掲げる日のいずれか遅い日までに、特定理事に対し、事業報告及びその附属明細書についての監査報告の内容を通知しなければならない。

一　当該事業報告を受領した日から四週間を経過した日
二　当該事業報告の附属明細書を受領した日から一週間を経過した日
三　特定理事及び特定監事の間で合意により定めた日があるときは、その日

2　事業報告及びその附属明細書については、特定理事が前項の規定による監査報告の内容の通知を受けた日に、監事の監査を受けたものとする。

3　前項の規定にかかわらず、特定監事が第一項の規定により通知をすべき日までに同項の規定による監査報告の内容の通知をしない場合には、当該通知をすべき日に、事業報告及びその附属明細書については、監事の監査を受けたものとみなす。

4　第一項及び第二項に規定する「特定理事」とは、次の各号に掲げる場合の区分に応じ、当該各号に定める者をいう。

一　第一項の規定による通知を受ける理事を定めた場合　当該通知を受ける理事として定められた理事
二　前号に掲げる場合以外の場合　事業報告及びその附属明細書の作成に関する職務を行つた理事

5　第一項及び第三項に規定する「特定監事」とは、次の各号に掲げる場合の区分に応じ、当該各号に定める者をいう。

一　第一項の規定による監査報告の内容の通知をすべき監事を定めたとき　当該通知をすべき監事として定められた監事
二　前号に掲げる場合以外の場合　全ての監事

事業報告等の監査
29年法に伴い新設
➡計算関係書類の監査報告期限は
・会計監査人非設置法人の場合⇒規則2条の28
・会計監査人設置法人の場合⇒規則2条の34

事業報告等監査の**特定理事の定義**
規則2条の28・32参照

事業報告等監査の**特定監事の定義**
規則2条の28・32参照

（計算書類等の評議員への提供）

第四十五条の二十九　理事は、定時評議員会の招集の通知に際して、厚生労働省令で定めるところにより、評議員に対し、前条第三項の承認を受けた計算書類及び事業報告並びに監査報告（同条第二項の規定の適用がある場合にあつては、会計監査報告を含む。）を提供しなければならない。

規則2条の38P

施行規則
（計算書類等の評議員への提供）
第二条の三十八　法第四十五条の二十九の規定による計算書類及び事業報告並びに監査報告（会計監査人設置社会福祉法人にあつては、会計監査報告を含む。以下「提供計算書類等」という。）の提供に関しては、この条の定めるところによる。

2　定時評議員会の招集通知（法第四十五条の九第十項において準用する一般社団法人及び一般財団法人に関する法律第百八十二条第一項又は第二項の規定による通知をいう。次項において同じ。）を次の各号に掲げる方法により行う場合にあつては、提供計算書類等は、当該各号に定める方法により提供しなければならない。

一　書面の提供　次のイ又はロに掲げる場合の区分に応じ、当該イ又はロに定める方法

イ　提供計算書類等が書面をもつて作成されている場合　当該書面に記載された事項を記載した書面の提供

ロ　提供計算書類等が電磁的記録をもつて作成されている場合　当該電磁的記録に記録された事項を記載した書面の提供

二　電磁的方法による提供　次のイ又はロに掲げる場合の区分に応じ、当該イ又はロに定める方法

イ　提供計算書類等が書面をもつて作成されている場合　当該書面に記載された事項の電磁的方法による提供

ロ　提供計算書類等が電磁的記録をもつて作成されている場合　当該電磁的記録に記録された事項の電磁的方法による提供

3　理事は、計算書類又は事業報告の内容とすべき事項について、定時評議員会の招集通知を発出した日から定時評議員会の前日までの間に修正をすべき事情が生じた場合における修正後の事項を評議員に周知させる方法を当該招集通知と併せて通知することができる。

29年法に伴い新設

法45条の29及び規則2条の40第2項(☞法45条の34)によって、定時評議員会の招集通知に際して提供すべき書類は明確に定められているが、理事会の招集通知に際しては、このような規定がない

（計算書類等の定時評議員会への提出等）
第四十五条の三十　理事は、第四十五条の二十八第三項の承認を受けた計算書類及び事業報告を定時評議員会に提出し、又は提供しなければならない。

2　前項の規定により提出され、又は提供された計算書類は、定時評議員会の承認を受けなければならない。

3　理事は、第一項の規定により提出され、又は提供された事業報告の内容を定時評議員会に報告しなければならない。

評議員会承認を要しない計算書類の特則⇒法45条の31

「（書面による）提出」と「（電磁的記録による）提供」を書き分けている

〈編者注〉　監事の監査報告の評議員会への提供
監事の監査報告は、招集の通知に際して評議員に提供され（法45条の29）、法45条の30第1項で定時評議員会への提出・提供が求められる対象には含まれていない。また、定時評議員会の承認が要求されるのは計算書類であって（法45条の30第2項）、事業報告は、定時評議員会承認の対象ではない。

事業報告は定時評議員会に報告されるのみであって承認の対象ではない

（会計監査人設置社会福祉法人の特則）
第四十五条の三十一　会計監査人設置社会福祉法人については、第四十五条の二十八第三項の承認を受けた計算書類が法令及び定款に従い社会福祉法人の財産及び収支の状況を正しく表示しているものとして厚生労働省令で定める要件に該当する場合には、前条第二項の規定は、適用しない。この場合においては、理事は、当該計算書類の内容を定時評議員会に報告しなければならない。

規則2条の39☞

施行規則
（計算書類の承認の特則に関する要件）
第二条の三十九　法第四十五条の三十一に規定する厚生労働省令で定める要件は、次のいずれにも該当することとする。

一　法第四十五条の三十一に規定する計算書類についての会計監査報告の内容に第二条の三十第一項第二号イに定める事項が含まれていること。

29年法に伴い新設

規則2条の30第1項2号イ
＝無限定適正意見

二　前号の会計監査報告に係る監査報告の内容として会計監査人の監査の方法又は結果を相当でないと認める意見がないこと。
三　法第四十五条の三十一に規定する計算書類が第二条の三十四第三項の規定により監査を受けたものとみなされたものでないこと。

規則2条の34第3項＝監査報告が通知されなかった場合のみなし規定

（計算書類等の備置き及び閲覧等）

第四十五条の三十二　社会福祉法人は、計算書類等（各会計年度に係る計算書類及び事業報告並びにこれらの附属明細書並びに監査報告（第四十五条の二十八第二項の規定の適用がある場合にあつては、会計監査報告を含む。）をいう。以下この条において同じ。）を、定時評議員会の日の二週間前の日（第四十五条の九第十項において準用する一般社団法人及び一般財団法人に関する法律第百九十四条第一項の場合にあつては、同項の提案があつた日）から五年間、その主たる事務所に備え置かなければならない。

2　社会福祉法人は、計算書類等の写しを、定時評議員会の日の二週間前の日（第四十五条の九第十項において準用する一般社団法人及び一般財団法人に関する法律第百九十四条第一項の場合にあつては、同項の提案があつた日）から三年間、その従たる事務所に備え置かなければならない。ただし、計算書類等が電磁的記録で作成されている場合であつて、従たる事務所における次項第三号及び第四号並びに第四項第二号に掲げる請求に応じることを可能とするための措置として厚生労働省令で定めるものをとつているときは、この限りでない。

旧法44条4項・28年法59条の2第1項参照

一般法194条1項＝決議の省略→当該提案があった日から備置
所轄庁へ届出必要（法59条1号）
1項2項ともに備置義務違反は過料20万円以下（法165条6号）

規則2条の5
☞法34条の2

3　評議員及び債権者は、社会福祉法人の業務時間内は、いつでも、次に掲げる請求をすることができる。ただし、債権者が第二号又は第四号に掲げる請求をするには、当該社会福祉法人の定めた費用を支払わなければならない。
一　計算書類等が書面をもつて作成されているときは、当該書面又は当該書面の写しの閲覧の請求
二　前号の書面の謄本又は抄本の交付の請求
三　計算書類等が電磁的記録をもつて作成されているときは、当該電磁的記録に記録された事項を厚生労働省令で定める方法により表示したものの閲覧の請求
四　前号の電磁的記録に記録された事項を電磁的方法であつて社会福祉法人の定めたものにより提供することの請求又はその事項を記載した書面の交付の請求

正当理由のない閲覧・謄本等交付拒否は過料20万円以下（法165条3号）

規則2条の3
☞法34条の2

4　何人（評議員及び債権者を除く。）も、社会福祉法人の業務時間内は、いつでも、次に掲げる請求をすることができる。この場合においては、当該社会福祉法人は、正当な理由がないのにこれを拒んではならない。
一　計算書類等が書面をもつて作成されているときは、当該書面又は当該書面の写しの閲覧の請求
二　計算書類等が電磁的記録をもつて作成されているときは、当該電磁的記録に記録された事項を厚生労働省令で定める方法により表示したものの閲覧の請求

正当理由のない閲覧拒否は過料20万円以下（法165条3号）

規則2条の3
☞法34条の2

（計算書類等の提出命令）

第四十五条の三十三　裁判所は、申立てにより又は職権で、訴訟の当事者に対し、計算書類及びその附属明細書の全部又は一部の提出を命ずることができる。

提出命令☞法45条の16に付記<編者注>

（財産目録の備置き及び閲覧等）

第四十五条の三十四　社会福祉法人は、毎会計年度終了後三月以内に（社会福祉法人が成立した日の属する会計年度にあつては、当該成立した日以後遅滞なく）、厚生労働省令で定めるところにより、次に掲げる書類を作成し、当該書類を五年間その主たる事務所に、その写しを三年間その従たる事務所に備え置かなければならない。

備置義務違反は過料20万円以下（法165条6号）
規則2条の40

一 財産目録

施行規則
（財産目録）
第二条の四十 法第四十五条の三十四第一項第一号に掲げる財産目録は、定時評議員会（法第四十五条の三十一の規定の適用がある場合にあつては、理事会）の承認を受けなければならない。
2 法第四十五条の二十八から第四十五条の三十一まで及び第二条の二十六から第二条の三十九までの規定は、社会福祉法人が前項の財産目録に係る同項の承認を受けるための手続について準用する。

二 役員等名簿（理事、監事及び評議員の氏名及び住所を記載した名簿をいう。第四項において同じ。）
三 報酬等（報酬、賞与その他の職務遂行の対価として受ける財産上の利益及び退職手当をいう。次条及び第五十九条の二第一項第二号において同じ。）の支給の基準を記載した書類
四 事業の概要その他の厚生労働省令で定める事項を記載した書類

施行規則
（事業の概要等）
第二条の四十一 法第四十五条の三十四第一項第四号に規定する厚生労働省令で定める事項は、次のとおりとする。
一 当該社会福祉法人の主たる事務所の所在地及び電話番号その他当該社会福祉法人に関する基本情報
二 当該終了した会計年度の翌会計年度（以下この条において「当会計年度」という。）の初日における評議員の状況
三 当会計年度の初日における理事の状況
四 当会計年度の初日における監事の状況
五 当該終了した会計年度（以下この条において「前会計年度」という。）及び当会計年度における会計監査人の状況
六 当会計年度の初日における職員の状況
七 前会計年度における評議員会の状況
八 前会計年度における理事会の状況
九 前会計年度における監事の監査の状況
十 前会計年度における会計監査の状況
十一 前会計年度における事業等の概要
十二 前会計年度末における社会福祉充実残額（法第五十五条の二第三項第四号に規定する社会福祉充実残額をいう。）並びに社会福祉充実計画（同条第一項に規定する社会福祉充実計画をいう。以下同じ。）の策定の状況及びその進捗の状況
十三 当該社会福祉法人に関する情報の公表等の状況
十四 第十二号に規定する社会福祉充実残額の算定の根拠
十五 事業計画を作成する旨を定款で定めている場合にあつては、事業計画
十六 その他必要な事項

2 前項各号に掲げる書類（以下この条において「財産目録等」という。）は、電磁的記録をもつて作成することができる。
3 何人も、社会福祉法人の業務時間内は、いつでも、財産目録等について、次に掲げる請求をすることができる。この場合においては、当該社会福祉法人は、正当な理由がないのにこれを拒んではならない。
一 財産目録等が書面をもつて作成されているときは、当該書面又は当該書面の写しの閲覧の請求
二 財産目録等が電磁的記録をもつて作成されているときは、当該電磁的記録に記録された事項を厚生労働省令で定める方法により表示したものの閲覧の請求

財産目録の無記載・虚偽記載等は過料20万円以下(法165条5号)
29年法に伴い新設
法45条の31＝会計監査人設置法人の特則(評議員会承認不要)
法45条の28から31＝**計算書類に係る監査等に係る規定**

報酬等支給基準＝法45条の35
法59条の2＝情報の公開等
規則2条の41☞

29年法に伴い新設

1～13号及び16号に係る様式☞「社会福祉法人が届け出る「事業の概要等」等の様式について」(平成29年3月29日雇児発0329第6号 社援発0329第48号 老発0329第30号)別紙1

14号に係る様式☞同上通知別紙2

所轄庁へ届出必要(法59条2号)

正当理由のない閲覧拒否は過料20万円以下(法165条3号)

規則2条の3☞法34条の2

4　前項の規定にかかわらず、社会福祉法人は、役員等名簿について当該社会福祉法人の評議員以外の者から同項各号に掲げる請求があつた場合には、役員等名簿に記載され、又は記録された事項中、個人の住所に係る記載又は記録の部分を除外して、同項各号の閲覧をさせることができる。

5　財産目録等が電磁的記録をもつて作成されている場合であつて、その従たる事務所における第三項第二号に掲げる請求に応じることを可能とするための措置として厚生労働省令で定めるものをとつている社会福祉法人についての第一項の規定の適用については、同項中「主たる事務所に、その写しを三年間その従たる事務所」とあるのは、「主たる事務所」とする。

規則2条の5
☞法34条の2

（報酬等）

第四十五条の三十五　社会福祉法人は、理事、監事及び評議員に対する報酬等について、厚生労働省令で定めるところにより、民間事業者の役員の報酬等及び従業員の給与、当該社会福祉法人の経理の状況その他の事情を考慮して、不当に高額なものとならないような支給の基準を定めなければならない。

2　前項の報酬等の支給の基準は、評議員会の承認を受けなければならない。これを変更しようとするときも、同様とする。

3　社会福祉法人は、前項の承認を受けた報酬等の支給の基準に従つて、その理事、監事及び評議員に対する報酬等を支給しなければならない。

29年法で新設
規則2条の42☞
報酬等の意義＝法45条の34第1項3号

施行規則

（報酬等の支給の基準に定める事項）

第二条の四十二　法第四十五条の三十五第一項に規定する理事、監事及び評議員（以下この条において「理事等」という。）に対する報酬等（法第四十五条の三十四第一項第三号に規定する報酬等をいう。以下この条において同じ。）の支給の基準においては、理事等の勤務形態に応じた報酬等の区分及びその額の算定方法並びに支給の方法及び形態に関する事項を定めるものとする。

29年法に伴い新設
定款（法令により公表が義務付けられている）によって無報酬と定めた場合、支給基準を定める必要はない

〈編者注〉　報酬等の額の決定について

評議員	定款で定めなければならない（法45条の8で準用する一般法196条）	
役　員	定款に定めていないときは、評議員会決議によって定める	理事（法45条の16で準用する一般法89条）
		監事（法45条の18で準用する一般法105条）

〈編者注〉　報酬等の支給の基準の公表等

報酬等の支給を記載した書類は、毎会計年度終了後3月以内に作成し、主たる事務所に5年間（写しは従たる事務所に3年間）備え置かなければならない（法45条の34第1項3号）。また、法45条の35第2項の承認を受けたときは遅滞なく当該承認を受けた報酬等の支給の基準を公表しなければならない（法59条の2第1項2号）。

この他、具体的な運用については「社会福祉法人制度の施行に向けた留意事項について」（平成28年6月20日 福祉基盤課事務連絡）を参照。

左は具体的金額の決定についての定め。これとは別に法45条の35では理事等に対する報酬等が不当に高額なものとならないよう支給の基準を定めることとしている

会計監査人の報酬については法45条の19で準用する一般法110条参照

第五節　定款の変更

29年法で節新設

第四十五条の三十六　定款の変更は、評議員会の決議によらなければならない。
2　定款の変更（厚生労働省令で定める事項に係るものを除く。）は、所轄庁の認可を受けなければ、その効力を生じない。
3　第三十二条の規定は、前項の認可について準用する。

> **〈編者注〉　法45条の36第3項による法32条の準用・読替え**
> **第32条**　所轄庁は、45条の36第2項の規定による認可の申請があつたときは、当該申請に係る社会福祉法人の資産が25条の要件に該当しているかどうか、その定款の内容及び設立の手続が、法令の規定に違反していないかどうか等を審査した上で、当該定款の変更の認可を決定しなければならない。

4　社会福祉法人は、第二項の厚生労働省令で定める事項に係る定款の変更をしたときは、遅滞なくその旨を所轄庁に届け出なければならない。

> **〈編者注〉　法45条の36第2項及び第4項に関連して**
> 定款変更の認可を受けたとき、又は定款変更の届出をしたときは、定款の内容を公表しなければならない（法59条の2第1項2号）。
> なお、法45条の36第2項及び第4項は、都道府県及び市の第1号法定受託事務である（法151条）。

29年法で新設
旧法43条1項
規則3・4条☞
旧法43条2項
定款変更は特別決議（法45条の9第7項3号）
定款変更の懈怠は過料20万円以下（法165条5号）
旧法43条3項
規則4条
届出義務違反は過料20万円以下（法165条4号）
公表はインターネットの利用により行うものとする（規則10条☞法59条の2）

施行規則
（定款変更認可申請手続）
第三条　社会福祉法人は、法第四十五条の三十六第二項の規定により定款の変更の認可を受けようとするときは、定款変更の条項及び理由を記載した申請書に次に掲げる書類を添付して所轄庁に提出しなければならない。
一　定款に定める手続を経たことを証明する書類
二　変更後の定款
2　前項の定款の変更が、当該社会福祉法人が新たに事業を経営する場合に係るものであるときは、同項各号のほか、次に掲げる書類を添付して所轄庁に申請しなければならない。
一　当該事業の用に供する財産及びその価格を記載した書類並びにその権利の所属を明らかにすることができる書類
二　当該事業を行うため前号の書類に記載された不動産以外の不動産の使用を予定しているときは、その使用の権限の所属を明らかにすることができる書類
三　当該事業について、その開始の日の属する会計年度及び次の会計年度における事業計画書及びこれに伴う収支予算書
3　第一項の定款の変更が、当該社会福祉法人が従来経営していた事業を廃止する場合に係るものであるときは、同項各号のほか、廃止する事業の用に供している財産の処分方法を記載した書類を添付して所轄庁に申請しなければならない。
4　第二条第三項及び第五項の規定は、第一項の場合に準用する。

29年法に伴い一部形式的改正
所轄庁の定義＝法30条
ＦＤによる提出可（規則41条☞法31条）
ＦＤによる提出可（規則41条☞法31条）
ＦＤによる提出可（規則41条☞法31条）
規則2条＝設立認可申請手続　☞法31条

施行規則
（定款変更の届出）
第四条　法第四十五条の三十六第二項に規定する厚生労働省令で定める事項は、次のとおりとする。
一　法第三十一条第一項第四号に掲げる事項
二　法第三十一条第一項第九号に掲げる事項（基本財産の増加に限る。）
三　法第三十一条第一項第十五号に掲げる事項
2　前条第一項の規定は、法第四十五条の三十六第四項の規定により定款の変更の届出をする場合に準用する。この場合において、前条第一項中「申請書」とあるのは、「届出書」と読み替えるものとする。

29年法に伴い一部形式的改正
＝事務所所在地
＝資産に関する事項
＝公告の方法
ＦＤによる提出可（規則41条☞法31条）

第六節　解散及び清算並びに合併

２８年法までは「第四節 解散及び合併」

〈編者注〉　編者注の省略

第６節に関しては、実務的必要の生じる場合は稀であると考えられ、社会福祉関係者の日常的な実務の必要性に応えるという当法令集の出版目的に照らし、紙幅節約の観点から〈編者注〉は一切省略した。なお、一般社団法人 福祉経営管理実践研究会のホームページ上に〈編者注〉を記載したものを掲示する予定である。

第一款　解散

「第一款」の区分は２９年法で新設

（解散事由）

第四十六条　社会福祉法人は、次の事由によつて解散する。

一　評議員会の決議

二　定款に定めた解散事由の発生

三　目的たる事業の成功の不能

四　合併（合併により当該社会福祉法人が消滅する場合に限る。）

五　破産手続開始の決定

六　所轄庁の解散命令

２　前項第一号又は第三号に掲げる事由による解散は、所轄庁の認可又は認定がなければ、その効力を生じない。

３　清算人は、第一項第二号又は第五号に掲げる事由によつて解散した場合には、遅滞なくその旨を所轄庁に届け出なければならない。

1項本文は旧法のまま
1号は２９年法で改正
解散は特別決議事項(法４５条の9第7項4号)
2号は旧法のまま
3号は旧法のまま
4号()内29年法で追加
5号は旧法のまま
6号は旧法のまま
2項は旧法のまま
規則5条☞
3項は旧法のまま
登記については法２９条参照

施行規則

（解散の認可又は認定申請手続）

第五条　社会福祉法人は、法第四十六条第二項の規定により、解散の認可又は認定を受けようとするときは、解散の理由及び残余財産の処分方法を記載した申請書に次に掲げる書類を添付して所轄庁に提出しなければならない。

一　法第四十六条第一項第一号の手続又は定款に定める手続を経たことを証明する書類

二　財産目録及び貸借対照表

三　負債があるときは、その負債を証明する書類

２　第二条第三項及び第五項の規定は、前項の場合に準用する。

２９年法に伴い一部形式的改正
所轄庁の定義＝法３０条
法４６条1項1号の手続＝評議員会特別決議
ＦＤによる提出(規則41条☞法31条)
規則2条＝設立認可申請手続　☞法31条

（社会福祉法人についての破産手続の開始）

第四十六条の二　社会福祉法人がその債務につきその財産をもつて完済することができなくなつた場合には、裁判所は、理事若しくは債権者の申立てにより又は職権で、破産手続開始の決定をする。

２　前項に規定する場合には、理事は、直ちに破産手続開始の申立てをしなければならない。

旧法のまま
社会福祉法人には特別清算手続は用意されていない
違反は過料20万円以下(法165条7号)

第二款　清算

第一目　清算の開始

「第二款」及び「第一目」の区分は２９年法で新設

（清算の開始原因）

第四十六条の三　社会福祉法人は、次に掲げる場合には、この款の定めるところにより、清算をしなければならない。

一　解散した場合（第四十六条第一項第四号に掲げる事由によつて解散した場合及び破産手続開始の決定により解散した場合であつて当該破産手続が終了していない場合を除く。）

二　設立の無効の訴えに係る請求を認容する判決が確定した場合

２９年法で新設
法４６条1項4号：合併

（清算法人の能力）

第四十六条の四　前条の規定により清算をする社会福祉法人（以下「清算法人」という。）は、清算の目的の範囲内において、清算が結了するまではなお存続するものとみなす。

旧法46条の3
清算法人の定義

第二目　清算法人の機関

「第二目」の区分は29年法で新設

（清算法人における機関の設置）

第四十六条の五　清算法人には、一人又は二人以上の清算人を置かなければならない。

2　清算法人は、定款の定めによつて、清算人会又は監事を置くことができる。

3　第四十六条の三各号に掲げる場合に該当することとなつた時において特定社会福祉法人であつた清算法人は、監事を置かなければならない。

4　第三節第一款（評議員及び評議員会に係る部分を除く。）の規定は、清算法人については、適用しない。

29年法で新設

特定社会福祉法人☞法37条
なお、清算法人には理事会及び理事会は存しない

（清算人の就任）

第四十六条の六　次に掲げる者は、清算法人の清算人となる。

一　理事（次号又は第三号に掲げる者がある場合を除く。）

二　定款で定める者

三　評議員会の決議によつて選任された者

2　前項の規定により清算人となる者がないときは、裁判所は、利害関係人若しくは検察官の請求により又は職権で、清算人を選任する。

3　前二項の規定にかかわらず、第四十六条の三第二号に掲げる場合に該当することとなつた清算法人については、裁判所は、利害関係人若しくは検察官の請求により又は職権で、清算人を選任する。

4　清算人は、その氏名及び住所を所轄庁に届け出なければならない。

5　清算中に就職した清算人は、その氏名及び住所を所轄庁に届け出なければならない。

6　第三十八条及び第四十条第一項の規定は、清算人について準用する。

7　清算人会設置法人（清算人会を置く清算法人をいう。以下同じ。）においては、清算人は、三人以上でなければならない。

29年法で新設
旧法46条の4
2･3号該当者がいない場合は、全ての理事が清算人(1号)
旧法46条の5
法46条の3第2号:設立無効判決の確定
第4項･第5項は、都道府県及び市の第1号法定受託事務(法151条)
5項は旧法47条の7
法38条:委任
法40条1項:欠格事由
清算人会設置法人の定義
法46条の5第2項参照

（清算人の解任）

第四十六条の七　清算人（前条第二項又は第三項の規定により裁判所が選任した者を除く。）が次のいずれかに該当するときは、評議員会の決議によつて、当該清算人を解任することができる。

一　職務上の義務に違反し、又は職務を怠つたとき。

二　心身の故障のため、職務の執行に支障があり、又はこれに堪えないとき。

2　重要な事由があるときは、裁判所は、利害関係人の申立て若しくは検察官の請求により又は職権で、清算人を解任することができる。

3　一般社団法人及び一般財団法人に関する法律第七十五条第一項から第三項までの規定は、清算人及び清算法人の監事について、同法第百七十五条の規定は、清算法人の評議員について、それぞれ準用する。

29年法で新設
旧法46条の6

清算人及び清算法人の監事について準用する一般法

（~~役員等~~ 読替 清算人又は監事に欠員を生じた場合の措置）

一般法第七十五条　~~役員~~ 読替 清算人若しくは監事が欠けた場合又はこの法律若しくは定款で定めた~~役員~~ 読替 清算人若しくは監事の員数が欠けた場合には、任期の満了又は辞任により退任した~~役員~~ 読替 清算人又は監事は、新たに選任された~~役員~~ 読替 清算人又は監事（次項の一時役員の職務を行うべき者を含む。）が就任するまで、なお~~役員~~ 読替 清算人又は監事としての権利義務を有する。

清算人及び清算法人の監事の員数は法定されていない(法45条の5)
一時清算人又は清

2　前項に規定する場合において、裁判所は、必要があると認めるときは、利害関係人の申立てにより、一時~~役員~~ 読替 清算人又は監事の職務を行うべき者を選任することができる。

3　裁判所は、前項の一時~~役員~~ 読替 清算人又は監事の職務を行うべき者を選任した場合には、~~一般社団法人~~ 読替 清算法人がその者に対して支払う報酬の額を定めることができる。

4　【準用対象外】

5　【準用対象外】

算法人の監事の職務を行うべき者にも特別背任等の罰則適用（法155条2項3号他）

清算法人の評議員について準用する一般法

（評議員に欠員を生じた場合の措置）

一般法第百七十五条　この法律又は定款で定めた評議員の員数が欠けた場合には、任期の満了又は辞任により退任した評議員は、新たに選任された評議員（次項の一時評議員の職務を行うべき者を含む。）が就任するまで、なお評議員としての権利義務を有する。

2　前項に規定する場合において、裁判所は、必要があると認めるときは、利害関係人の申立てにより、一時評議員の職務を行うべき者を選任することができる。

3　裁判所は、前項の一時評議員の職務を行うべき者を選任した場合には、~~一般社団法人~~ 読替 清算法人がその者に対して支払う報酬の額を定めることができる。

清算法人の一時評議員にも特別背任等の罰則適用(法155条2項5号他)

（監事の退任等）

第四十六条の八　清算法人の監事は、当該清算法人が監事を置く旨の定款の定めを廃止する定款の変更をした場合には、当該定款の変更の効力が生じた時に退任する。

29年法で新設

法46条の5第2項参照

2　清算法人の評議員は、三人以上でなければならない。

3　第四十条第三項から第五項まで、第四十一条、第四十二条、第四十四条第三項、第五項及び第七項、第四十五条、第四十五条の六第一項及び第二項並びに第四十五条の七第二項の規定は、清算法人については、適用しない。

清算法人には適用されない規定

（清算人の職務）

第四十六条の九　清算人は、次に掲げる職務を行う。

旧法46条の8第1項

一　現務の結了

二　債権の取立て及び債務の弁済

三　残余財産の引渡し

（業務の執行）

第四十六条の十　清算人は、清算法人（清算人会設置法人を除く。次項において同じ。）の業務を執行する。

29年法で新設

清算人会設置法人☞法46条の6第7項

2　清算人が二人以上ある場合には、清算法人の業務は、定款に別段の定めがある場合を除き、清算人の過半数をもつて決定する。

3　前項の場合には、清算人は、次に掲げる事項についての決定を各清算人に委任することができない。

一　従たる事務所の設置、移転及び廃止

二　第四十五条の九第十項において準用する一般社団法人及び一般財団法人に関する法律第百八十一条第一項各号に掲げる事項

三　清算人の職務の執行が法令及び定款に適合することを確保するための体制その他清算法人の業務の適正を確保するために必要なものとして厚生労働省令で定める体制の整備

規則5条の2

施行規則

（清算人会設置法人以外の清算法人の業務の適正を確保するための体制）

第五条の二　法第四十六条の十第三項第三号に規定する厚生労働省令で定める体制は、次に掲げる体制とする。

29年法に伴い新設

一　清算人の職務の執行に係る情報の保存及び管理に関する体制
二　損失の危険の管理に関する規程その他の体制
三　職員の職務の執行が法令及び定款に適合することを確保するための体制

2　清算人が二人以上ある清算法人（法第四十六条の四に規定する清算法人をいう。以下同じ。）である場合には、前項に規定する体制には、業務の決定が適正に行われることを確保するための体制を含むものとする。

3　監事設置清算法人（法第四十六条の十一第六項に規定する監事設置清算法人をいう。以下同じ。）以外の清算法人である場合には、第一項に規定する体制には、清算人が評議員に報告すべき事項の報告をするための体制を含むものとする。

4　監事設置清算法人である場合には、第一項に規定する体制には、次に掲げる体制を含むものとする。
一　監事がその職務を補助すべき職員を置くことを求めた場合における当該職員に関する体制
二　前号の職員の清算人からの独立性に関する事項
三　監事の第一号の職員に対する指示の実効性の確保に関する事項
四　清算人及び職員が監事に報告をするための体制その他の監事への報告に関する体制
五　前号の報告をした者が当該報告をしたことを理由として不利な取扱いを受けないことを確保するための体制
六　監事の職務の執行について生ずる費用の前払又は償還の手続その他の当該職務の執行について生ずる費用又は債務の処理に係る方針に関する事項
七　その他監事の監査が実効的に行われることを確保するための体制

清算人会設置法人の場合については施行規則5条の3参照　☞法46条の17

4　一般社団法人及び一般財団法人に関する法律第八十一条から第八十五条まで、第八十八条及び第八十九条の規定は、清算人（同条の規定については、第四十六条の六第二項又は第三項の規定により裁判所が選任した者を除く。）について準用する。この場合において、同法第八十一条中「社員総会」とあるのは「評議員会」と、同法第八十二条の見出し中「表見代表理事」とあるのは「表見代表清算人」と、同条中「代表理事」とあるのは「代表清算人（社会福祉法（昭和二十六年法律第四十五号）第四十六条の十一第一項に規定する代表清算人をいう。）」と、同法第八十三条中「定款並びに社員総会の決議」とあるのは「定款」と、同法第八十四条第一項中「社員総会」とあるのは「評議員会」と、同法第八十五条並びに第八十八条の見出し及び同条第一項中「社員」とあるのは「評議員」と、同法第八十九条中「社員総会」とあるのは「評議員会」と読み替えるものとするほか、必要な技術的読替えは、政令で定める。

施行令
（清算人に関する読替え）
第十三条の十三　法第四十六条の十第四項において清算人について一般社団法人及び一般財団法人に関する法律第八十一条、第八十五条及び第八十八条第二項の規定を準用する場合においては、同法第八十一条中「第七十七条第四項」とあるのは「社会福祉法（昭和二十六年法律第四十五号）第四十六条の十一第七項において準用する第七十七条第四項」と、同法第八十五条中「監事設置一般社団法人」とあるのは「監事設置清算法人（社会福祉法第四十六条の十一第六項に規定する監事設置清算法人をいう。第八十八条第二項において同じ。）」と、同法第八十八条第二項中「監事設置一般社団法人」とあるのは「監事設置清算法人」と読み替えるものとする。

29年法に伴い新設

清算人について準用する一般法

清算人についての準用

（~~一般社団法人~~ [読替] 清算法人と~~理事~~ [読替] 清算人との間の訴えにおける法人の代表）
一般法第八十一条　~~第七十七条第四項~~ [政令読替] 社会福祉法（昭和二十六年法律第四十五号）第四十六条の十一第七項において準用する**第七十七条第四項の規定にかかわらず、~~一般社団法人~~ [読替] 清算法人が~~理事~~ [読替] 清算人（~~理事~~ [読替] 清算人であった**

一般法77条4項＝代表理事が一般社団法人を代表

者を含む。以下この条において同じ。）に対し、又は~~理事~~ 読替 清算人が~~一般社団法人~~ 読替 清算法人に対して訴えを提起する場合には、~~社員総会~~ 法読替 評議員会は、当該訴えについて~~一般社団法人~~ 読替 清算法人を代表する者を定めることができる。

する旨の規定
☞法46条の11

（~~表見代表理事~~ 法読替 表見代表清算人）

一般法第八十二条　~~一般社団法人~~ 読替 清算法人は、~~代表理事~~ 法読替 代表清算人（社会福祉法（昭和二十六年法律第四十五号）第四十六条の十一第一項に規定する代表清算人をいう。）以外の~~理事に理事長~~ 読替 清算人に代表清算人その他~~一般社団法人~~ 読替 清算法人を代表する権限を有するものと認められる名称を付した場合には、当該~~理事~~ 読替 清算人がした行為について、善意の第三者に対してその責任を負う。

（忠実義務）

一般法第八十三条　~~理事~~ 読替 清算人は、法令及び~~定款並びに社員総会の決議~~ 法読替 定款を遵守し、~~一般社団法人~~ 読替 清算法人のため忠実にその職務を行わなければならない。

（競業及び利益相反取引の制限）

一般法第八十四条　~~理事~~ 読替 清算人は、次に掲げる場合には、~~社員総会~~ 法読替 評議員会において、当該取引につき重要な事実を開示し、その承認を受けなければならない。

違反の効果➡法46条の14第2・3項

一　~~理事~~ 読替 清算人が自己又は第三者のために~~一般社団法人~~ 読替 清算法人の事業の部類に属する取引をしようとするとき。

競業取引

二　~~理事~~ 読替 清算人が自己又は第三者のために~~一般社団法人~~ 読替 清算法人と取引をしようとするとき。

利益相反取引（自己取引）

三　~~一般社団法人~~ 読替 清算法人が~~理事~~ 読替 清算人の債務を保証することその他~~理事~~ 読替 清算人以外の者との間において~~一般社団法人~~ 読替 清算法人と当該~~理事~~ 読替 清算人との利益が相反する取引をしようとするとき。

利益相反取引

2　民法第百八条の規定は、前項の承認を受けた同項第二号又は第三号の取引については、適用しない。

民法108条
＝自己契約・双方代理に関する規定
☞法45条の16で準用する一般法84条

（~~理事~~ 読替 清算人の報告義務）

一般法第八十五条　~~理事~~ 読替 清算人は、~~一般社団法人~~ 読替 清算法人に著しい損害を及ぼすおそれのある事実があることを発見したときは、直ちに、当該事実を~~社員~~ 法読替 評議員（~~監事設置一般社団法人~~ 政令読替 監事設置清算法人（社会福祉法第四十六条の十一第六項に規定する監事設置清算法人をいう。第八十八条第二項において同じ。）にあっては、監事）に報告しなければならない。

（~~社員~~ 読替 評議員による~~理事~~ 読替 清算人の行為の差止め）

一般法第八十八条　~~社員~~ 法読替 評議員は、~~理事~~ 読替 清算人が~~一般社団法人~~ 読替 清算法人の目的の範囲外の行為その他法令若しくは定款に違反する行為をし、又はこれらの行為をするおそれがある場合において、当該行為によって当該~~一般社団法人~~ 読替 清算法人に著しい損害が生ずるおそれがあるときは、当該~~理事~~ 読替 清算人に対し、当該行為をやめることを請求することができる。

2　~~監事設置一般社団法人~~ 政令読替 監事設置清算法人における前項の規定の適用については、同項中「著しい損害」とあるのは、「回復することができない損害」とする。

評議員による理事の行為の差止めも同様（法45条の16で準用する一般法88条）

（~~理事~~ 読替 清算人の報酬等）

一般法第八十九条　~~理事~~ 読替 清算人（社会福祉法第四十六条の六第二項又は第三項の規定により裁判所が選任した者を除く。）の報酬等（報酬、賞与その他の職務執行の対価として~~一般社団法人等~~ 読替 清算法人から受ける財産上の利益をいう。以下同じ。）は、定款にその額を定めていないときは、~~社員総会~~ 法読替 評議員会の決議によって定める。

一般法第89条の清算人からは法46条の6第2・3項の規定によって裁判所が選任した者が除かれる（法46条の10第4項）

（清算法人の代表）

第四十六条の十一　清算人は、清算法人を代表する。ただし、他に代表清算人（清算法人を代表する清算人をいう。以下同じ。）その他清算法人を代表する者を定めた場合は、この限りでない。

29年法で新設

2　前項本文の清算人が二人以上ある場合には、清算人は、各自、清算法人を代表する。

3　清算法人（清算人会設置法人を除く。）は、定款、定款の定めに基づく清算人（第四十六条の六第二項又は第三項の規定により裁判所が選任した者を除く。以下この項において同じ。）の互選又は評議員会の決議によつて、清算人の中から代表清算人を定めることができる。

清算人会設置法人
☞法46条の6第7項

4　第四十六条の六第一項第一号の規定により理事が清算人となる場合においては、理事長が代表清算人となる。

5　裁判所は、第四十六条の六第二項又は第三項の規定により清算人を選任する場合には、その清算人の中から代表清算人を定めることができる。

6　第四十六条の十七第八項の規定、前条第四項において準用する一般社団法人及び一般財団法人に関する法律第八十一条の規定及び次項において準用する同法第七十七条第四項の規定にかかわらず、監事設置清算法人（監事を置く清算法人又はこの法律の規定により監事を置かなければならない清算法人をいう。以下同じ。）が清算人（清算人であつた者を含む。以下この項において同じ。）に対し、又は清算人が監事設置清算法人に対して訴えを提起する場合には、当該訴えについては、監事が監事設置清算法人を代表する。

7　一般社団法人及び一般財団法人に関する法律第七十七条第四項及び第五項並びに第七十九条の規定は代表清算人について、同法第八十条の規定は民事保全法第五十六条に規定する仮処分命令により選任された清算人又は代表清算人の職務を代行する者について、それぞれ準用する。

民事保全法56条
☞法45条の17
清算人職務代行者にも特別背任等の罰則を適用（法155条2項2号他）

代表清算人について準用する一般法

（~~一般社団法人~~ 読替 清算法人の代表）

一般法第七十七条【第１～３項　準用対象外】

4　~~代表理事~~ 読替 代表清算人は、~~一般社団法人~~ 読替 清算法人の業務に関する一切の裁判上又は裁判外の行為をする権限を有する。

5　前項の権限に加えた制限は、善意の第三者に対抗することができない。

（~~代表理事~~ 読替 代表清算人に欠員を生じた場合の措置）

第七十九条　~~代表理事~~ 読替 代表清算人が欠けた場合又は定款で定めた~~代表理事~~ 読替 代表清算人の員数が欠けた場合には、任期の満了又は辞任により退任した~~代表理事~~ 読替 代表清算人は、新たに選定された~~代表理事~~ 読替 代表清算人（次項の一時~~代表理事~~ 読替 代表清算人の職務を行うべき者を含む。）が就任するまで、なお~~代表理事~~ 読替 代表清算人としての権利義務を有する。

2　前項に規定する場合において、裁判所は、必要があると認めるときは、利害関係人の申立てにより、一時~~代表理事~~ 読替 代表清算人の職務を行うべき者を選任することができる。

一時代表清算人にも特別背任等の罰則を適用（法155条2項4号他）

3　裁判所は、前項の一時~~代表理事~~ 読替 代表清算人の職務を行うべき者を選任した場合には、~~一般社団法人~~ 読替 清算法人がその者に対して支払う報酬の額を定めることができる。

仮処分命令によって選任された清算人又は代表清算人職務代行者に準用する一般法

（~~理事~~ 読替 清算人又は代表清算人の職務を代行する者の権限）

一般法第八十条　民事保全法（平成元年法律第九十一号）第五十六条に規定する仮処分命令により選任された~~理事又は代表理事~~ 読替 清算人又は代表清算人の職務を代行する者は、仮処分命令に別段の定めがある場合を除き、~~一般社団法人~~ 読替 清算法人の常務に属しない行為をするには、裁判所の許可を得なければならない。

職務代行者にも特別背任等の罰則が適用される（法155条他）

2　前項の規定に違反して行った~~理事又は代表理事~~ 読替 清算人又は代表清算人の職務を代行する者の行為は、無効とする。ただし、~~一般社団法人~~ 読替 清算法人は、これをもって善意の第三者に対抗することができない。

民事保全法56条
☞法45条の17で準用する一般法80条

（清算法人についての破産手続の開始）

第四十六条の十二 清算法人の財産がその債務を完済するのに足りないことが明らかになつたときは、清算人は、直ちに破産手続開始の申立てをし、その旨を公告しなければならない。

旧法46条の11
違反は過料20万円以下(法165条2号・7号)
社会福祉法人にあっては特別清算手続(会社法510条以下)は用意されていない

2 清算人は、清算法人が破産手続開始の決定を受けた場合において、破産管財人にその事務を引き継いだときは、その任務を終了したものとする。

3 前項に規定する場合において、清算法人が既に債権者に支払い、又は残余財産の帰属すべき者に引き渡したものがあるときは、破産管財人は、これを取り戻すことができる。

4 第一項の規定による公告は、官報に掲載してする。

（裁判所の選任する清算人の報酬）

第四十六条の十三 裁判所は、第四十六条の六第二項又は第三項の規定により清算人を選任した場合には、清算法人が当該清算人に対して支払う報酬の額を定めることができる。この場合においては、裁判所は、当該清算人及び監事の陳述を聴かなければならない。

旧法47条の6
法45条の20第1項は評議員をも責任対象としている

（清算人の清算法人に対する損害賠償責任）

第四十六条の十四 清算人は、その任務を怠つたときは、清算法人に対し、これによつて生じた損害を賠償する責任を負う。

29年法で新設

2 清算人が第四十六条の十第四項において準用する一般社団法人及び一般財団法人に関する法律第八十四条第一項の規定に違反して同項第一号の取引をしたときは、当該取引により清算人又は第三者が得た利益の額は、前項の損害の額と推定する。

3 第四十六条の十第四項において準用する一般社団法人及び一般財団法人に関する法律第八十四条第一項第二号又は第三号の取引によつて清算法人に損害が生じたときは、次に掲げる清算人は、その任務を怠つたものと推定する。

一 第四十六条の十第四項において準用する一般社団法人及び一般財団法人に関する法律第八十四条第一項の清算人

二 清算法人が当該取引をすることを決定した清算人

三 当該取引に関する清算人会の承認の決議に賛成した清算人

4 一般社団法人及び一般財団法人に関する法律第百十二条及び第百十六条第一項の規定は、第一項の責任について準用する。この場合において、同法第百十二条中「総社員」とあるのは、「総評議員」と読み替えるものとするほか、必要な技術的読替えは、政令で定める。

> 施行令
>
> （清算人の清算法人に対する損害賠償責任に関する読替え）
>
> **第十三条の十四** 法第四十六条の十四第四項において清算人の法第四十六条の四に規定する清算法人（第十三条の十七において「清算法人」という。）に対する損害賠償責任について一般社団法人及び一般財団法人に関する法律第百十六条第一項の規定を準用する場合においては、同項中「第八十四条第一項第二号」とあるのは、「社会福祉法（昭和二十六年法律第四十五号）第四十六条の十第四項において準用する第八十四条第一項第二号」と読み替えるものとする。

29年法に伴い新設

清算人の清算法人に対する損害賠償責任について準用する一般法

（~~一般社団法人~~ 読替 **清算法人**に対する損害賠償責任の免除）

一般法第百十二条 ~~前条~~ 読替 **社会福祉法第四十六条の十四**第一項の責任は、~~総社員~~ 法読替 **総評議員**の同意がなければ、免除することができない。

総評議員による免除

（~~理事~~ 読替 **清算人**が自己のためにした取引に関する特則）

一般法第百十六条 ~~第八十四条第一項第二号~~ 政令読替 社会福祉法（昭和二十六年法律第四十五号）第四十六条の十第四項において準用する**第八十四条第一項第二号の**

取引（自己のためにした取引に限る。）をした~~理事~~ 読替 清算人の~~第百十一条~~ 読替 社会福祉法第四十六条の十四第一項の責任は、任務を怠ったことが当該~~理事~~ 読替 清算人の責めに帰することができない事由によるものであることをもって免れることができない。

2 【準用対象外】

（清算人の第三者に対する損害賠償責任）

第四十六条の十五　清算人がその職務を行うについて悪意又は重大な過失があつたときは、当該清算人は、これによつて第三者に生じた損害を賠償する責任を負う。

29年法で新設

2　清算人が、次に掲げる行為をしたときも、前項と同様とする。ただし、当該清算人が当該行為をすることについて注意を怠らなかつたことを証明したときは、この限りでない。

一　第四十六条の二十二第一項に規定する財産目録等並びに第四十六条の二十四第一項の貸借対照表及び事務報告並びにこれらの附属明細書に記載し、又は記録すべき重要な事項についての虚偽の記載又は記録

二　虚偽の登記

三　虚偽の公告

（清算人等の連帯責任）

第四十六条の十六　清算人、監事又は評議員が清算法人又は第三者に生じた損害を賠償する責任を負う場合において、他の清算人、監事又は評議員も当該損害を賠償する責任を負うときは、これらの者は、連帯債務者とする。

29年法で新設

2　前項の場合には、第四十五条の二十二の規定は、適用しない。

（清算人会の権限等）

第四十六条の十七　清算人会は、全ての清算人で組織する。

29年法で新設

清算人会は任意設置

清算人会設置法人 ☞法46条の6第7項

2　清算人会は、次に掲げる職務を行う。

一　清算人会設置法人の業務執行の決定

二　清算人の職務の執行の監督

三　代表清算人の選定及び解職

3　清算人会は、清算人の中から代表清算人を選定しなければならない。ただし、他に代表清算人があるときは、この限りでない。

4　清算人会は、その選定した代表清算人及び第四十六条の十一第四項の規定により代表清算人となつた者を解職することができる。

5　第四十六条の十一第五項の規定により裁判所が代表清算人を定めたときは、清算人会は、代表清算人を選定し、又は解職することができない。

6　清算人会は、次に掲げる事項その他の重要な業務執行の決定を清算人に委任することができない。

一　重要な財産の処分及び譲受け

二　多額の借財

三　重要な役割を担う職員の選任及び解任

四　従たる事務所その他の重要な組織の設置、変更及び廃止

五　清算人の職務の執行が法令及び定款に適合することを確保するための体制その他清算法人の業務の適正を確保するために必要なものとして厚生労働省令で定める体制の整備

規則5条の3

施行規則

（清算人会設置法人の業務の適正を確保するための体制）

第五条の三　法第四十六条の十七第六項第五号に規定する厚生労働省令で定める体制は、次に掲げる体制とする。

29年法に伴い新設
清算人会設置法人でない場合については規則5条の2参

一　清算人の職務の執行に係る情報の保存及び管理に関する体制

二　損失の危険の管理に関する規程その他の体制

三　職員の職務の執行が法令及び定款に適合することを確保するための体制

2　清算人会設置法人（法第四十六条の六第七項に規定する清算人会設置法人をいう。次項において同じ。）が、監事設置清算法人以外のものである場合には、前項に規定する体制には、清算人が評議員に報告すべき事項の報告をするための体制を含むものとする。

3　清算人会設置法人が、監事設置清算法人である場合には、第一項に規定する体制には、次に掲げる体制を含むものとする。

一　監事がその職務を補助すべき職員を置くことを求めた場合における当該職員に関する体制

二　前号の職員の清算人からの独立性に関する事項

三　監事の第一号の職員に対する指示の実効性の確保に関する事項

四　清算人及び職員が監事に報告をするための体制その他の監事への報告に関する体制

五　前号の報告をした者が当該報告をしたことを理由として不利な取扱いを受けないことを確保するための体制

六　監事の職務の執行について生ずる費用の前払又は償還の手続その他の当該職務の執行について生ずる費用又は債務の処理に係る方針に関する事項

七　その他監事の監査が実効的に行われることを確保するための体制

照 ☞法46条の10

7　次に掲げる清算人は、清算人会設置法人の業務を執行する。

一　代表清算人

二　代表清算人以外の清算人であつて、清算人会の決議によつて清算人会設置法人の業務を執行する清算人として選定されたもの

8　第四十六条の十第四項において読み替えて準用する一般社団法人及び一般財団法人に関する法律第八十一条に規定する場合には、清算人会は、同条の規定による評議員会の定めがある場合を除き、同条の訴えについて清算人会設置法人を代表する者を定めることができる。

9　第七項各号に掲げる清算人は、三月に一回以上、自己の職務の執行の状況を清算人会に報告しなければならない。ただし、定款で毎会計年度に四月を超える間隔で二回以上その報告をしなければならない旨を定めた場合は、この限りでない。

10　一般社団法人及び一般財団法人に関する法律第九十二条の規定は、清算人会設置法人について準用する。この場合において、同条第一項中「社員総会」とあるのは「評議員会」と、「「理事会」とあるのは「「清算人会」と読み替えるものとするほか、必要な技術的読替えは、政令で定める。

施行令

（清算人会設置法人に関する読替え）

第十三条の十五　法第四十六条の十七第十項において法第四十六条の六第七項に規定する清算人会設置法人（次条において「清算人会設置法人」という。）について一般社団法人及び一般財団法人に関する法律第九十二条の規定を準用する場合においては、同条の見出し中「理事会設置一般社団法人」とあるのは「清算人会設置法人」と、同条第一項中「理事会設置一般社団法人」とあるのは「清算人会設置法人（社会福祉法（昭和二十六年法律第四十五号）第四十六条の六第七項に規定する清算人会設置法人をいう。次項において同じ。）」と、「第八十四条」とあるのは「同法第四十六条の十第四項において準用する第八十四条」と、同条第二項中「理事会設置一般社団法人」とあるのは「清算人会設置法人」と、「第八十四条第一項各号」とあるのは「社会福祉法第四十六条の十第四項において準用する第八十四条第一項各号」と読み替えるものとする。

29年法に伴い新設

清算人会設置法人について準用する一般法

（競業及び~~理事会設置一般社団法人~~ 政令読替 清算人会設置法人との取引等の制限）

一般法第九十二条　~~理事会設置一般社団法人~~ 政令読替 **清算人会設置法人**（社会福祉法

（昭和二十六年法律第四十五号）第四十六条の六第七項に規定する清算人会設置法人をいう。次項において同じ。）における~~第八十四条~~ 政令読替 同法第四十六条の十第四項において準用する**第八十四条の規定の適用については、同条第一項中「~~社員総会~~** 法読替 **評議員会とあるのは、「~~理事会~~** 法読替 **「清算人会」とする。**

一般法84条
☞法45条の16

2　~~理事会設置一般社団法人~~ 政令読替 **清算人会設置法人においては、~~第八十四条第一項各号~~** 政令読替 社会福祉法第四十六条の十第四項において準用する**第八十四条第一項各号の取引をした~~理事~~** 読替 **清算人は、当該取引後、遅滞なく、当該取引についての重要な事実を~~理事会~~** 法読替 **清算人会に報告しなければならない。**

（清算人会の運営）

第四十六条の十八　清算人会は、各清算人が招集する。ただし、清算人会を招集する清算人を定款又は清算人会で定めたときは、その清算人が招集する。

29年法で新設

2　前項ただし書に規定する場合には、同項ただし書の規定により定められた清算人（以下この項及び次条第二項において「招集権者」という。）以外の清算人は、招集権者に対し、清算人会の目的である事項を示して、清算人会の招集を請求することができる。

3　前項の規定による請求があつた日から五日以内に、その請求があつた日から二週間以内の日を清算人会の日とする清算人会の招集の通知が発せられない場合には、その請求をした清算人は、清算人会を招集することができる。

4　一般社団法人及び一般財団法人に関する法律第九十四条の規定は、清算人会設置法人における清算人会の招集について準用する。この場合において、同条第一項中「各理事及び各監事」とあるのは「各清算人（監事設置清算法人（社会福祉法（昭和二十六年法律第四十五号）第四十六条の十一第六項に規定する監事設置清算法人をいう。次項において同じ。）にあつては、各清算人及び各監事）」と、同条第二項中「理事及び監事」とあるのは「清算人（監事設置清算法人にあつては、清算人及び監事）」と読み替えるものとする。

一般法の清算人会設置法人における清算人会の招集についての準用

5　一般社団法人及び一般財団法人に関する法律第九十五条及び第九十六条の規定は、清算人会設置法人における清算人会の決議について準用する。この場合において、同法第九十五条第三項中「法務省令」とあるのは「厚生労働省令」と、「理事（」とあるのは「清算人（」と、「代表理事」とあるのは「代表清算人」と、同条第四項中「法務省令」とあるのは「厚生労働省令」と読み替えるものとするほか、必要な技術的読替えは、政令で定める。

6　一般社団法人及び一般財団法人に関する法律第九十八条の規定は、清算人会設置法人における清算人会への報告について準用する。この場合において、同条第一項中「理事、監事又は会計監査人」とあるのは「清算人又は監事」と、「理事及び監事」とあるのは「清算人（監事設置清算法人（社会福祉法（昭和二十六年法律第四十五号）第四十六条の十一第六項に規定する監事設置清算法人をいう。）にあつては、清算人及び監事）」と読み替えるものとするほか、必要な技術的読替えは、政令で定める。

一般法の清算人会設置法人における清算人会への報告についての準用

施行令

（清算人会の運営に関する読替え）

第十三条の十六　法第四十六条の十八第五項において清算人会設置法人における清算人会の決議について一般社団法人及び一般財団法人に関する法律第九十六条の規定を準用する場合においては、同条中「理事会設置一般社団法人」とあるのは、「清算人会設置法人（社会福祉法（昭和二十六年法律第四十五号）第四十六条の六第七項に規定する清算人会設置法人をいう。）」と読み替えるものとする。

29年法に伴い新設

2　法第四十六条の十八第六項において清算人会設置法人における清算人会への報告について一般社団法人及び一般財団法人に関する法律第九十八条第二項の規定を準用する場合においては、同項中「第九十一条第二項」とあるのは、「社会福祉法第四十六条の十七第九項」と読み替えるものとする。

清算人会の招集について準用する一般法

（招集手続）

一般法第九十四条　~~理事会~~ 読替 清算人会を招集する者は、~~理事会~~ 読替 清算人会の日の一週間（これを下回る期間を定款で定めた場合にあっては、その期間）前までに、~~各理事及び各監事~~ 法読替 各清算人（監事設置清算法人（社会福祉法（昭和二十六年法律第四十五号）第四十六条の十一第六項に規定する監事設置清算法人をいう。次項において同じ。）にあっては、各清算人及び各監事）に対してその通知を発しなければならない。 相対的記載事項

2　前項の規定にかかわらず、~~理事会~~ 読替 清算人会は、~~理事及び監事~~ 法読替 清算人（監事設置清算法人にあっては、清算人及び監事）の全員の同意があるときは、招集の手続を経ることなく開催することができる。

清算法人の監事は任意設置（法46条の5第2項）
招集手続には書面を要しない
招集手続の省略

清算人会の決議について準用する一般法

（~~理事会~~ 読替 清算人会の決議）

一般法第九十五条　~~理事会~~ 読替 清算人会の決議は、議決に加わることができる~~理事~~ 読替 清算人の過半数（これを上回る割合を定款で定めた場合にあっては、その割合以上）が出席し、その過半数（これを上回る割合を定款で定めた場合にあっては、その割合以上）をもって行う。

2　前項の決議について特別の利害関係を有する~~理事~~ 読替 清算人は、議決に加わることができない。

3　~~理事会~~ 読替 清算人会の議事については、~~法務省令~~ 法読替 厚生労働省令で定めるところにより、議事録を作成し、議事録が書面をもって作成されているときは、出席した~~理事~~ 法読替 清算人（定款で議事録に署名し、又は記名押印しなければならない者を当該~~理事会~~ 読替 清算人会に出席した~~代表理事~~ 法読替 代表清算人とする旨の定めがある場合にあっては、当該~~代表理事~~ 法読替 代表清算人）及び監事は、これに署名し、又は記名押印しなければならない。 規則5条の4

議事録の無記載・虚偽記載等は過料20万円以下(法165条5号)

4　前項の議事録が電磁的記録をもって作成されている場合における当該電磁的記録に記録された事項については、~~法務省令~~ 法読替 厚生労働省令で定める署名又は記名押印に代わる措置をとらなければならない。 規則2条の18
☞法45条の14

5　~~理事会~~ 読替 清算人会の決議に参加した~~理事~~ 読替 清算人であって第三項の議事録に異議をとどめないものは、その決議に賛成したものと推定する。

施行規則

（清算人会の議事録）

第五条の四　法第四十六条の十八第五項において準用する一般社団法人及び一般財団法人に関する法律第九十五条第三項の規定による清算人会の議事録の作成については、この条の定めるところによる。 29年法に伴い新設

2　清算人会の議事録は、書面又は電磁的記録をもつて作成しなければならない。

3　清算人会の議事録は、次に掲げる事項を内容とするものでなければならない。

一　清算人会が開催された日時及び場所（当該場所に存しない清算人、監事又は評議員が清算人会に出席した場合における当該出席の方法を含む。）

二　清算人会が次に掲げるいずれかのものに該当するときは、その旨

イ　法第四十六条の十八第二項の規定による清算人の請求を受けて招集されたもの

ロ　法第四十六条の十八第三項の規定により清算人が招集したもの

ハ　法第四十六条の十九第一項の規定による評議員の請求を受けて招集されたもの

ニ　法第四十六条の十九第三項において準用する法第四十六条の十八第三項の規定により評議員が招集したもの

ホ　法第四十六条の二十一及び令第十三条の十七の規定により読み替えて適用する法第四十五条の十八第三項において準用する一般社団法人及び一般財団法人に関する法律第百一条第二項の規定による監事の請求を受けて招集されたもの

へ　法第四十六条の二十一及び令第十三条の十七の規定により読み替え

て適用する法第四十五条の十八第三項において準用する一般社団法人及び一般財団法人に関する法律第百一条第三項の規定により監事が招集したもの

三　清算人会の議事の経過の要領及びその結果

四　決議を要する事項について特別の利害関係を有する清算人があるときは、その氏名

五　次に掲げる規定により清算人会において述べられた意見又は発言があるときは、その意見又は発言の内容の概要

イ　法第四十六条の二十一及び令第十三条の十七の規定により読み替えて適用する法第四十五条の十八第三項において準用する一般社団法人及び一般財団法人に関する法律第百条

ロ　法第四十六条の二十一及び令第十三条の十七の規定により読み替えて適用する法第四十五条の十八第三項において準用する一般社団法人及び一般財団法人に関する法律第百一条第一項

ハ　法第四十六条の十七第十項において準用する一般社団法人及び一般財団法人に関する法律第九十二条第二項

ニ　法第四十六条の十九第四項

六　法第四十六条の十八第五項において準用する一般社団法人及び一般財団法人に関する法律第九十五条第三項の定款の定めがあるときは、代表清算人（法第四十六条の十一第一項に規定する代表清算人をいう。）以外の清算人であつて、清算人会に出席したものの氏名

七　清算人会に出席した評議員の氏名又は名称

八　清算人会の議長が存するときは、議長の氏名

4　次の各号に掲げる場合には、清算人会の議事録は、当該各号に定める事項を内容とするものとする。

一　法第四十六条の十八第五項において準用する一般社団法人及び一般財団法人に関する法律第九十六条の規定により清算人会の決議があつたものとみなされた場合　次に掲げる事項

イ　清算人会の決議があつたものとみなされた事項の内容

ロ　イの事項の提案をした清算人の氏名

ハ　清算人会の決議があつたものとみなされた日

ニ　議事録の作成に係る職務を行つた清算人の氏名

二　法第四十六条の十八第六項において準用する一般社団法人及び一般財団法人に関する法律第九十八条第一項の規定により清算人会への報告を要しないものとされた場合　次に掲げる事項

イ　清算人会への報告を要しないものとされた事項の内容

ロ　清算人会への報告を要しないものとされた日

ハ　議事録の作成に係る職務を行つた清算人の氏名

（~~理事会~~ 読替 **清算人会の決議の省略**）

一般法第九十六条　~~理事会設置一般社団法人~~ 政令読替 **清算人会設置法人**（社会福祉法（昭和二十六年法律第四十五号）第四十六条の六第七項に規定する清算人会設置法人をいう。）**は、**~~理事~~ 読替 **清算人が**~~理事会~~ 読替 **清算人会の決議の目的である事項について提案をした場合において、当該提案につき**~~理事~~ 読替 **清算人（当該事項について議決に加わることができるものに限る。）の全員が書面又は電磁的記録により同意の意思表示をしたとき（監事が当該提案について異議を述べたときを除く。）は、当該提案を可決する旨の**~~理事会~~ 読替 **清算人会の決議があったものとみなす旨を定款で定めることができる。**

決議の省略
左の場合、清算人会は開催されないので招集通知は不要
全員の同意が確認された時点が決議成立時点
定款記載が必要
相対的記載事項

清算人会への報告について準用する一般法

（~~理事会~~ 読替 **清算人会への報告の省略**）

一般法第九十八条　~~理事、監事又は会計監査人~~ 法読替 **清算人又は監事が**~~理事及び監事~~ 法読替 **清算人（監事設置清算法人**（社会福祉法（昭和二十六年法律第四十五号）第四十六条の十一第六項に規定する監事設置清算法人をいう。）**にあっては、清算人及び監事）の全員に対して**~~理事会~~ 読替 **清算人会に報告すべき事項を通知したときは、当該事項を**~~理事会~~ 読替 **清算人会へ報告することを要しない。**

通知すれば足りる
（同意は不要）

2 前項の規定は、~~第九十一条第二項~~ 政令読替 社会福祉法第四十六条の十七第九項の規定による報告については、適用しない。

法46条の17第9項＝清算人会に対する清算人の職務執行状況報告

（評議員による招集の請求）

第四十六条の十九 清算人会設置法人（監事設置清算法人を除く。）の評議員は、清算人が清算人会設置法人の目的の範囲外の行為その他法令若しくは定款に違反する行為をし、又はこれらの行為をするおそれがあると認めるときは、清算人会の招集を請求することができる。

29年法で新設

清算人会設置法人☞法46条の6第7項

2 前項の規定による請求は、清算人（前条第一項ただし書に規定する場合にあつては、招集権者）に対し、清算人会の目的である事項を示して行わなければならない。

3 前条第三項の規定は、第一項の規定による請求があつた場合について準用する。

4 第一項の規定による請求を行つた評議員は、当該請求に基づき招集され、又は前項において準用する前条第三項の規定により招集した清算人会に出席し、意見を述べることができる。

（議事録等）

第四十六条の二十 清算人会設置法人は、清算人会の日（第四十六条の十八第五項において準用する一般社団法人及び一般財団法人に関する法律第九十六条の規定により清算人会の決議があつたものとみなされた日を含む。）から十年間、同項において準用する同法第九十五条第三項の議事録又は第四十六条の十八第五項において準用する同法第九十六条の意思表示を記載し、若しくは記録した書面若しくは電磁的記録（以下この条において「議事録等」という。）をその主たる事務所に備え置かなければならない。

29年法で新設

清算人会設置法人☞法46条の6第7項

備置義務違反は過料20万円以下（法165条6号）

2 評議員は、清算法人の業務時間内は、いつでも、次に掲げる請求をすることができる。

一 議事録等が書面をもつて作成されているときは、当該書面の閲覧又は謄写の請求

二 議事録等が電磁的記録をもつて作成されているときは、当該電磁的記録に記録された事項を厚生労働省令で定める方法により表示したものの閲覧又は謄写の請求

正当理由のない閲覧・謄写拒否は過料20万円以下（法165条3号）

規則2条の3☞法34条の2

3 債権者は、清算人又は監事の責任を追及するため必要があるときは、裁判所の許可を得て、議事録等について前項各号に掲げる請求をすることができる。

正当理由のない閲覧・謄写拒否は過料20万円以下(法165条3号)

4 裁判所は、前項の請求に係る閲覧又は謄写をすることにより、当該清算人会設置法人に著しい損害を及ぼすおそれがあると認めるときは、同項の許可をすることができない。

（理事等に関する規定の適用）

第四十六条の二十一 清算法人については、第三十一条第五項、第四十条第二項、第四十三条第三項、第四十四条第二項、第三節第三款（第四十五条の十二を除く。）及び同節第五款の規定中理事又は理事会に関する規定は、それぞれ清算人又は清算人会に関する規定として清算人又は清算人会に適用があるものとする。この場合において、第四十三条第三項中「第七十二条、第七十三条第一項」とあるのは「第七十二条」と、「同法第七十二条及び第七十三条第一項中「社員総会」とあるのは「評議員会」と、同項中「監事が」とあるのは「監事の過半数をもって」と、同法第七十四条」とあるのは「これらの規定」と、「「評議員会」と読み替える」とあるのは「、「評議員会」と読み替える」と、第四十五条の九第十項中「第百八十一条第一項第三号及び」とあるのは「第百八十一条第一項中「理事会の決議によって」とあるのは「清算人は」と、「定めなければならない」とあるのは「定めなければならない。ただし、清算人会設置法人（社会福祉法（昭和二十六年法律第四十五号）第四十六条の六第七項に規定する清

29年法で新設

算人会設置法人をいう。）においては、当該事項の決定は、清算人会の決議によらなければならない」と、同項第三号及び同法」と、「とあるのは、」とあるのは「とあるのは」と、第四十五条の十八第三項中「第百四条第一項、第百五条」とあるのは「第百五条」とするほか、必要な技術的読替えは、政令で定める。

施行令
（清算人又は清算人会に関する読替え）
第十三条の十七　法第四十六条の二十一の規定により清算人又は清算人会について法第四十五条の十八第三項の規定を適用する場合においては、同項中「第百二条」とあるのは「第百条中「理事会設置一般社団法人」とあるのは「清算人会設置法人（社会福祉法（昭和二十六年法律第四十五号）第四十六条の六第七項に規定する清算人会設置法人をいう。）」と、同法第百一条第二項中「第九十三条第一項ただし書」とあるのは「社会福祉法第四十六条の十八第一項ただし書」と、「招集権者」とあるのは「同項ただし書の規定により定められた清算人」と、同法第百二条」と、「第百五条中」とあるのは「第百三条第一項中「監事設置一般社団法人の」とあるのは「監事設置清算法人（社会福祉法第四十六条の十一第六項に規定する監事設置清算法人をいう。以下この項及び第百六条において同じ。）の」と、「監事設置一般社団法人に」とあるのは「監事設置清算法人に」と、同法第百五条中」と、「読み替えるものとするほか、必要な技術的読替えは、政令で定める」とあるのは「、同法第百六条中「監事設置一般社団法人」とあるのは「監事設置清算法人」と読み替えるものとする」とする。　29年法に伴い新設

第三目　財産目録等

「第三目」の区分は29年法で新設

（財産目録等の作成等）
第四十六条の二十二　清算人（清算人会設置法人にあつては、第四十六条の十七第七項各号に掲げる清算人）は、その就任後遅滞なく、清算法人の財産の現況を調査し、厚生労働省令で定めるところにより、第四十六条の三各号に掲げる場合に該当することとなつた日における財産目録及び貸借対照表（以下この条及び次条において「財産目録等」という。）を作成しなければならない。　29年法で新設　清算人会設置法人＝法46条の6第7項　規則5条の5・6

2　清算人会設置法人においては、財産目録等は、清算人会の承認を受けなければならない。

3　清算人は、財産目録等（前項の規定の適用がある場合にあつては、同項の承認を受けたもの）を評議員会に提出し、又は提供し、その承認を受けなければならない。

4　清算法人は、財産目録等を作成した時からその主たる事務所の所在地における清算結了の登記の時までの間、当該財産目録等を保存しなければならない。

施行規則
（清算開始時の財産目録）
第五条の五　法第四十六条の二十二第一項の規定による財産目録の作成については、この条の定めるところによる。　29年法に伴い新設

2　前項の財産目録に計上すべき財産については、その処分価格を付すことが困難な場合を除き、法第四十六条の三各号に掲げる場合に該当することとなつた日における処分価格を付さなければならない。この場合において、清算法人の会計帳簿については、財産目録に付された価格を取得価額とみなす。

3　第一項の財産目録は、次に掲げる部に区分して表示しなければならない。この場合において、第一号及び第二号に掲げる部は、その内容を示す適当な名称を付した項目に細分することができる。

一　資産
二　負債
三　正味資産

施行規則
（清算開始時の貸借対照表）
第五条の六　法第四十六条の二十二第一項の規定による貸借対照表の作成につ　29年法に伴い新設

いては、この条の定めるところによる。
2　前項の貸借対照表は、法第四十六条の二十二第一項の財産目録に基づき作成しなければならない。
3　第一項の貸借対照表は、次に掲げる部に区分して表示しなければならない。この場合において、第三号に掲げる部については、純資産を示す適当な名称を付すことができる。
一　資産
二　負債
三　純資産
4　前項各号に掲げる部は、適当な項目に細分することができる。この場合において、当該各項目については、資産、負債又は純資産を示す適当な名称を付さなければならない。
5　処分価格を付すことが困難な資産がある場合には、第一項の貸借対照表には、当該資産に係る財産評価の方針を注記しなければならない。

（財産目録等の提出命令）

第四十六条の二十三　裁判所は、申立てにより又は職権で、訴訟の当事者に対し、財産目録等の全部又は一部の提出を命ずることができる。

29年法で新設
提出命令☞法45条の16に付記〈編者注〉

（貸借対照表等の作成及び保存）

第四十六条の二十四　清算法人は、厚生労働省令で定めるところにより、各清算事務年度（第四十六条の三各号に掲げる場合に該当することとなつた日の翌日又はその後毎年その日に応当する日（応当する日がない場合にあつては、その前日）から始まる各一年の期間をいう。）に係る貸借対照表及び事務報告並びにこれらの附属明細書を作成しなければならない。

29年法で新設
規則5条の7・8
事務年度は社会福祉法人の年度と異なる
無記載・虚偽記載等は過料20万円以下（法165条5号）

2　前項の貸借対照表及び事務報告並びにこれらの附属明細書は、電磁的記録をもつて作成することができる。
3　清算法人は、第一項の貸借対照表を作成した時からその主たる事務所の所在地における清算結了の登記の時までの間、当該貸借対照表及びその附属明細書を保存しなければならない。

施行規則
（各清算事務年度に係る貸借対照表）

第五条の七　法第四十六条の二十四第一項に規定する貸借対照表は、各清算事務年度（同項に規定する各清算事務年度をいう。第五条の九第二項において同じ。）に係る会計帳簿に基づき作成しなければならない。

29年法に伴い新設

2　前条第三項及び第四項の規定は、前項の貸借対照表について準用する。
3　法第四十六条の二十四第一項に規定する貸借対照表の附属明細書は、貸借対照表の内容を補足する重要な事項をその内容としなければならない。

施行規則
（各清算事務年度に係る事務報告）

第五条の八　法第四十六条の二十四第一項に規定する事務報告は、清算に関する事務の執行の状況に係る重要な事項をその内容としなければならない。

29年法に伴い新設

2　法第四十六条の二十四第一項に規定する事務報告の附属明細書は、事務報告の内容を補足する重要な事項をその内容としなければならない。

（貸借対照表等の監査等）

第四十六条の二十五　監事設置清算法人においては、前条第一項の貸借対照表及び事務報告並びにこれらの附属明細書は、厚生労働省令で定めるところにより、監事の監査を受けなければならない。

29年法で新設
規則5条の9

2　清算人会設置法人においては、前条第一項の貸借対照表及び事務報告並びにこれらの附属明細書（前項の規定の適用がある場合にあつては、同項の監査を受けたもの）は、清算人会の承認を受けなければならない。

清算人会設置法人☞法46条の6第7項

施行規則
（清算法人の監査報告）

第五条の九　法第四十六条の二十五第一項の規定による監査については、この

29年法に伴い新設

条の定めるところによる。
2　清算法人の監事は、各清算事務年度に係る貸借対照表及び事務報告並びにこれらの附属明細書を受領したときは、次に掲げる事項を内容とする監査報告を作成しなければならない。
一　監事の監査の方法及びその内容
二　各清算事務年度に係る貸借対照表及びその附属明細書が当該清算法人の財産の状況を全ての重要な点において適正に表示しているかどうかについての意見
三　各清算事務年度に係る事務報告及びその附属明細書が法令又は定款に従い当該清算法人の状況を正しく示しているかどうかについての意見
四　清算人の職務の遂行に関し、不正の行為又は法令若しくは定款に違反する重大な事実があつたときは、その事実
五　監査のため必要な調査ができなかつたときは、その旨及びその理由
六　監査報告を作成した日
3　特定監事は、第五条の七第一項の貸借対照表及び前条第一項の事務報告の全部を受領した日から四週間を経過した日（特定清算人（次の各号に掲げる場合の区分に応じ、当該各号に定める者をいう。以下この条において同じ。）及び特定監事の間で合意した日がある場合にあつては、当該日）までに、特定清算人に対して、監査報告の内容を通知しなければならない。
一　この項の規定による通知を受ける清算人を定めた場合　当該通知を受ける清算人として定められた清算人
二　前号に掲げる場合以外の場合　第五条の七第一項の貸借対照表及び前条第一項の事務報告並びにこれらの附属明細書の作成に関する職務を行つた清算人
4　第五条の七第一項の貸借対照表及び前条第一項の事務報告並びにこれらの附属明細書については、特定清算人が前項の規定による監査報告の内容の通知を受けた日に、監事の監査を受けたものとする。
5　前項の規定にかかわらず、特定監事が第三項の規定により通知をすべき日までに同項の規定による監査報告の内容の通知をしない場合には、当該通知をすべき日に、第五条の七第一項の貸借対照表及び前条第一項の事務報告並びにこれらの附属明細書については、監事の監査を受けたものとみなす。
6　第三項及び前項に規定する「特定監事」とは、次の各号に掲げる場合の区分に応じ、当該各号に定める者とする。
一　二人以上の監事が存する場合において、第三項の規定による監査報告の内容の通知をすべき監事を定めたとき　当該通知をすべき監事として定められた監事
二　二人以上の監事が存する場合において、第三項の規定による監査報告の内容の通知をすべき監事を定めていないとき　全ての監事
三　前二号に掲げる場合以外の場合　監事

（貸借対照表等の備置き及び閲覧等）

第四十六条の二十六　清算法人は、第四十六条の二十四第一項に規定する各清算事務年度に係る貸借対照表及び事務報告並びにこれらの附属明細書（前条第一項の規定の適用がある場合にあつては、監査報告を含む。以下この条において「貸借対照表等」という。）を、定時評議員会の日の一週間前の日（第四十五条の九第十項において準用する一般社団法人及び一般財団法人に関する法律第百九十四条第一項の場合にあつては、同項の提案があつた日）からその主たる事務所の所在地における清算結了の登記の時までの間、その主たる事務所に備え置かなければならない。

29年法で新設

2　評議員及び債権者は、清算法人の業務時間内は、いつでも、次に掲げる請求をすることができる。ただし、債権者が第二号又は第四号に掲げる請求をするには、当該清算法人の定めた費用を支払わなければならない。
一　貸借対照表等が書面をもつて作成されているときは、当該書面の閲覧の請求
二　前号の書面の謄本又は抄本の交付の請求
三　貸借対照表等が電磁的記録をもつて作成されているときは、当該電磁的記録に記録された事項を厚生労働省令で定める方法により表示したものの閲覧の請求

備置義務違反は過料20万円以下(法165条6号)

正当理由のない閲覧・交付拒否は過料20万円以下(法165条3号)

規則2条の3
☞法34条の2

第四十六条の二十三 ～ 第四十六条の二十六

四 前号の電磁的記録に記録された事項を電磁的方法であつて清算法人の定めたものにより提供することの請求又はその事項を記載した書面の交付の請求

（貸借対照表等の提出等）

第四十六条の二十七 次の各号に掲げる清算法人においては、清算人は、当該各号に定める貸借対照表及び事務報告を定時評議員会に提出し、又は提供しなければならない。 29年法で新設

一 監事設置清算法人（清算人会設置法人を除く。） 第四十六条の二十五第一項の監査を受けた貸借対照表及び事務報告

二 清算人会設置法人 第四十六条の二十五第二項の承認を受けた貸借対照表及び事務報告 清算人会設置法人☞法46条の6第7項

三 前二号に掲げるもの以外の清算法人 第四十六条の二十四第一項の貸借対照表及び事務報告

2 前項の規定により提出され、又は提供された貸借対照表は、定時評議員会の承認を受けなければならない。

3 清算人は、第一項の規定により提出され、又は提供された事務報告の内容を定時評議員会に報告しなければならない。

（貸借対照表等の提出命令）

第四十六条の二十八 裁判所は、申立てにより又は職権で、訴訟の当事者に対し、第四十六条の二十四第一項の貸借対照表及びその附属明細書の全部又は一部の提出を命ずることができる。 29年法で新設 提出命令☞法45条の16付記<編者注>

（適用除外）

第四十六条の二十九 第四節第三款（第四十五条の二十七第四項及び第四十五条の三十二から第四十五条の三十四までを除く。）の規定は、清算法人については、適用しない。 29年法で新設

第四目 債務の弁済等 「第四目」の区分は29年法で新設

（債権者に対する公告等）

第四十六条の三十 清算法人は、第四十六条の三各号に掲げる場合に該当することとなつた後、遅滞なく、当該清算法人の債権者に対し、一定の期間内にその債権を申し出るべき旨を官報に公告し、かつ、判明している債権者には、各別にこれを催告しなければならない。ただし、当該期間は、二月を下ることができない。 29年法で新設 旧法46条の9 公告懈怠等は過料20万円以下(法165条2号) 清算結了遅延目的で期間を不当に定めたとき過料20万円以下(法165条8号)

2 前項の規定による公告には、当該債権者が当該期間内に申出をしないときは清算から除斥される旨を付記しなければならない。

（債務の弁済の制限）

第四十六条の三十一 清算法人は、前条第一項の期間内は、債務の弁済をすることができない。この場合において、清算法人は、その債務の不履行によつて生じた責任を免れることができない。 29年法で新設 債務弁済制限違反は過料20万円以下(法165条9号)

2 前項の規定にかかわらず、清算法人は、前条第一項の期間内であつても、裁判所の許可を得て、少額の債権、清算法人の財産につき存する担保権によつて担保される債権その他これを弁済しても他の債権者を害するおそれがない債権に係る債務について、その弁済をすることができる。この場合において、当該許可の申立ては、清算人が二人以上あるときは、その全員の同意によつてしなければならない。

（条件付債権等に係る債務の弁済）

第四十六条の三十二 清算法人は、条件付債権、存続期間が不確定な債権その他その額が不確定な債権に係る債務を弁済することができる。この場合においては、これらの債権を評価させるため、裁判所に対し、鑑定人の選任の申立てを 29年法で新設

しなければならない。

2　前項の場合には、清算法人は、同項の鑑定人の評価に従い同項の債権に係る債務を弁済しなければならない。

3　第一項の鑑定人の選任の手続に関する費用は、清算法人の負担とする。当該鑑定人による鑑定のための呼出し及び質問に関する費用についても、同様とする。

（債務の弁済前における残余財産の引渡しの制限）

第四十六条の三十三　清算法人は、当該清算法人の債務を弁済した後でなければ、その財産の引渡しをすることができない。ただし、その存否又は額について争いのある債権に係る債務についてその弁済をするために必要と認められる財産を留保した場合は、この限りでない。

29年法で新設
債務弁済前の財産引渡は過料20万円以下(法165条10号)

（清算からの除斥）

第四十六条の三十四　清算法人の債権者（判明している債権者を除く。）であつて第四十六条の三十第一項の期間内にその債権の申出をしなかつたものは、清算から除斥される。

29年法で新設

2　前項の規定により清算から除斥された債権者は、引渡しがされていない残余財産に対してのみ、弁済を請求することができる。

旧法46条の10

第五目　残余財産の帰属

「第五目」の区分は29年法で新設

第四十七条　解散した社会福祉法人の残余財産は、合併（合併により当該社会福祉法人が消滅する場合に限る。）及び破産手続開始の決定による解散の場合を除くほか、所轄庁に対する清算結了の届出の時において、定款の定めるところにより、その帰属すべき者に帰属する。

旧法47条　29年法で一部手直し
租税特別措置法40条の適用を受ける場合、残余財産の帰属に制限がある

2　前項の規定により処分されない財産は、国庫に帰属する。

2項：旧法のまま

第六目　清算事務の終了等

「第六目」の区分は29年法で新設

（清算事務の終了等）

第四十七条の二　清算法人は、清算事務が終了したときは、遅滞なく、厚生労働省令で定めるところにより、決算報告を作成しなければならない。

29年法で新設
規則5条の10

2　清算人会設置法人においては、決算報告は、清算人会の承認を受けなければならない。

清算人会設置法人☞法46条の6第7項

3　清算人は、決算報告（前項の規定の適用がある場合にあつては、同項の承認を受けたもの）を評議員会に提出し、又は提供し、その承認を受けなければならない。

決算報告の無記載・虚偽記載等は過料20万円以下(法165条5号)

4　前項の承認があつたときは、任務を怠つたことによる清算人の損害賠償の責任は、免除されたものとみなす。ただし、清算人の職務の執行に関し不正の行為があつたときは、この限りでない。

> **施行規則**
>
> **（決算報告）**
>
> **第五条の十**　第四十七条の二第一項の規定により作成すべき決算報告は、次に掲げる事項を内容とするものでなければならない。この場合において、第一号及び第二号に掲げる事項については、適切な項目に細分することができる。
>
> 一　債権の取立て、資産の処分その他の行為によつて得た収入の額
>
> 二　債務の弁済、清算に係る費用の支払その他の行為による費用の額
>
> 三　残余財産の額（支払税額がある場合には、その税額及び当該税額を控除した後の財産の額）
>
> 2　前項第三号に掲げる事項については、残余財産の引渡しを完了した日を注記しなければならない。

29年法に伴い新設

（帳簿資料の保存）

第四十七条の三　清算人（清算人会設置法人にあつては、第四十六条の十七第七項各号に掲げる清算人）は、清算法人の主たる事務所の所在地における清算結

29年法で新設
清算人会設置法人

了の登記の時から十年間、清算法人の帳簿並びにその事業及び清算に関する重要な資料（以下この条において「帳簿資料」という。）を保存しなければならない。

☞法46条の6第7項

2　裁判所は、利害関係人の申立てにより、前項の清算人に代わつて帳簿資料を保存する者を選任することができる。この場合においては、同項の規定は、適用しない。

3　前項の規定により選任された者は、清算法人の主たる事務所の所在地における清算結了の登記の時から十年間、帳簿資料を保存しなければならない。

4　第二項の規定による選任の手続に関する費用は、清算法人の負担とする。

（裁判所による監督）

第四十七条の四　社会福祉法人の解散及び清算は、裁判所の監督に属する。

旧法47条の2

2　裁判所は、職権で、いつでも前項の監督に必要な検査をすることができる。

3　社会福祉法人の解散及び清算を監督する裁判所は、社会福祉法人の業務を監督する官庁に対し、意見を求め、又は調査を嘱託することができる。

4　前項に規定する官庁は、同項に規定する裁判所に対し、意見を述べることができる。

（清算結了の届出）

第四十七条の五　清算が結了したときは、清算人は、その旨を所轄庁に届け出なければならない。

旧法47条の3
法47条の5は都道府県と市の第1号法定受託事務（法151条）

（検査役の選任）

第四十七条の六　裁判所は、社会福祉法人の解散及び清算の監督に必要な調査をさせるため、検査役を選任することができる。

旧法47条の8

2　第四十六条の十三の規定は、前項の規定により裁判所が検査役を選任した場合について準用する。この場合において、同条中「清算人及び監事」とあるのは、「社会福祉法人及び検査役」と読み替えるものとする。

（準用規定）

第四十七条の七　一般社団法人及び一般財団法人に関する法律第二百八十七条第一項、第二百八十八条、第二百八十九条（第一号、第二号及び第四号に係る部分に限る。）、第二百九十条、第二百九十一条（第二号に係る部分に限る。）、第二百九十二条、第二百九十三条（第一号及び第四号に係る部分に限る。）、第二百九十四条及び第二百九十五条の規定は、社会福祉法人の解散及び清算について準用する。この場合において、必要な技術的読替えは、政令で定める。

29年法で新設
解散及び清算についての準用

施行令
（社会福祉法人の解散及び清算に関する読替え）

第十三条の十八　法第四十七条の七において社会福祉法人の解散及び清算について一般社団法人及び一般財団法人に関する法律第二百八十九条第二号及び第二百九十三条第一号の規定を準用する場合においては、同法第二百八十九条第二号中「第七十五条第二項（第百七十七条において準用する場合を含む。）、第七十九条第二項（第百九十七条において準用する場合を含む。）若しくは第百七十五条第二項の規定により選任された一時理事、監事、代表理事若しくは評議員の職務を行うべき者、清算人、第二百十条第四項」とあるのは「清算人、社会福祉法（昭和二十六年法律第四十五号）第四十六条の七第三項」と、「若しくは第二百十四条第七項において準用する第七十九条第二項の規定」とあるのは「の規定」と、「代表清算人」とあるのは「監事の職務を行うべき者、同法第四十六条の七第三項において準用する第百七十五条第二項の規定により選任された一時評議員の職務を行うべき者、同法第四十六条の十一第七項において準用する第七十九条第二項の規定により選任された一時代表清算人」と、「、検査役又は第二百六十二条第二項の管理人」とあるのは「又は検査役」と、同法第二百九十三条第一号中「第二百八十九条第二号に規定する一時理事、監事、代表理事若しくは評議員の職務を行うべき者、清算人」とあるのは「清算人」と、「同号」とあるのは「社会福祉法第四十七条の七において準用する第二百八十九条第二号」と、「若しくは代表清算

29年法に伴い新設

人」とあるのは「、監事、評議員若しくは代表清算人」と、「第二百三十五条第一項」とあるのは「同法第四十六条の三十二第一項」と、「第二百四十一条第二項」とあるのは「同法第四十七条の三第二項」と読み替えるものとする。

社会福祉法人の解散及び清算について準用する一般法

（非訟事件の管轄）

一般法第二百八十七条　この法律の規定による非訟事件（次項に規定する事件を除く。）は、~~一般社団法人等~~ [読替] 社会福祉法人の主たる事務所の所在地を管轄する地方裁判所の管轄に属する。

2 【準用対象外】

（疎明）

一般法第二百八十八条　この法律の規定による許可の申立てをする場合には、その原因となる事実を疎明しなければならない。

（陳述の聴取）

一般法第二百八十九条　裁判所は、この法律の規定による非訟事件についての裁判のうち、次の各号に掲げる裁判をする場合には、当該各号に定める者の陳述を聴かなければならない。ただし、不適法又は理由がないことが明らかであるとして申立てを却下する裁判をするときは、この限りでない。

一　この法律の規定により~~一般社団法人等~~ [読替] 社会福祉法人が作成し、又は備え置いた書面又は電磁的記録についての閲覧又は謄写の許可の申立てについての裁判　当該~~一般社団法人等~~ [読替] 社会福祉法人

二　~~第七十五条第二項（第百七十七条において準用する場合を含む。）、第七十九条第二項（第百九十七条において準用する場合を含む。）若しくは第百七十五条第二項の規定により選任された一時理事、監事、代表理事若しくは評議員の職務を行うべき者、清算人、第二百十条第四項~~ [政令読替] 清算人、社会福祉法（昭和二十六年法律第四十五号）第四十六条の七第三項において準用する第七十五条第二項~~若しくは第二百十四条第七項において準用する第七十九条第二項の規定~~ [政令読替] の規定により選任された一時清算人若しくは~~代表清算人~~ [政令読替] 監事の職務を行うべき者、同法第四十六条の七第三項において準用する第百七十五条第二項の規定により選任された一時評議員の職務を行うべき者、同法第四十六条の十一第七項において準用する第七十九条第二項の規定により選任された一時代表清算人の職務を行うべき者~~、検査役又は第二百六十二条第二項の管理人~~ [政令読替] 又は検査役の報酬の額の決定　当該~~一般社団法人等~~ [読替] 社会福祉法人（報酬を受ける者が監事を置く~~一般社団法人等~~ [読替] 社会福祉法人を代表する者である場合において、他に当該~~一般社団法人等~~ [読替] 社会福祉法人を代表する者が存しないときは、監事）及び報酬を受ける者

清算法人では監事は必置機関ではない（法46条の5）

三　【準用対象外】

四　清算人の解任についての裁判　当該清算人

五～六【準用対象外】

（理由の付記）

一般法第二百九十条　この法律の規定による非訟事件についての裁判には、理由を付さなければならない。ただし、次に掲げる裁判については、この限りでない。

旧法47条の4

一　前条第二号に掲げる裁判

二　第二百九十三条各号に掲げる裁判

（即時抗告）

一般法第二百九十一条　次の各号に掲げる裁判に対しては、当該各号に定める者に限り、即時抗告をすることができる。

一　【準用対象外】

二　第二百八十九条各号に掲げる裁判　申立人及び当該各号に定める者（同条第二号及び第三号に掲げる裁判にあっては、当該各号に定める者）

（原裁判の執行停止）

一般法第二百九十二条　前条の即時抗告は、執行停止の効力を有する。ただし、第二百八十九条第二号から第四号までに掲げる裁判に対するものについては、この限りでない。

（不服申立ての制限）

一般法第二百九十三条　次に掲げる裁判に対しては、不服を申し立てることができない。

旧法47条の5

一　~~第二百八十九条第二号に規定する一時理事、監事、代表理事若しくは評議員の職務を行うべき者、清算人~~ 政令読替 **清算人**、代表清算人、~~同号~~ 政令読替 社会福祉法第四十七条の七において準用する**第二百八十九条第二号**に規定する一時清算人~~若しくは代表清算人~~ 政令読替 **、監事、評議員若しくは代表清算人**の職務を行うべき者、検査役、~~第二百三十五条第一項~~ 政令読替 **同法第四十六条の三十二第一項**の鑑定人又は~~第二百四十一条第二項~~ 政令読替 **同法第四十七条の三第二項**の帳簿資料の保存をする者の選任又は選定の裁判

左の読替後の「同法」は「社会福祉法」

二～三【準用対象外】

四　この法律の規定による許可の申立てを認容する裁判（第二百八十九条第一号に掲げる裁判を除く。）

（非訟事件手続法の規定の適用除外）

一般法第二百九十四条　この法律の規定による非訟事件については、非訟事件手続法（平成二十三年法律第五十一号）第四十条及び第五十七条第二項第二号の規定は、適用しない。

非訟事件手続40条
同57条☞法45条の15に付記する一般法294条に付記

（最高裁判所規則）

一般法第二百九十五条　この法律に定めるもののほか、この法律の規定による非訟事件の手続に関し必要な事項は、最高裁判所規則で定める。

第三款　合併

第一目　通則

「第三款 合併」の款は29年法で新設
「第一目」の区分は29年法で新設

第四十八条　社会福祉法人は、他の社会福祉法人と合併することができる。この場合においては、合併をする社会福祉法人は、合併契約を締結しなければならない。

前段は旧法のまま
29年法で後段を追加
「社会福祉法人の事業展開に係るガイドライン」（令和2年9月11日社援基発0911第2号）参照

第二目　吸収合併

「第二目」の区分は29年法で新設

（吸収合併契約）

第四十九条　社会福祉法人が吸収合併（社会福祉法人が他の社会福祉法人とする合併であつて、合併により消滅する社会福祉法人の権利義務の全部を合併後存続する社会福祉法人に承継させるものをいう。以下この目及び第百六十五条第十一号において同じ。）をする場合には、吸収合併契約において、吸収合併後存続する社会福祉法人（以下この目において「吸収合併存続社会福祉法人」という。）及び吸収合併により消滅する社会福祉法人（以下この目において「吸収合併消滅社会福祉法人」という。）の名称及び住所その他厚生労働省令で定める事項を定めなければならない。

実質29年法で新設
吸収合併の定義
令和2年法律第52号で一部改正
法165条は罰則規定

規則5条の11

> **施行規則**
> （吸収合併契約）
> **第五条の十一**　法第四十九条に規定する厚生労働省令で定める事項は、次のとおりとする。
> 一　吸収合併がその効力を生ずる日
> 二　吸収合併消滅社会福祉法人（法第四十九条に規定する吸収合併消滅社会福祉法人をいう。以下同じ。）の職員の処遇

29年法に伴い新設

（吸収合併の効力の発生等）

第五十条　社会福祉法人の吸収合併は、吸収合併存続社会福祉法人の主たる事務所の所在地において合併の登記をすることによつて、その効力を生ずる。

2　吸収合併存続社会福祉法人は、吸収合併の登記の日に、吸収合併消滅社会福祉法人の一切の権利義務（当該吸収合併消滅社会福祉法人がその行う事業に関し行政庁の認可その他の処分に基づいて有する権利義務を含む。）を承継する。

3　吸収合併は、所轄庁の認可を受けなければ、その効力を生じない。

4　第三十二条の規定は、前項の認可について準用する。

1項：旧法54条
効力発生日は登記の日
2項：旧法53条
3項：旧法49条2項
規則6条
法32条
＝設立時定款に係る所轄庁の認可手続

施行規則

（合併認可申請手続）

第六条　社会福祉法人は、法第五十条第三項又は法第五十四条の六第二項の規定により、吸収合併（法第四十九条に規定する吸収合併をいう。以下同じ。）又は新設合併（法第五十四条の五に規定する新設合併をいう。以下同じ。）の認可を受けようとするときは、吸収合併又は新設合併の理由を記載した申請書に次に掲げる書類を添付して所轄庁に提出しなければならない。

一　法第五十二条及び法第五十四条の二第一項又は法第五十四条の八の手続又は定款に定める手続を経たことを証明する書類

二　吸収合併存続社会福祉法人（法第四十九条に規定する吸収合併存続社会福祉法人をいう。以下同じ。）又は新設合併設立社会福祉法人（法第五十四条の五第二号に規定する新設合併設立社会福祉法人をいう。以下同じ。）の定款

三　吸収合併消滅社会福祉法人（法第四十九条に規定する吸収合併消滅社会福祉法人をいう。以下同じ。）又は新設合併消滅社会福祉法人（法第五十四条の五第一号に規定する新設合併消滅社会福祉法人をいう。以下同じ。）に係る次の書類

イ　財産目録及び貸借対照表

ロ　負債があるときは、その負債を証明する書類

四　吸収合併存続社会福祉法人又は新設合併設立社会福祉法人に係る次の書類

イ　財産目録

ロ　合併の日の属する会計年度及び次の会計年度における事業計画書及びこれに伴う収支予算書

ハ　評議員となるべき者及び役員となるべき者の履歴書及び就任承諾書（吸収合併存続社会福祉法人については、引き続き評議員となるべき者又は引き続き役員となるべき者の就任承諾書を除く。）

ニ　評議員となるべき者のうちに、他の各評議員となるべき者について、第二条の七第六号に規定する者（同号括弧書に規定する割合が三分の一を超えない場合に限る。）、同条第七号に規定する者（同号括弧書に規定する半数を超えない場合に限る。）又は同条第八号に規定する者（同号括弧書に規定する割合が三分の一を超えない場合に限る。）がいるときは、当該他の各評議員の氏名及び当該他の各評議員との関係を説明する事項を記載した書類

ホ　評議員となるべき者のうちに、他の各役員となるべき者について、第二条の八第六号に規定する者（同号括弧書に規定する割合が三分の一を超えない場合に限る。）又は同条第七号に規定する者（同号括弧書に規定する半数を超えない場合に限る。）がいるときは、当該他の各役員の氏名及び当該他の各役員との関係を説明する事項を記載した書類

ヘ　理事となるべき者のうちに、他の各理事となるべき者について、第二条の十各号に規定する者（第六号又は第七号に規定する者については、これらの号に規定する割合が三分の一を超えない場合に限る。）がいるときは、当該他の各理事の氏名及び当該他の各理事との関係を説明する事項を記載した書類

ト　監事となるべき者のうちに、他の各役員となるべき者について、第二条の十一第六号に規定する者（同号括弧書に規定する割合が三分の一を超えない場合に限る。）、同条第七号に規定する者（同号括弧書に規定する割合が三分の一を超えない場合に限る。）、同条第八号に規定する者（同号括弧書に規定する半数を超えない場合に限る。）又は同条第九号に規定する者（同号括弧書に規定する割合が三分の一を超えない場合

29年法に伴い改正
法54条の6第2項
＝新設合併の所轄庁の認可
所轄庁の定義
＝法30条
法52条・法54条の2第1項・法54条の8
＝評議員会の合併承認の特別決議

規則2条の7
＝評議員の特殊関係者　☞法40条

規則2条の8
＝評議員の特殊関係者　☞法40条

規則2条の10
＝理事の特殊関係者　☞法44条

規則2条の11
＝監事の特殊関係者　☞法44条

に限る。）がいるときは、当該他の各役員の氏名及び当該他の各役員との関係を説明する事項を記載した書類

2　第二条第三項及び第五項の規定は、前項の場合に準用する。

規則2条☞法31条

（吸収合併契約に関する書面等の備置き及び閲覧等）

第五十一条　吸収合併消滅社会福祉法人は、次条の評議員会の日の二週間前の日（第四十五条の九第十項において準用する一般社団法人及び一般財団法人に関する法律第百九十四条第一項の場合にあつては、同項の提案があつた日）から吸収合併の登記の日までの間、吸収合併契約の内容その他厚生労働省令で定める事項を記載し、又は記録した書面又は電磁的記録をその主たる事務所に備え置かなければならない。

実質29年法で新設
一般法194条1項＝評議員会の決議の省略
規則6条の2
無記載・虚偽記載等及び備置義務違反は過料20万円以下（法165条5・6号）

2　吸収合併消滅社会福祉法人の評議員及び債権者は、吸収合併消滅社会福祉法人に対して、その業務時間内は、いつでも、次に掲げる請求をすることができる。ただし、債権者が第二号又は第四号に掲げる請求をするには、当該吸収合併消滅社会福祉法人の定めた費用を支払わなければならない。

正当理由のない閲覧・交付拒否は過料20万円以下(法165条3号)

一　前項の書面の閲覧の請求

二　前項の書面の謄本又は抄本の交付の請求

三　前項の電磁的記録に記録された事項を厚生労働省令で定める方法により表示したものの閲覧の請求

規則2条の3☞法34条の2

四　前項の電磁的記録に記録された事項を電磁的方法であつて吸収合併消滅社会福祉法人の定めたものにより提供することの請求又はその事項を記載した書面の交付の請求

施行規則

（吸収合併消滅社会福祉法人の事前開示事項）

第六条の二　法第五十一条第一項に規定する厚生労働省令で定める事項は、次のとおりとする。

29年法に伴い新設

一　吸収合併存続社会福祉法人（法第四十九条に規定する吸収合併存続社会福祉法人をいう。以下同じ。）の定款の定め

二　吸収合併存続社会福祉法人についての次に掲げる事項

イ　最終会計年度（各会計年度に係る法第四十五条の二十七第二項に規定する計算書類につき法第四十五条の三十第二項の承認（法第四十五条の三十一前段に規定する場合にあつては、法第四十五条の二十八第三項の承認）を受けた場合における当該各会計年度のうち最も遅いものをいう。以下同じ。）に係る監査報告等（各会計年度に係る計算書類、事業報告及び監査報告（法第四十五条の二十八第二項の規定の適用がある場合にあつては、会計監査報告を含む。）をいう。以下同じ。）の内容（最終会計年度がない場合にあつては、吸収合併存続社会福祉法人の成立の日における貸借対照表の内容）

最終会計年度の定義
法45条の30第2項＝計算書類の評議員会による承認

ロ　最終会計年度の末日（最終会計年度がない場合にあつては、吸収合併存続社会福祉法人の成立の日）後に重要な財産の処分、重大な債務の負担その他の法人財産（社会福祉法人の財産をいう。以下同じ。）の状況に重要な影響を与える事象が生じたときは、その内容（法第五十二条の評議員会の日の二週間前の日（法第四十五条の九第十項において準用する一般社団法人及び一般財団法人に関する法律第百九十四条第一項の場合にあつては、同項の提案があつた日。以下同じ。）後吸収合併の登記の日までの間に新たな最終会計年度が存することとなる場合にあつては、当該新たな最終会計年度の末日後に生じた事象の内容に限る。）

存続法人に係る後発事象

三　吸収合併消滅社会福祉法人（清算法人を除く。以下この号において同じ。）についての次に掲げる事項

イ　吸収合併消滅社会福祉法人において最終会計年度の末日（最終会計年度がない場合にあつては、吸収合併消滅社会福祉法人の成立の日）後に重要な財産の処分、重大な債務の負担その他の法人財産の状況に重要な影響を与える事象が生じたときは、その内容（法第五十二条の評議員会の日の二週間前の日後吸収合併の登記の日までの間に新たな最終会計年度が存することとなる場合にあつては、当該新たな最終会計年度の末

消滅法人に係る後発事象

日後に生じた事象の内容に限る。）
ロ 吸収合併消滅社会福祉法人において最終会計年度がないときは、吸収合併消滅社会福祉法人の成立の日における貸借対照表
四 吸収合併の登記の日以後における吸収合併存続社会福祉法人の債務（法第五十三条第一項第四号の規定により吸収合併について異議を述べることができる債権者に対して負担する債務に限る。）の履行の見込みに関する事項
五 法第五十二条の評議員会の日の二週間前の日後、前各号に掲げる事項に変更が生じたときは、変更後の当該事項

債務の履行見込

（吸収合併契約の承認）

第五十二条 吸収合併消滅社会福祉法人は、評議員会の決議によつて、吸収合併契約の承認を受けなければならない。

旧法49条1項
合併契約承認は特別決議（法45条の9第7項5号）

（債権者の異議）

第五十三条 吸収合併消滅社会福祉法人は、第五十条第三項の認可があつたときは、次に掲げる事項を官報に公告し、かつ、判明している債権者には、各別にこれを催告しなければならない。ただし、第四号の期間は、二月を下ることができない。

旧法50条2項
公告懈怠等は過料20万円以下（法165条2号）

一 吸収合併をする旨
二 吸収合併存続社会福祉法人の名称及び住所
三 吸収合併消滅社会福祉法人及び吸収合併存続社会福祉法人の計算書類（第四十五条の二十七第二項に規定する計算書類をいう。以下この款において同じ。）に関する事項として厚生労働省令で定めるもの
四 債権者が一定の期間内に異議を述べることができる旨

旧法50条1項
施行規則6条の3

2 債権者が前項第四号の期間内に異議を述べなかつたときは、当該債権者は、当該吸収合併について承認をしたものとみなす。

旧法51条1項

3 債権者が第一項第四号の期間内に異議を述べたときは、吸収合併消滅社会福祉法人は、当該債権者に対し、弁済し、若しくは相当の担保を提供し、又は当該債権者に弁済を受けさせることを目的として信託会社等（信託会社及び信託業務を営む金融機関（金融機関の信託業務の兼営等に関する法律（昭和十八年法律第四十三号）第一条第一項の認可を受けた金融機関をいう。）をいう。以下同じ。）に相当の財産を信託しなければならない。ただし、当該吸収合併をしても当該債権者を害するおそれがないときは、この限りでない。

旧法51条2項
担保等提供義務違反の吸収合併は過料20万円以下（法165条11号）

施行規則
（計算書類に関する事項）
第六条の三 法第五十三条第一項第三号に規定する厚生労働省令で定めるものは、同項の規定による公告の日又は同項の規定による催告の日のいずれか早い日における次の各号に掲げる場合の区分に応じ、当該各号に定めるものとする。
一 公告対象法人（法第五十三条第一項第三号の吸収合併消滅社会福祉法人及び吸収合併存続社会福祉法人をいう。次号において同じ。）につき最終会計年度がない場合 その旨
二 公告対象法人が清算法人である場合 その旨
三 前二号に掲げる場合以外の場合 最終会計年度に係る貸借対照表の要旨の内容
2 前項第三号の貸借対照表の要旨に係る事項の金額は、百万円単位又は十億円単位をもつて表示するものとする。
3 前項の規定にかかわらず、社会福祉法人の財産の状態を的確に判断することができなくなるおそれがある場合には、第一項第三号の貸借対照表の要旨に係る事項の金額は、適切な単位をもつて表示しなければならない。

29年法に伴い新設

最終会計年度の定義は規則6条の2第2号イ ☞法51条

金融機関の信託業務の兼営等に関する法律（昭和十八年法律第四十三号）
（兼営の認可）
第一条 銀行その他の金融機関（政令で定めるものに限る。以下「金融機関」と

いう。）は、他の法律の規定にかかわらず、内閣総理大臣の認可を受けて、信託業法（平成十六年法律第百五十四号）第二条第一項に規定する信託業及び次に掲げる業務（政令で定めるものを除く。以下「信託業務」という。）を営むことができる。
一　信託業法第二条第八項に規定する信託契約代理業
二　信託受益権売買等業務（信託受益権の売買等（金融商品取引法（昭和二十三年法律第二十五号）第六十五条の五第一項に規定する信託受益権の売買等をいう。）を行う業務をいう。次条第三項及び第四項において同じ。）
三　財産の管理（受託する信託財産と同じ種類の財産について、次項の信託業務の種類及び方法に規定する信託財産の管理の方法と同じ方法により管理を行うものに限る。）
四　財産に関する遺言の執行
五　会計の検査
六　財産の取得、処分又は貸借に関する代理又は媒介
七　次に掲げる事項に関する代理事務
イ　第三号に掲げる財産の管理
ロ　財産の整理又は清算
ハ　債権の取立て
ニ　債務の履行
2【以下省略】

（吸収合併契約に関する書面等の備置き及び閲覧等）

第五十四条　吸収合併存続社会福祉法人は、次条第一項の評議員会の日の二週間前の日（第四十五条の九第十項において準用する一般社団法人及び一般財団法人に関する法律第百九十四条第一項の場合にあつては、同項の提案があつた日）から吸収合併の登記の日後六月を経過する日までの間、吸収合併契約の内容その他厚生労働省令で定める事項を記載し、又は記録した書面又は電磁的記録をその主たる事務所に備え置かなければならない。

実質29年法で新設
一般法194条1項＝評議員会の決議の省略
施行規則6条の4
無記載・虚偽記載等及び備置義務違反は過料20万円以下（法165条5・6号）

2　吸収合併存続社会福祉法人の評議員及び債権者は、吸収合併存続社会福祉法人に対して、その業務時間内は、いつでも、次に掲げる請求をすることができる。ただし、債権者が第二号又は第四号に掲げる請求をするには、当該吸収合併存続社会福祉法人の定めた費用を支払わなければならない。
一　前項の書面の閲覧の請求
二　前項の書面の謄本又は抄本の交付の請求
三　前項の電磁的記録に記録された事項を厚生労働省令で定める方法により表示したものの閲覧の請求
四　前項の電磁的記録に記録された事項を電磁的方法であつて吸収合併存続社会福祉法人の定めたものにより提供することの請求又はその事項を記載した書面の交付の請求

正当理由のない閲覧・交付拒否は過料20万円以下（法165条3号）
規則2条の3
☞法34条の2

施行規則
（吸収合併存続社会福祉法人の事前開示事項）
第六条の四　法第五十四条第一項に規定する厚生労働省令で定める事項は、次のとおりとする。
一　吸収合併消滅社会福祉法人（清算法人を除く。）についての次に掲げる事項
イ　最終会計年度に係る監査報告等の内容（最終会計年度がない場合にあつては、吸収合併消滅社会福祉法人の成立の日における貸借対照表の内容）
ロ　最終会計年度の末日（最終会計年度がない場合にあつては、吸収合併消滅社会福祉法人の成立の日）後に重要な財産の処分、重大な債務の負担その他の法人財産の状況に重要な影響を与える事象が生じたときは、その内容（法第五十四条の二第一項の評議員会の日の二週間前の日（法第四十五条の九第十項において準用する一般社団法人及び一般財団法人に関する法律第百九十四条第一項の場合にあつては、同項の提案があつた日。以下同じ。）後吸収合併の登記の日までの間に新たな最終会計年度が存することとなる場合にあつては、当該新たな最終会計年度の末

29年法に伴い新設
最終会計年度の定義は規則6条の2第2号イ　☞法51条
消滅法人に係る後発事象

日後に生じた事象の内容に限る。）

二　吸収合併消滅社会福祉法人（清算法人に限る。）が法第四十六条の二十二第一項の規定により作成した貸借対照表

三　吸収合併存続社会福祉法人についての次に掲げる事項

イ　吸収合併存続社会福祉法人において最終会計年度の末日（最終会計年度がない場合にあつては、吸収合併存続社会福祉法人の成立の日）後に重要な財産の処分、重大な債務の負担その他の法人財産の状況に重要な影響を与える事象が生じたときは、その内容（法第五十四条の二第一項の評議員会の日の二週間前の日後吸収合併の登記の日までの間に新たな最終会計年度が存することとなる場合にあつては、当該新たな最終会計年度の末日後に生じた事象の内容に限る。）

ロ　吸収合併存続社会福祉法人において最終会計年度がないときは、吸収合併存続社会福祉法人の成立の日における貸借対照表

四　吸収合併の登記の日以後における吸収合併存続社会福祉法人の債務（法第五十四条の三第一項第四号の規定により吸収合併について異議を述べることができる債権者に対して負担する債務に限る。）の履行の見込みに関する事項

五　法第五十四条の二第一項の評議員会の日の二週間前の日後吸収合併の登記の日までの間に、前各号に掲げる事項に変更が生じたときは、変更後の当該事項

存続法人に係る後発事象

債務の履行見込

（吸収合併契約の承認）

第五十四条の二　吸収合併存続社会福祉法人は、評議員会の決議によつて、吸収合併契約の承認を受けなければならない。

2　吸収合併存続社会福祉法人が承継する吸収合併消滅社会福祉法人の債務の額として厚生労働省令で定める額が吸収合併存続社会福祉法人が承継する吸収合併消滅社会福祉法人の資産の額として厚生労働省令で定める額を超える場合には、理事は、前項の評議員会において、その旨を説明しなければならない。

旧法49条1項

合併契約承認は特別決議(法45条の9第7項5号)

規則6条の5

施行規則

（資産の額等）

第六条の五　法第五十四条の二第二項に規定する債務の額として厚生労働省令で定める額は、第一号に掲げる額から第二号に掲げる額を減じて得た額とする。

一　吸収合併の直後に吸収合併存続社会福祉法人の貸借対照表の作成があつたものとする場合における当該貸借対照表の負債の部に計上すべき額

二　吸収合併の直前に吸収合併存続社会福祉法人の貸借対照表の作成があつたものとする場合における当該貸借対照表の負債の部に計上すべき額

2　法第五十四条の二第二項に規定する資産の額として厚生労働省令で定める額は、第一号に掲げる額から第二号に掲げる額を減じて得た額とする。

一　吸収合併の直後に吸収合併存続社会福祉法人の貸借対照表の作成があつたものとする場合における当該貸借対照表の資産の部に計上すべき額

二　吸収合併の直前に吸収合併存続社会福祉法人の貸借対照表の作成があつたものとする場合における当該貸借対照表の資産の部に計上すべき額

29年法に伴い新設
第1号は、合併によって存続法人において増加する負債
第2号は、合併によって存続法人において増加する資産
→法54条の2は、合併前に比して合併後に純資産が減る場合には理事は評議員会において説明を要すると読むことができる

（債権者の異議）

第五十四条の三　吸収合併存続社会福祉法人は、第五十条第三項の認可があつたときは、次に掲げる事項を官報に公告し、かつ、判明している債権者には、各別にこれを催告しなければならない。ただし、第四号の期間は、二月を下ることができない。

一　吸収合併をする旨

二　吸収合併消滅社会福祉法人の名称及び住所

三　吸収合併存続社会福祉法人及び吸収合併消滅社会福祉法人の計算書類に関する事項として厚生労働省令で定めるもの

四　債権者が一定の期間内に異議を述べることができる旨

2　債権者が前項第四号の期間内に異議を述べなかつたときは、当該債権者は、当該吸収合併について承認をしたものとみなす。

旧法50条2項

公告懈怠等は過料20万円以下(法165条2号)

規則6条の6

旧法51条1項

3　債権者が第一項第四号の期間内に異議を述べたときは、吸収合併存続社会福祉法人は、当該債権者に対し、弁済し、若しくは相当の担保を提供し、又は当該債権者に弁済を受けさせることを目的として信託会社等に相当の財産を信託しなければならない。ただし、当該吸収合併をしても当該債権者を害するおそれがないときは、この限りでない。

旧法51条2項

担保等提供義務違反の吸収合併は過料20万円以下(法165条11号)

> **施行規則**
> **（計算書類に関する事項）**
> **第六条の六**　法第五十四条の三第一項第三号に規定する厚生労働省令で定めるものは、同項の規定による公告の日又は同項の規定による催告の日のいずれか早い日における次の各号に掲げる場合の区分に応じ、当該各号に定めるものとする。
> 一　公告対象法人（法第五十四条の三第一項第三号の吸収合併存続社会福祉法人及び吸収合併消滅社会福祉法人をいう。次号において同じ。）につき最終会計年度がない場合　その旨
> 二　公告対象法人が清算法人である場合　その旨
> 三　前二号に掲げる場合以外の場合　最終会計年度に係る貸借対照表の要旨の内容
> 2　第六条の三第二項及び第三項の規定は、前項第三号の貸借対照表の要旨について準用する。

29年法に伴い新設

規則6条の3第2・3項は貸借対照表要旨金額単位に係る規定

（吸収合併に関する書面等の備置き及び閲覧等）

第五十四条の四　吸収合併存続社会福祉法人は、吸収合併の登記の日後遅滞なく、吸収合併により吸収合併存続社会福祉法人が承継した吸収合併消滅社会福祉法人の権利義務その他の吸収合併に関する事項として厚生労働省令で定める事項を記載し、又は記録した書面又は電磁的記録を作成しなければならない。

2　吸収合併存続社会福祉法人は、吸収合併の登記の日から六月間、前項の書面又は電磁的記録をその主たる事務所に備え置かなければならない。

3　吸収合併存続社会福祉法人の評議員及び債権者は、吸収合併存続社会福祉法人に対して、その業務時間内は、いつでも、次に掲げる請求をすることができる。ただし、債権者が第二号又は第四号に掲げる請求をするには、当該吸収合併存続社会福祉法人の定めた費用を支払わなければならない。

一　第一項の書面の閲覧の請求

二　第一項の書面の謄本又は抄本の交付の請求

三　第一項の電磁的記録に記録された事項を厚生労働省令で定める方法により表示したものの閲覧の請求

四　第一項の電磁的記録に記録された事項を電磁的方法であつて吸収合併存続社会福祉法人の定めたものにより提供することの請求又はその事項を記載した書面の交付の請求

29年法で新設

規則6条の7

1項の無記載・虚偽記載等は過料20万円以下(法165条5号)

2項の備置義務違反は過料20万円以下(法165条6号)

3項の正当理由のない閲覧・交付拒否は過料20万円以下(法165条3号)

規則2条の3

☞法34条の2

> **施行規則**
> **（吸収合併存続社会福祉法人の事後開示事項）**
> **第六条の七**　法第五十四条の四第一項に規定する厚生労働省令で定める事項は、次のとおりとする。
> 一　吸収合併の登記の日
> 二　吸収合併消滅社会福祉法人における法第五十三条の規定による手続の経過
> 三　吸収合併存続社会福祉法人における法第五十四条の三の規定による手続の経過
> 四　吸収合併により吸収合併存続社会福祉法人が吸収合併消滅社会福祉法人から承継した重要な権利義務に関する事項
> 五　法第五十一条第一項の規定により吸収合併消滅社会福祉法人が備え置いた書面又は電磁的記録に記載又は記録がされた事項（吸収合併契約の内容を除く。）
> 六　前各号に掲げるもののほか、吸収合併に関する重要な事項

29年法に伴い新設

第三目　新設合併

「第三目」の区分は29年法で新設

（新設合併契約）

第五十四条の五　二以上の社会福祉法人が新設合併（二以上の社会福祉法人がする合併であつて、合併により消滅する社会福祉法人の権利義務の全部を合併により設立する社会福祉法人に承継させるものをいう。以下この目及び第百六十五条第十一号において同じ。）をする場合には、新設合併契約において、次に掲げる事項を定めなければならない。

29年法で新設
令和2年法律第52号で一部改正
第165条は罰則規定

一　新設合併により消滅する社会福祉法人（以下この目において「新設合併消滅社会福祉法人」という。）の名称及び住所
二　新設合併により設立する社会福祉法人（以下この目において「新設合併設立社会福祉法人」という。）の目的、名称及び主たる事務所の所在地
三　前号に掲げるもののほか、新設合併設立社会福祉法人の定款で定める事項
四　前三号に掲げる事項のほか、厚生労働省令で定める事項

規則6条の8

> 施行規則
> （新設合併契約）
> **第六条の八**　法第五十四条の五第四号に規定する厚生労働省令で定める事項は、次のとおりとする。
> 一　新設合併がその効力を生ずる日
> 二　新設合併消滅社会福祉法人の職員の処遇

29年法に伴い新設

（新設合併の効力の発生等）

第五十四条の六　新設合併設立社会福祉法人は、その成立の日に、新設合併消滅社会福祉法人の一切の権利義務（当該新設合併消滅社会福祉法人がその行う事業に関し行政庁の認可その他の処分に基づいて有する権利義務を含む。）を承継する。

1項：旧法53条

2　新設合併は、所轄庁の認可を受けなければ、その効力を生じない。
3　第三十二条の規定は、前項の認可について準用する。

2項：旧法49条2項
認可→規則6条
☞法50条
法32条
＝認可の審査

（新設合併契約に関する書面等の備置き及び閲覧等）

第五十四条の七　新設合併消滅社会福祉法人は、次条の評議員会の日の二週間前の日（第四十五条の九第十項において準用する一般社団法人及び一般財団法人に関する法律第百九十四条第一項の場合にあつては、同項の提案があつた日）から新設合併設立社会福祉法人の成立の日までの間、新設合併契約の内容その他厚生労働省令で定める事項を記載し、又は記録した書面又は電磁的記録をその主たる事務所に備え置かなければならない。

29年法で新設

一般法194条1項
＝評議員会決議の省略
規則6条の9☞
無記載・虚偽記載等及び備置義務違反は過料20万円以下（法165条5・6号）

2　新設合併消滅社会福祉法人の評議員及び債権者は、新設合併消滅社会福祉法人に対して、その業務時間内は、いつでも、次に掲げる請求をすることができる。ただし、債権者が第二号又は第四号に掲げる請求をするには、当該新設合併消滅社会福祉法人の定めた費用を支払わなければならない。

正当理由のない閲覧・交付拒否は過料20万円以下（法165条3号）

一　前項の書面の閲覧の請求
二　前項の書面の謄本又は抄本の交付の請求
三　前項の電磁的記録に記録された事項を厚生労働省令で定める方法により表示したものの閲覧の請求
四　前項の電磁的記録に記録された事項を電磁的方法であつて新設合併消滅社会福祉法人の定めたものにより提供することの請求又はその事項を記載した書面の交付の請求

規則2条の3
☞法34条の2

> 施行規則
> （新設合併消滅社会福祉法人の事前開示事項）
> **第六条の九**　法第五十四条の七第一項に規定する厚生労働省令で定める事項は、次のとおりとする。
> 一　他の新設合併消滅社会福祉法人（清算法人を除く。以下この号において

29年法に伴い新設
新設合併にあっては複数法人が消滅するので「他の消滅

同じ。）についての次に掲げる事項

イ　最終会計年度に係る監査報告等の内容（最終会計年度がない場合にあつては、他の新設合併消滅社会福祉法人の成立の日における貸借対照表の内容）

ロ　他の新設合併消滅社会福祉法人において最終会計年度の末日（最終会計年度がない場合にあつては、他の新設合併消滅社会福祉法人の成立の日）後に重要な財産の処分、重大な債務の負担その他の法人財産の状況に重要な影響を与える事象が生じたときは、その内容（法第五十四条の八の評議員会の日の二週間前の日（法第四十五条の九第十項において準用する一般社団法人及び一般財団法人に関する法律第百九十四条第一項の場合にあつては、同項の提案があつた日。以下同じ。）後新設合併消滅社会福祉法人の成立の日までの間に新たな最終会計年度が存することとなる場合にあつては、当該新たな最終会計年度の末日後に生じた事象の内容に限る。）

二　他の新設合併消滅社会福祉法人（清算法人に限る。）が法第四十六条の二十二第一項の規定により作成した貸借対照表

三　当該新設合併消滅社会福祉法人（清算法人を除く。以下この号において同じ。）についての次に掲げる事項

イ　当該新設合併消滅社会福祉法人において最終会計年度の末日（最終会計年度がない場合にあつては、当該新設合併消滅社会福祉法人の成立の日）後に重要な財産の処分、重大な債務の負担その他の法人財産の状況に重要な影響を与える事象が生じたときは、その内容（法第五十四条の八の評議員会の日の二週間前の日後新設合併設立社会福祉法人の成立の日までの間に新たな最終会計年度が存することとなる場合にあつては、当該新たな最終会計年度の末日後に生じた事象の内容に限る。）

ロ　当該新設合併消滅社会福祉法人において最終会計年度がないときは、当該新設合併消滅社会福祉法人の成立の日における貸借対照表

四　新設合併設立社会福祉法人の成立の日以後における新設合併設立社会福祉法人の債務（他の新設合併消滅社会福祉法人から承継する債務を除き、法第五十四条の九第一項第四号の規定により新設合併について異議を述べることができる債権者に対して負担する債務に限る。）の履行の見込みに関する事項

五　法第五十四条の八の評議員会の日の二週間前の日後、前各号に掲げる事項に変更が生じたときは、変更後の当該事項

（新設合併契約の承認）

第五十四条の八　新設合併消滅社会福祉法人は、評議員会の決議によつて、新設合併契約の承認を受けなければならない。

（債権者の異議）

第五十四条の九　新設合併消滅社会福祉法人は、第五十四条の六第二項の認可があつたときは、次に掲げる事項を官報に公告し、かつ、判明している債権者には、各別にこれを催告しなければならない。ただし、第四号の期間は、二月を下ることができない。

一　新設合併をする旨

二　他の新設合併消滅社会福祉法人及び新設合併設立社会福祉法人の名称及び住所

三　新設合併消滅社会福祉法人の計算書類に関する事項として厚生労働省令で定めるもの

四　債権者が一定の期間内に異議を述べることができる旨

2　債権者が前項第四号の期間内に異議を述べなかつたときは、当該債権者は、当該新設合併について承認をしたものとみなす。

3　債権者が第一項第四号の期間内に異議を述べたときは、新設合併消滅社会福祉法人は、当該債権者に対し、弁済し、若しくは相当の担保を提供し、又は当該債権者に弁済を受けさせることを目的として信託会社等に相当の財産を信託しなければならない。ただし、当該新設合併をしても当該債権者を害するお

法人」が存在する

最終会計年度の定義は規則6条の2第2号イ　☞法51条

他の消滅法人に係る後発事象

当該消滅法人に係る後発事象

債務の履行見込

旧法49条1項

合併契約承認は特別決議（法45条の9第7項5号）

旧法50条2項

公告懈怠等は過料20万円以下（法165条2号）

規則6条の10

旧法51第1項

旧法51条2項

担保等提供義務違反の吸収合併は過料20万円以下（法165条11号）

それがないときは、この限りでない。

施行規則
（計算書類に関する事項）
第六条の十　法第五十四条の九第一項第三号に規定する厚生労働省令で定めるものは、同項の規定による公告の日又は同項の規定による催告の日のいずれか早い日における次の各号に掲げる場合の区分に応じ、当該各号に定めるものとする。　29年法に伴い新設
一　公告対象法人（法第五十四条の九第一項第三号の新設合併消滅社会福祉法人をいう。次号において同じ。）につき最終会計年度がない場合　その旨
二　公告対象法人が清算法人である場合　その旨
三　前二号に掲げる場合以外の場合　最終会計年度に係る貸借対照表の要旨の内容
2　第六条の三第二項及び第三項の規定は、前項第三号の貸借対照表の要旨について準用する。

（設立の特則）
第五十四条の十　第三十二条、第三十三条及び第三十五条の規定は、新設合併設立社会福祉法人の設立については、適用しない。　32条＝設立認可　33条＝定款の補充　35条＝設立に係る一般法準用規定
2　新設合併設立社会福祉法人の定款は、新設合併消滅社会福祉法人が作成する。この場合においては、第三十一条第一項の認可を受けることを要しない。　31条＝設立申請

（新設合併に関する書面等の備置き及び閲覧等）
第五十四条の十一　新設合併設立社会福祉法人は、その成立の日後遅滞なく、新設合併により新設合併設立社会福祉法人が承継した新設合併消滅社会福祉法人の権利義務その他の新設合併に関する事項として厚生労働省令で定める事項を記載し、又は記録した書面又は電磁的記録を作成しなければならない。　無記載・虚偽記載等は過料20万円以下（法165条5号）　規則6条の11
2　新設合併設立社会福祉法人は、その成立の日から六月間、前項の書面又は電磁的記録及び新設合併契約の内容その他厚生労働省令で定める事項を記載し、又は記録した書面又は電磁的記録をその主たる事務所に備え置かなければならない。　規則6条の12　備置義務違反は過料20万円以下（法165条6号）
3　新設合併設立社会福祉法人の評議員及び債権者は、新設合併設立社会福祉法人に対して、その業務時間内は、いつでも、次に掲げる請求をすることができる。ただし、債権者が第二号又は第四号に掲げる請求をするには、当該新設合併設立社会福祉法人の定めた費用を支払わなければならない。　正当理由のない閲覧・交付拒否は過料20万円以下（法165条3号）
一　前項の書面の閲覧の請求
二　前項の書面の謄本又は抄本の交付の請求
三　前項の電磁的記録に記録された事項を厚生労働省令で定める方法により表示したものの閲覧の請求　規則2条の3　☞法34条の2
四　前項の電磁的記録に記録された事項を電磁的方法であつて新設合併設立社会福祉法人の定めたものにより提供することの請求又はその事項を記載した書面の交付の請求

施行規則
（新設合併設立社会福祉法人の事後開示事項）
第六条の十一　法第五十四条の十一第一項に規定する厚生労働省令で定める事項は、次のとおりとする。　29年法に伴い新設
一　新設合併設立社会福祉法人の成立の日
二　法第五十四条の九の規定による手続の経過
三　新設合併により新設合併設立社会福祉法人が新設合併消滅社会福祉法人から承継した重要な権利義務に関する事項
四　前三号に掲げるもののほか、新設合併に関する重要な事項

施行規則
第六条の十二　法第五十四条の十一第二項に規定する厚生労働省令で定める事項は、法第五十四条の七第一項の規定により新設合併消滅社会福祉法人が　29年法に伴い新設

備え置いた書面又は電磁的記録に記載又は記録がされた事項（新設合併契約の内容を除く。）とする。

第四目　合併の無効の訴え

「第四目」の区分は29年法で新設

29年法で新設

第五十五条　一般社団法人及び一般財団法人に関する法律第二百六十四条第一項（第二号及び第三号に係る部分に限る。）及び第二項（第二号及び第三号に係る部分に限る。）、第二百六十九条（第二号及び第三号に係る部分に限る。）、第二百七十条、第二百七十一条第一項及び第三項、第二百七十二条から第二百七十五条まで並びに第二百七十七条の規定は、社会福祉法人の合併の無効の訴えについて準用する。この場合において、同法第二百六十四条第二項第二号中「社員等であった者」とあるのは「評議員等（評議員、理事、監事又は清算人をいう。以下同じ。）であった者」と、「社員等、」とあるのは「評議員等、」と、同項第三号中「社員等」とあるのは「評議員等」と、同法第二百七十一条第一項中「社員」とあるのは「債権者」と読み替えるものとするほか、必要な技術的読替えは、政令で定める。

施行令
（社会福祉法人の合併の無効の訴えに関する読替え）
第十三条の十九　法第五十五条において社会福祉法人の合併の無効の訴えについて一般社団法人及び一般財団法人に関する法律第二百六十四条第二項第二号及び第三号、第二百六十九条第二号及び第三号並びに第二百七十五条第一項第一号及び第二号の規定を準用する場合においては、同法第二百六十四条第二項第二号中「吸収合併存続法人」とあるのは「吸収合併存続社会福祉法人（社会福祉法（昭和二十六年法律第四十五号）第四十九条に規定する吸収合併存続社会福祉法人をいう。第二百六十九条第二号及び第二百七十五条第一項第一号において同じ。）」と、同項第三号中「新設合併設立法人」とあるのは「新設合併設立社会福祉法人（社会福祉法第五十四条の五第二号に規定する新設合併設立社会福祉法人をいう。第二百六十九条第三号及び第二百七十五条第一項第二号において同じ。）」と、同法第二百六十九条第二号中「吸収合併存続法人」とあるのは「吸収合併存続社会福祉法人」と、同条第三号中「新設合併設立法人」とあるのは「新設合併設立社会福祉法人」と、同法第二百七十五条第一項第一号中「吸収合併存続法人」とあるのは「吸収合併存続社会福祉法人」と、同項第二号中「新設合併設立法人」とあるのは「新設合併設立社会福祉法人」と読み替えるものとする。

29年法に伴い新設

社会福祉法人の合併の無効の訴えについて準用する一般法

（~~一般社団法人等の組織に関する行為~~ 読替 社会福祉法人の合併の無効の訴え）
一般法第二百六十四条　次の各号に掲げる行為の無効は、当該各号に定める期間に、訴えをもってのみ主張することができる。
一　【準用対象外】
二　~~一般社団法人等~~ 読替 社会福祉法人の吸収合併　吸収合併の効力が生じた日から六箇月以内
三　~~一般社団法人等~~ 読替 社会福祉法人の新設合併　新設合併の効力が生じた日から六箇月以内
2　次の各号に掲げる行為の無効の訴えは、当該各号に定める者に限り、提起することができる。
一　【準用対象外】
二　前項第二号に掲げる行為　当該行為の効力が生じた日において吸収合併をする~~一般社団法人等~~ 読替 社会福祉法人の~~社員等であった者~~ 法読替 評議員等（評議員、理事、監事又は清算人をいう。以下同じ。）であった者又は~~吸収合併存続法人~~ 政令読替 吸収合併存続社会福祉法人（社会福祉法（昭和二十六年法律第四十五号）第四十九条に規定する吸収合併存続社会福祉法人をいう。第二百六十九条第二号及び第二百七十五条第一項第一号において同じ。）の~~社員等、~~ 法読替 評議員等、

破産管財人若しくは吸収合併について承認をしなかった債権者

三　前項第三号に掲げる行為　当該行為の効力が生じた日において新設合併をする~~一般社団法人等~~ 読替 社会福祉法人の~~社員等~~ 法読替 評議員等であった者又は~~新設合併設立法人~~ 政令読替 新設合併設立社会福祉法人（社会福祉法第五十四条の五第二号に規定する新設合併設立社会福祉法人をいう。第二百六十九条第三号及び第二百七十五条第一項第二号において同じ。）の~~社員等~~ 法読替 評議員等、破産管財人若しくは新設合併について承認をしなかった債権者

（被告）

一般法第二百六十九条　次の各号に掲げる訴え（以下この節において「~~一般社団法人等の組織に関する~~ 読替 社会福祉法人合併の無効の訴え」と総称する。）については、当該各号に定める者を被告とする。

一 【準用対象外】

二　~~一般社団法人等~~ 読替 社会福祉法人の吸収合併の無効の訴え　~~吸収合併存続法人~~ 政令読替 吸収合併存続社会福祉法人

三　~~一般社団法人等~~ 読替 社会福祉法人の新設合併の無効の訴え　~~新設合併設立法人~~ 政令読替 新設合併設立社会福祉法人

四～八 【準用対象外】

（訴えの管轄）

一般法第二百七十条　~~一般社団法人等の組織に関する~~ 読替 社会福祉法人の合併の無効の訴えは、被告となる~~一般社団法人等~~ 読替 社会福祉法人の主たる事務所の所在地を管轄する地方裁判所の管轄に専属する。

（担保提供命令）

一般法第二百七十一条　~~一般社団法人等の組織に関する~~ 読替 社会福祉法人の合併の無効の訴えであって、~~社員~~ 法読替 債権者が提起することができるものについては、裁判所は、被告の申立てにより、当該~~一般社団法人等の組織に関する~~ 読替 社会福祉法人の合併の無効の訴えを提起した~~社員~~ 法読替 債権者に対し、相当の担保を立てるべきことを命ずることができる。ただし、当該~~社員~~ 法読替 債権者が理事、監事又は清算人であるときは、この限りでない。

2 【準用対象外】

3　被告は、第一項~~（前項において準用する場合を含む。）~~の申立てをするには、原告の訴えの提起が悪意によるものであることを疎明しなければならない。

（弁論等の必要的併合）

一般法第二百七十二条　同一の請求を目的とする~~一般社団法人等の組織に関する~~ 読替 社会福祉法人の合併の無効の訴えに係る二以上の訴訟が同時に係属するときは、その弁論及び裁判は、併合してしなければならない。

（認容判決の効力が及ぶ者の範囲）

一般法第二百七十三条　~~一般社団法人等の組織に関する~~ 読替 社会福祉法人の合併の無効の訴えに係る請求を認容する確定判決は、第三者に対してもその効力を有する。

（無効又は取消しの判決の効力）

一般法第二百七十四条　~~一般社団法人等の組織に関する~~ 読替 社会福祉法人の合併の無効の訴え（第二百六十九条第一号から第三号まで~~、第六号及び第七号~~に掲げる訴えに限る。）に係る請求を認容する判決が確定したときは、当該判決において無効とされ、又は取り消された行為（当該行為によって~~一般社団法人等~~ 読替 社会福祉法人が設立された場合にあっては、当該設立を含む。）は、将来に向かってその効力を失う。

（合併の無効判決の効力）

一般法第二百七十五条　次の各号に掲げる行為の無効の訴えに係る請求を認容する判決が確定したときは、当該行為をした~~一般社団法人等~~ 読替 社会福祉法人は、当該行為の効力が生じた日後に当該各号に定める~~一般社団法人等~~ 読替 社会福祉法人が負担した債務について、連帯して弁済する責任を負う。

一　~~一般社団法人等~~ [読替] 社会福祉法人の吸収合併　~~吸収合併存続法人~~ [政令読替] 吸収合併存続社会福祉法人

二　~~一般社団法人等~~ [読替] 社会福祉法人の新設合併　~~新設合併設立法人~~ [政令読替] 新設合併設立社会福祉法人

2　前項に規定する場合には、同項各号に掲げる行為の効力が生じた日後に当該各号に定める~~一般社団法人等~~ [読替] 社会福祉法人が取得した財産は、当該行為をした~~一般社団法人等~~ [読替] 社会福祉法人の共有に属する。

3　前二項に規定する場合には、各~~一般社団法人等~~ [読替] 社会福祉法人の第一項の債務の負担部分及び前項の財産の共有持分は、各~~一般社団法人等~~ [読替] 社会福祉法人の協議によって定める。

4　各~~一般社団法人等~~ [読替] 社会福祉法人の第一項の債務の負担部分又は第二項の財産の共有持分について、前項の協議が調わないときは、裁判所は、各~~一般社団法人等~~ [読替] 社会福祉法人の申立てにより、第一項各号に掲げる行為の効力が生じた時における各~~一般社団法人等~~ [読替] 社会福祉法人の財産の額その他一切の事情を考慮して、これを定める。

（原告が敗訴した場合の損害賠償責任）

一般法第二百七十七条　~~一般社団法人等の組織に関する~~ [読替] 社会福祉法人の合併の無効の訴えを提起した原告が敗訴した場合において、原告に悪意又は重大な過失があったときは、原告は、被告に対し、連帯して損害を賠償する責任を負う。

第七節　社会福祉充実計画

第七節は、すべて29年法で新設

（社会福祉充実計画の承認）

第五十五条の二　社会福祉法人は、毎会計年度において、第一号に掲げる額が第二号に掲げる額を超えるときは、厚生労働省令で定めるところにより、当該会計年度の前会計年度の末日（同号において「基準日」という。）において現に行つている社会福祉事業若しくは公益事業（以下この項及び第三項第一号において「既存事業」という。）の充実又は既存事業以外の社会福祉事業若しくは公益事業（同項第一号において「新規事業」という。）の実施に関する計画（以下「社会福祉充実計画」という。）を作成し、これを所轄庁に提出して、その承認を受けなければならない。ただし、当該会計年度前の会計年度において作成した第十一項に規定する承認社会福祉充実計画の実施期間中は、この限りでない。

29年法で新設
規則6条の13☞
法55条の2第1項は都道府県及び市の第1号法定受託事務（法151条）

一　当該会計年度の前会計年度に係る貸借対照表の資産の部に計上した額から負債の部に計上した額を控除して得た額

＝純資産額

二　基準日において現に行つている事業を継続するために必要な財産の額として厚生労働省令で定めるところにより算定した額

＝控除対象財産額
規則6条の14☞

> **〈編者注〉「社会福祉法第55条の2の規定に基づく社会福祉充実計画の承認等について」**（平成29年1月24日 雇児発0124第1号・社援発0124第1号・老発0124第1号）
> 上記通知別添の「**社会福祉充実計画の承認等に係る事務処理基準**」（次頁において、「**充実計画事務処理基準**」と略記する）において、社会福祉充実残額の算定及び社会福祉充実計画の策定等に係る事務処理が詳しく規定されている。

「社会福祉充実計画の承認等に関するQ&A（vol. 3）」（平成30年1月23日 福祉基盤課事務連絡）も参照のこと

> **〈編者注〉　社会福祉充実残額を算定する会計年度他**
> 「毎会計年度において、第一号に掲げる額が第二号に掲げる額を超える」か否かを確かめるために、社会福祉充実残額については、毎会計年度、算定しなければならない。

「社会福祉充実計画の承認等に関するQ&A（vol. 3）」問1

2　前項の承認の申請は、第五十九条の規定による届出と同時に行わなければならない。

法59条
＝計算書類等の所轄庁への届出

> **〈編者注〉　承認の申請時期**
> 法59条は、毎会計年度終了後3か月以内に計算書類等を所轄庁に届け出る

べきことを規定しており、当該計算書類において社会福祉充実残額があれば、社会福祉充実計画を同時に提出することとされている。

3　社会福祉充実計画には、次に掲げる事項を記載しなければならない。（社会福祉充実計画に記載すべき事項）
一　既存事業（充実する部分に限る。）又は新規事業（以下この条において「社会福祉充実事業」という。）の規模及び内容
二　社会福祉充実事業を行う区域（以下この条において「事業区域」という。）
三　社会福祉充実事業の実施に要する費用の額（第五項において「事業費」という。）
四　第一項第一号に掲げる額から同項第二号に掲げる額を控除して得た額（第五項及び第九項第一号において「社会福祉充実残額」という。）（**社会福祉充実残額**）
五　社会福祉充実計画の実施期間
六　その他厚生労働省令で定める事項（規則6条の15 P）

4　社会福祉法人は、前項第一号に掲げる事項の記載に当たつては、厚生労働省令で定めるところにより、次に掲げる事業の順にその実施について検討し、行う事業を記載しなければならない。（規則6条の16 P）
一　社会福祉事業又は公益事業（第二条第四項第四号に掲げる事業に限る。）（法2条4項4号に掲げる事業＝本来は社会福祉事業であるが定員が少ないために公益事業とされている事業）
二　公益事業（第二条第四項第四号に掲げる事業を除き、日常生活又は社会生活上の支援を必要とする事業区域の住民に対し、無料又は低額な料金で、その需要に応じた福祉サービスを提供するものに限る。第六項及び第九項第三号において「地域公益事業」という。）（**地域公益事業**）
三　公益事業（前二号に掲げる事業を除く。）

5　社会福祉法人は、社会福祉充実計画の作成に当たつては、事業費及び社会福祉充実残額について、公認会計士、税理士その他財務に関する専門的な知識経験を有する者として厚生労働省令で定める者の意見を聴かなければならない。（公認会計士、税理士等からの意見聴取）（規則6条の17 P）

〈編者注〉**公認会計士、税理士等からの意見聴取**
公認会計士、税理士等からの意見聴取の結果については確認書を提出させることとなっている。確認書交付日は、社会福祉充実残額を算定した会計年度に係る監事監査報告書の作成日以降を基本とすることとされている（「充実計画事務処理基準」の「5.」）。（確認書の様式は、「充実計画事務処理基準」別紙2）

6　社会福祉法人は、地域公益事業を行う社会福祉充実計画の作成に当たつては、当該地域公益事業の内容及び事業区域における需要について、当該事業区域の住民その他の関係者の意見を聴かなければならない。（地域協議会等からの意見聴取）

7　社会福祉充実計画は、評議員会の承認を受けなければならない。（評議員会の承認）

8　所轄庁は、社会福祉法人に対し、社会福祉充実計画の作成及び円滑かつ確実な実施に関し必要な助言その他の支援を行うものとする。（所轄庁の助言・支援）

9　所轄庁は、第一項の承認の申請があつた場合において、当該申請に係る社会福祉充実計画が、次の各号に掲げる要件のいずれにも適合するものであると認めるときは、その承認をするものとする。（所轄庁の計画承認）
一　社会福祉充実事業として記載されている社会福祉事業又は公益事業の規模及び内容が、社会福祉充実残額に照らして適切なものであること。
二　社会福祉充実事業として社会福祉事業が記載されている場合にあつては、その規模及び内容が、当該社会福祉事業に係る事業区域における需要及び供給の見通しに照らして適切なものであること。
三　社会福祉充実事業として地域公益事業が記載されている場合にあつては、その規模及び内容が、当該地域公益事業に係る事業区域における需要に照らして適切なものであること。
四　その他厚生労働省令で定める要件に適合するものであること。（該当省令は未公布と思われる）

１０　所轄庁は、社会福祉充実計画が前項第二号及び第三号に適合しているかどうかを調査するため必要があると認めるときは、関係地方公共団体の長に対し

て、資料の提供その他必要な協力を求めることができる。

１１　第一項の承認を受けた社会福祉法人は、同項の承認があつた社会福祉充実計画（次条第一項の変更の承認があつたときは、その変更後のもの。同項及び第五十五条の四において「承認社会福祉充実計画」という。）に従つて事業を行わなければならない。

承認社会福祉充実計画

施行規則

（社会福祉充実計画の承認の申請）

第六条の十三　法第五十五条の二第一項に規定する社会福祉充実計画の承認の申請は、申請書に、次の各号に掲げる書類を添付して所轄庁に提出することによつて行うものとする。

一　社会福祉充実計画を記載した書類

二　法第五十五条の二第五項に規定する者の意見を聴取したことを証する書類

三　法第五十五条の二第七項の評議員会の議事録

四　その他必要な書類

２９年法に伴い新設
所轄庁の定義＝法30条
様式は規則6条の２２参照　☞法55条の4

施行規則

（控除対象財産額等）

第六条の十四　法第五十五条の二第一項第二号に規定する厚生労働省令で定めるところにより算定した額は、社会福祉法人が当該会計年度の前会計年度の末日において有する財産のうち次に掲げる財産の合計額をいう。

一　社会福祉事業、公益事業及び収益事業の実施に必要な財産

二　前号に掲げる財産のうち固定資産の再取得等に必要な額に相当する財産

三　当該会計年度において、第一号に掲げる事業の実施のため最低限必要となる運転資金

２　前項第一号に規定する財産の算定に当たつては、法第五十五条の二第一項第一号に規定する貸借対照表の負債の部に計上した額のうち前項第一号に規定する財産に相当する額を控除しなければならないものとする。

２９年法に伴い新設

施行規則

（社会福祉充実計画の記載事項）

第六条の十五　法第五十五条の二第三項第六号の厚生労働省令で定める事項は、次のとおりとする。

一　当該社会福祉法人の名称及び主たる事務所の所在地並びに電話番号その他の連絡先

二　社会福祉充実事業（法第五十五条の二第三項第一号に規定する社会福祉充実事業をいう。以下同じ。）に関する資金計画

三　法第五十五条の二第四項の規定による検討の結果

四　法第五十五条の二第六項の規定に基づき行う意見の聴取の結果

五　その他必要な事項

２９年法に伴い新設

施行規則

（実施する事業の検討の結果）

第六条の十六　法第五十五条の二第四項の規定による同条第三項第一号に掲げる事項の記載は、社会福祉法人の設立の目的を踏まえ、同条第四項各号に掲げる事業の順にその実施について検討し、その検討の結果を記載することにより行うものとする。

２９年法に伴い新設

施行規則

（財務に関する専門的な知識経験を有する者）

第六条の十七　法第五十五条の二第五項の厚生労働省令で定める者は、監査法人又は税理士法人とする。

２９年法に伴い新設
次の<編者注>参照

（社会福祉充実計画の変更）

第五十五条の三　前条第一項の承認を受けた社会福祉法人は、承認社会福祉充実計画の変更をしようとするときは、厚生労働省令で定めるところにより、あらかじめ、所轄庁の承認を受けなければならない。ただし、厚生労働省令で定め

２９年法で新設
規則6条の18・19☞

る軽微な変更については、この限りでない。

2　前条第一項の承認を受けた社会福祉法人は、前項ただし書の厚生労働省令で定める軽微な変更をしたときは、厚生労働省令で定めるところにより、遅滞なく、その旨を所轄庁に届け出なければならない。

3　前条第三項から第十項までの規定は、第一項の変更の申請について準用する。

法55条の3第1項は都道府県及び市の第1号法定受託事務（法151条）

規則6条の20

施行規則

（承認社会福祉充実計画の変更の承認の申請）

第六条の十八　法第五十五条の三第一項に規定する承認社会福祉充実計画の変更の承認の申請は、申請書に、次の各号に掲げる書類を添付して所轄庁に提出することによつて行うものとする。

一　変更後の承認社会福祉充実計画を記載した書類

二　第六条の十三第二号から第四号までに掲げる書類

29年法に伴い新設

様式は規則6条の22 ☞法55条の4

施行規則

（承認社会福祉充実計画における軽微な変更）

第六条の十九　法第五十五条の三第一項の厚生労働省令で定める軽微な変更は、次に掲げるもの以外のものとする。

一　社会福祉充実事業の種類の変更

二　社会福祉充実事業の事業区域の変更（変更前の事業区域と変更後の事業区域とが同一の市町村（特別区を含む。）の区域内である場合を除く。）

三　社会福祉充実事業の実施期間の変更（変更前の各社会福祉充実事業を実施する年度（以下「実施年度」という。）と変更後の実施年度とが同一である場合を除く。）

四　前三号に掲げる変更のほか、社会福祉充実計画の重要な変更

29年法に伴い新設

施行規則

（承認社会福祉充実計画における軽微な変更に関する届出）

第六条の二十　法第五十五条の三第二項に規定する軽微な変更に関する届出は、届出書に、次の各号に掲げる書類を添付して所轄庁に提出することによつて行うものとする。

一　変更後の承認社会福祉充実計画を記載した書類

二　その他必要な書類

29年法に伴い新設

所轄庁の定義＝法30条

様式は規則6条の22 ☞法55条の4

（社会福祉充実計画の終了）

第五十五条の四　第五十五条の二第一項の承認を受けた社会福祉法人は、やむを得ない事由により承認社会福祉充実計画に従つて事業を行うことが困難であるときは、厚生労働省令で定めるところにより、あらかじめ、所轄庁の承認を受けて、当該承認社会福祉充実計画を終了することができる。

29年法で新設

規則6条の21

法55条の4は都道府県及び市の第1号法定受託事務（法151条）

施行規則

（承認社会福祉充実計画の終了の承認の申請）

第六条の二十一　法第五十五条の四に規定する承認社会福祉充実計画の終了の承認の申請は、申請書に、承認社会福祉充実計画に記載された事業を行うことが困難である理由を記載した書類を添付して所轄庁に提出することによつて行うものとする。

29年法に伴い新設

所轄庁の定義＝法30条

施行規則

（様式）

第六条の二十二　第六条の十三、第六条の十八、第六条の二十及び前条に規定する書類は、書面又は電磁的記録をもつて作成しなければならない。

2　前項に掲げる書類の様式は、厚生労働省社会・援護局長が定める。

29年法に伴い新設

様式 ☞前頁<編者注>社会福祉充実計画の承認等参照

第八節 助成及び監督

29年法で旧第五節を第八節に改正

（監督）

第五十六条 所轄庁は、この法律の施行に必要な限度において、社会福祉法人に対し、その業務若しくは財産の状況に関し報告をさせ、又は当該職員に、社会福祉法人の事務所その他の施設に立ち入り、その業務若しくは財産の状況若しくは帳簿、書類その他の物件を検査させることができる。

1項：旧法56条（一般的監督）を28年法で手直し
無報告・虚偽報告又は検査拒否等は過料20万円以下（法165条12号）

２ 前項の規定により立入検査をする職員は、その身分を示す証明書を携帯し、関係人にこれを提示しなければならない。

2項：28年法で新設

> **施行規則**
> **（身分を示す証明書）**
> **第七条** 法第五十六条第一項（法第百四十四条において読み替えて準用する場合を含む。）の規定により立入検査をする職員の携帯する身分を示す証明書は、別記様式によるものとする。

28年法に伴い改正
令和4年厚生労働省令第50号で改正
別記様式省略

３ 第一項の規定による立入検査の権限は、犯罪捜査のために認められたものと解してはならない。

２８年法で新設

４ 所轄庁は、社会福祉法人が、法令、法令に基づいてする行政庁の処分若しくは定款に違反し、又はその運営が著しく適正を欠くと認めるときは、当該社会福祉法人に対し、期限を定めて、その改善のために必要な措置（役員の解職を除く。）をとるべき旨を勧告することができる。

28年法で新設
実質旧法56条2項を28年法で改正追加
役員＝理事＋監事（法31条1項6号）

５ 所轄庁は、前項の規定による勧告をした場合において、当該勧告を受けた社会福祉法人が同項の期限内にこれに従わなかつたときは、その旨を公表することができる。

28年法で新設

６ 所轄庁は、第四項の規定による勧告を受けた社会福祉法人が、正当な理由がないのに当該勧告に係る措置をとらなかつたときは、当該社会福祉法人に対し、期限を定めて、当該勧告に係る措置をとるべき旨を命ずることができる。

実質旧法56条2項を28年法で改正

７ 社会福祉法人が前項の命令に従わないときは、所轄庁は、当該社会福祉法人に対し、期間を定めて業務の全部若しくは一部の停止を命じ、又は役員の解職を勧告することができる。

＝旧法56条3項
役員＝理事＋監事（法31条1項6号）

８ 所轄庁は、社会福祉法人が、法令、法令に基づいてする行政庁の処分若しくは定款に違反した場合であつて他の方法により監督の目的を達することができないとき、又は正当の事由がないのに一年以上にわたつてその目的とする事業を行わないときは、解散を命ずることができる。

＝旧法56条4項
解散当時の役員は他の社会福祉法人の評議員・役員になれない（法40条1項5号・44条1項）

９ 所轄庁は、第七項の規定により役員の解職を勧告しようとする場合には、当該社会福祉法人に、所轄庁の指定した職員に対して弁明する機会を与えなければならない。この場合においては、当該社会福祉法人に対し、あらかじめ、書面をもつて、弁明をなすべき日時、場所及びその勧告をなすべき理由を通知しなければならない。

＝旧法56条5項
9項の役員退職勧告は行政手続法13条1項1号ハには該当しないとされている

１０ 前項の通知を受けた社会福祉法人は、代理人を出頭させ、かつ、自己に有利な証拠を提出することができる。

＝旧法56条6項

１１ 第九項の規定による弁明を聴取した者は、聴取書及び当該勧告をする必要があるかどうかについての意見を付した報告書を作成し、これを所轄庁に提出しなければならない。

＝旧法56条7項

> **〈編者注〉 法人に対する指導監査権限の根拠**
> 法56条が所轄庁による法人に対する指導監査権限の根拠となっている。
> また、法56条1項、4項から8項まで及び9項（法58条4項で準用する場合を含む）は、都道府県及び市の第1号法定受託事務とされており（法151条）、地方自治法245条の9は、大臣の所管する法令に係る都道府県（あるいは市町村）の法定受託事務（あるいは第1号法定受託事務）について、よるべき基準

いわゆる法人監査の根拠
法定受託業務については法151条参照
地方自治法245条の9 ☞法151条

を定めることができる旨を定めている。当該地方自治法245条の9の定めに基づいて、都道府県及び市（特別区を含む）が指導監査を行う基準として「社会福祉法人**指導監査実施要綱**の制定について」（平成29年4月27日雇児発0427第7号 社援発0427第1号 老発0427第1号）が発出されている。
他方、社会福祉法上の施設監査の根拠とされる法70条は、社会福祉法上の法定受託事務とはされていない。

指導監査実施要綱

（公益事業又は収益事業の停止）

第五十七条 所轄庁は、第二十六条第一項の規定により公益事業又は収益事業を行う社会福祉法人につき、次の各号のいずれかに該当する事由があると認めるときは、当該社会福祉法人に対して、その事業の停止を命ずることができる。

一 当該社会福祉法人が定款で定められた事業以外の事業を行うこと。

二 当該社会福祉法人が当該収益事業から生じた収益を当該社会福祉法人の行う社会福祉事業及び公益事業以外の目的に使用すること。

三 当該公益事業又は収益事業の継続が当該社会福祉法人の行う社会福祉事業に支障があること。

旧法のまま
停止命令違反は懲役6月以下又は罰金50万円以下（法161条1号） 行為者が法人の代表者・使用人等のときは法人も罰金50万円以下（法164条）
法57条は都道府県及び市の第1号法定受託事務（法151条）

（関係都道府県知事等の協力）

第五十七条の二 関係都道府県知事等（社会福祉法人の事務所、事業所、施設その他これらに準ずるものの所在地の都道府県知事又は市町村長であつて、当該社会福祉法人の所轄庁以外の者をいう。次項において同じ。）は、当該社会福祉法人に対して適当な措置をとることが必要であると認めるときは、当該社会福祉法人の所轄庁に対し、その旨の意見を述べることができる。

2 所轄庁は、第五十六条第一項及び第四項から第九項まで並びに前条の事務を行うため必要があると認めるときは、関係都道府県知事等に対し、情報又は資料の提供その他必要な協力を求めることができる。

28年法で新設

（助成等）

第五十八条 国又は地方公共団体は、必要があると認めるときは、厚生労働省令又は当該地方公共団体の条例で定める手続に従い、社会福祉法人に対し、補助金を支出し、又は通常の条件よりも当該社会福祉法人に有利な条件で、貸付金を支出し、若しくはその他の財産を譲り渡し、若しくは貸し付けることができる。ただし、国有財産法（昭和二十三年法律第七十三号）及び地方自治法第二百三十七条第二項の規定の適用を妨げない。

旧法の見出しは（助成及び監督） 他は旧法のまま
規則8条
憲法89条のもと、公の支配に属する社会福祉法人に対して補助金支出等が行える旨を明定

施行規則
（助成申請手続）
第八条 法第五十八条の規定により社会福祉法人が国の助成を申請しようとするときは、申請書に次に掲げる書類を添付して社会福祉法人の主たる事務所の所在地を管轄区域とする地方厚生局長（二以上の地方厚生局の管轄区域にわたり事業（第一条の四各号に該当するものに限る。）を行う社会福祉法人にあつては、厚生労働大臣）に提出しなければならない。
一 理由書
二 助成を受ける事業の計画書及びこれに伴う収支予算書
三 別に地方公共団体から助成を受け又は受けようとする場合には、その助成の程度を記載した書類
四 財産目録及び貸借対照表
2 前項に規定するもののほか、助成の種類に応じ必要な手続は、厚生労働大臣が別に定める。
3 第二条第五項の規定は、第一項の場合に準用する。

29年法に伴い一部形式的改正
申請書及び1号から4号の書類はＦＤによる提出可（規則41条☞法31条）
規則2条☞法31条

2 前項の規定により、社会福祉法人に対する助成がなされたときは、厚生労働大臣又は地方公共団体の長は、その助成の目的が有効に達せられることを確保するため、当該社会福祉法人に対して、次に掲げる権限を有する。

法58条2項は、都道府県及び市町村の第1号法定受託事務（法151条）

一　事業又は会計の状況に関し報告を徴すること。
二　助成の目的に照らして、社会福祉法人の予算が不適当であると認める場合において、その予算について必要な変更をすべき旨を勧告すること。
三　社会福祉法人の役員が法令、法令に基づいてする行政庁の処分又は定款に違反した場合において、その役員を解職すべき旨を勧告すること。

役員＝理事＋監事（法31条1項6号）

3　国又は地方公共団体は、社会福祉法人が前項の規定による措置に従わなかつたときは、交付した補助金若しくは貸付金又は譲渡し、若しくは貸し付けたその他の財産の全部又は一部の返還を命ずることができる。

4　第五十六条第九項から第十一項までの規定は、第二項第三号の規定により解職を勧告し、又は前項の規定により補助金若しくは貸付金の全部若しくは一部の返還を命令する場合に準用する。

〈編者注〉　法58条4項による法56条9項から11項までの準用・読替え

法56条9項　所轄庁は、58条2項3号の規定により役員の解職を勧告しようとする場合、又は58条3項の規定により補助金若しくは貸付金の全部若しくは一部の返還を命令する場合には、当該社会福祉法人に、所轄庁の指定した職員に対して弁明する機会を与えなければならない。この場合においては、当該社会福祉法人に対し、あらかじめ、書面をもつて、弁明をなすべき日時、場所及びその勧告をなすべき理由を通知しなければならない。

10項　前項の通知を受けた社会福祉法人は、代理人を出頭させ、かつ、自己に有利な証拠を提出することができる。

11項　9項の規定による弁明を聴取した者は、聴取書及び当該勧告をする必要があるかどうかについての意見を付した報告書を作成し、これを所轄庁に提出しなければならない。

左で準用される法56条9項は、町村の第1号法定受託事務（法151条）

（所轄庁への届出）

第五十九条　社会福祉法人は、毎会計年度終了後三月以内に、厚生労働省令で定めるところにより、次に掲げる書類を所轄庁に届け出なければならない。
一　第四十五条の三十二第一項に規定する計算書類等
二　第四十五条の三十四第二項に規定する財産目録等

旧法59条
規則9条
1・2号は28年法で新設　29年法で改正
法59条は都道府県及び市の第1号法定受託事務（法151条）

施行規則
（届出）

第九条　法第五十九条の規定による計算書類等及び財産目録等（以下「届出計算書類等」という。）の届出は、次の各号に掲げる方法のいずれかにより行わなければならない。
一　書面の提供（次のイ又はロに掲げる場合の区分に応じ、当該イ又はロに定める方法による場合に限る。）
イ　届出計算書類等が書面をもつて作成されている場合　当該書面に記載された事項を記載した書面二通の提供
ロ　届出計算書類等が電磁的記録をもつて作成されている場合　当該電磁的記録に記録された事項を記載した書面二通の提供
二　電磁的方法による提供（次のイ又はロに掲げる場合の区分に応じ、当該イ又はロに定める方法による場合に限る。）
イ　届出計算書類等が書面をもつて作成されている場合　当該書面に記載された事項の電磁的方法による提供
ロ　届出計算書類等が電磁的記録をもつて作成されている場合　当該電磁的記録に記録された事項の電磁的方法による提供
三　届出計算書類等の内容を当該届出に係る行政機関（厚生労働大臣、都道府県知事及び市長をいう。以下同じ。）及び独立行政法人福祉医療機構法（平成十四年法律第百六十六号）に規定する独立行政法人福祉医療機構の使用に係る電子計算機と接続された届出計算書類等の管理等に関する統一的な支援のための情報処理システムに記録する方法

28年法及び29年法に伴い改正
1号及び2号は規則40条の15によって連携法人にも準用（3号は適用除外）

所轄庁への届出方法は、第3号の方法（いわゆる電子開示システム）によることが望ましいとされている

（情報の公開等）　旧法44条4項

第五十九条の二　社会福祉法人は、次の各号に掲げる場合の区分に応じ、遅滞なく、厚生労働省令で定めるところにより、当該各号に定める事項を公表しなければならない。（28年法で新設 29年法で大幅に拡充し見出しに「等」を付加／規則10条）

一　第三十一条第一項若しくは第四十五条の三十六第二項の認可を受けたとき、又は同条第四項の規定による届出をしたとき　定款の内容

二　第四十五条の三十五第二項の承認を受けたとき　当該承認を受けた報酬等の支給の基準（29年法で新設／法45条の35第2項＝評議員会の承認）

三　前条の規定による届出をしたとき　同条各号に掲げる書類のうち厚生労働省令で定める書類の内容（29年法で新設／規則10条3項）

2　都道府県知事は、当該都道府県の区域内に主たる事務所を有する社会福祉法人（厚生労働大臣が所轄庁であるものを除く。）の活動の状況その他の厚生労働省令で定める事項について、調査及び分析を行い、必要な統計その他の資料を作成するものとする。この場合において、都道府県知事は、その内容を公表するよう努めるとともに、厚生労働大臣に対し、電磁的方法その他の厚生労働省令で定める方法により報告するものとする。（29年法で新設／規則10条の3）

3　都道府県知事は、前項前段の事務を行うため必要があると認めるときは、当該都道府県の区域内に主たる事務所を有する社会福祉法人の所轄庁（市長に限る。次項において同じ。）に対し、社会福祉法人の活動の状況その他の厚生労働省令で定める事項に関する情報の提供を求めることができる。（29年法で新設／規則10条の2）

4　所轄庁は、前項の規定による都道府県知事の求めに応じて情報を提供するときは、電磁的方法その他の厚生労働省令で定める方法によるものとする。（29年法で新設／規則10条の3）

5　厚生労働大臣は、社会福祉法人に関する情報に係るデータベース（情報の集合物であつて、それらの情報を電子計算機を用いて検索することができるように体系的に構成したものをいう。）の整備を図り、国民にインターネットその他の高度情報通信ネットワークの利用を通じて迅速に当該情報を提供できるよう必要な施策を実施するものとする。（29年法で新設／「社会福祉法人の財務諸表等電子開示システム」の根拠）

6　厚生労働大臣は、前項の施策を実施するため必要があると認めるときは、都道府県知事に対し、当該都道府県の区域内に主たる事務所を有する社会福祉法人の活動の状況その他の厚生労働省令で定める事項に関する情報の提供を求めることができる。（29年法で新設／規則10条の2）

7　第四項の規定は、都道府県知事が前項の規定による厚生労働大臣の求めに応じて情報を提供する場合について準用する。（29年法で新設）

> **〈編者注〉　法５９条の２第７項による同４項の読替え**
> **法５９条の２第４項**　都道府県知事は、６項の規定による厚生労働大臣の求めに応じて情報を提供するときは、電磁的方法その他の厚生労働省令で定める方法によるものとする。

> **施行規則**
> （公表）　**インターネットの利用**
> **第十条**　法第五十九条の二第一項の公表は、インターネットの利用により行うものとする。（28年法及び29年法に伴い改正／1号は規則40条の15によって連携法人にも準用（2号及び3号は適用除外））
> 2　前項の規定にかかわらず、社会福祉法人が前条第三号に規定する方法による届出を行い、行政機関等が当該届出により記録された届出計算書類等の内容の公表を行うときは、当該社会福祉法人が前項に規定する方法による公表を行つたものとみなす。
> 3　法第五十九条の二第一項第三号に規定する厚生労働省令で定める書類は、次に掲げる書類（法人の運営に係る重要な部分に限り、個人の権利利益が害されるおそれがある部分を除く。）とする。
> 一　法第四十五条の二十七第二項に規定する計算書類（法45条の27第2項＝各会計年度に係る計算書類）
> 二　法第四十五条の三十四第一項第二号に規定する役員等名簿及び同項第四

号に規定する書類（第二条の四十一第十四号及び第十五号に規定する事項が記載された部分を除く。）

法45条の34第1項4号＝事業の概要等（現況報告書）

施行規則
（調査事項）
第十条の二　法第五十九条の二第二項、第三項及び第六項に規定する厚生労働省令で定める事項は、次に掲げる事項（個人の権利利益が害されるおそれがある部分を除く。）とする。
一　法第四十五条の二十七第二項に規定する計算書類の内容
二　法第四十五条の三十二第一項に規定する附属明細書のうち社会福祉法人会計基準第三十条第一項第十号に規定する拠点区分資金収支明細書及び同項第十一号に規定する拠点区分事業活動明細書の内容
三　法第四十五条の三十四第一項第一号に規定する財産目録の内容
四　法第四十五条の三十四第一項第四号に規定する書類（第二条の四十一第十五号に規定する事項が記載された部分を除く。）の内容
五　承認社会福祉充実計画の内容
六　その他必要な事項

29年法に伴い新設

施行規則
（報告方法）
第十条の三　法第五十九条の二第二項及び第四項に規定する厚生労働省令で定める方法は、次に掲げる方法とする。
一　電磁的方法
二　第九条第三号に規定する情報処理システムに記録する方法

29年法に伴い新設

（厚生労働大臣及び都道府県知事の支援）
第五十九条の三　厚生労働大臣は、都道府県知事及び市長に対して、都道府県知事は、市長に対して、社会福祉法人の指導及び監督に関する事務の実施に関し必要な助言、情報の提供その他の支援を行うよう努めなければならない。

28年法で新設
支援の具体例:「指導監査ガイドライン」等

施行規則
（社会福祉法人台帳）
第十一条　所轄庁は、社会福祉法人台帳を備えなければならない。
2　前項の社会福祉法人台帳に記載しなければならない事項は、次のとおりとする。
一　名称
二　事務所の所在地
三　理事長の氏名
四　事業の種類
五　設立認可年月日及び設立登記年月日
六　評議員又は役員に関する事項
七　資産に関する事項
八　その他必要な事項

29年法に伴い形式的改正
所轄庁の定義＝法30条

第七章　社会福祉事業

（経営主体）

第六十条　社会福祉事業のうち、第一種社会福祉事業は、国、地方公共団体又は社会福祉法人が経営することを原則とする。

旧法のまま
例外:法62条2項以下

（事業経営の準則）

第六十一条　国、地方公共団体、社会福祉法人その他社会福祉事業を経営する者は、次に掲げるところに従い、それぞれの責任を明確にしなければならない。

一　国及び地方公共団体は、法律に基づくその責任を他の社会福祉事業を経営する者に転嫁し、又はこれらの者の財政的援助を求めないこと。

二　国及び地方公共団体は、他の社会福祉事業を経営する者に対し、その自主性を重んじ、不当な関与を行わないこと。

三　社会福祉事業を経営する者は、不当に国及び地方公共団体の財政的、管理的援助を仰がないこと。

2　前項第一号の規定は、国又は地方公共団体が、その経営する社会福祉事業について、福祉サービスを必要とする者を施設に入所させることその他の措置を他の社会福祉事業を経営する者に委託することを妨げるものではない。

旧法のまま

公私分離の原則
関係行政庁の職員が社会福祉法人の役員となることは適当でない
例外＝法109条5項
　　　法110条2項

（社会福祉施設の設置）

第六十二条　市町村又は社会福祉法人は、施設を設置して、第一種社会福祉事業を経営しようとするときは、その事業の開始前に、その施設（以下「社会福祉施設」という。）を設置しようとする地の都道府県知事に、次に掲げる事項を届け出なければならない。

一　施設の名称及び種類

二　設置者の氏名又は名称、住所、経歴及び資産状況

三　条例、定款その他の基本約款

四　建物その他の設備の規模及び構造

五　事業開始の予定年月日

六　施設の管理者及び実務を担当する幹部職員の氏名及び経歴

七　福祉サービスを必要とする者に対する処遇の方法

見出しのみ平成30年法律第44号で改正
法62条から法71条並びに法72条1項及び3項の規定に関する適用除外＝法74条

2　国、都道府県、市町村及び社会福祉法人以外の者は、社会福祉施設を設置して、第一種社会福祉事業を経営しようとするときは、その事業の開始前に、その施設を設置しようとする地の都道府県知事の許可を受けなければならない。

3　前項の許可を受けようとする者は、第一項各号に掲げる事項のほか、次に掲げる事項を記載した申請書を当該都道府県知事に提出しなければならない。

一　当該事業を経営するための財源の調達及びその管理の方法

二　施設の管理者の資産状況

三　建物その他の設備の使用の権限

四　経理の方針

五　事業の経営者又は施設の管理者に事故があるときの処置

無許可経営した者は懲役6月以下又は罰金50万円以下（法161条2号）行為者が法人又は個人の代表者・使用人等のときは、その法人又は個人も罰金50万円以下（法164条）
法62条2項の「以外の者」としては厚生農業協同組合連合会、社会医療法人等がある

4　都道府県知事は、第二項の許可の申請があつたときは、第六十五条の規定により都道府県の条例で定める基準に適合するかどうかを審査するほか、次に掲げる基準によつて、その申請を審査しなければならない。

一　当該事業を経営するために必要な経済的基礎があること。

二　当該事業の経営者が社会的信望を有すること。

三　実務を担当する幹部職員が社会福祉事業に関する経験、熱意及び能力を有すること。

四　当該事業の経理が他の経理と分離できる等その性格が社会福祉法人に準ずるものであること。

五　脱税その他不正の目的で当該事業を経営しようとするものでないこと。
5　都道府県知事は、前項に規定する審査の結果、その申請が、同項に規定する基準に適合していると認めるときは、社会福祉施設設置の許可を与えなければならない。
6　都道府県知事は、前項の許可を与えるに当たつて、当該事業の適正な運営を確保するために必要と認める条件を付することができる。

（社会福祉施設に係る届出事項等の変更）

第六十三条　前条第一項の規定による届出をした者は、その届け出た事項に変更を生じたときは、変更の日から一月以内に、その旨を当該都道府県知事に届け出なければならない。

見出しのみ平成30年法律第44号で改正

2　前条第二項の規定による許可を受けた者は、同条第一項第四号、第五号及び第七号並びに同条第三項第一号、第四号及び第五号に掲げる事項を変更しようとするときは、当該都道府県知事の許可を受けなければならない。
3　前条第四項から第六項までの規定は、前項の規定による許可の申請があつた場合に準用する。

（社会福祉施設の廃止）

第六十四条　第六十二条第一項の規定による届出をし、又は同条第二項の規定による許可を受けて、社会福祉事業を経営する者は、その事業を廃止しようとするときは、廃止の日の一月前までに、その旨を当該都道府県知事に届け出なければならない。

見出しのみ平成30年法律第44号で改正

（社会福祉施設の基準）

第六十五条　都道府県は、社会福祉施設の設備の規模及び構造並びに福祉サービスの提供の方法、利用者等からの苦情への対応その他の社会福祉施設の運営について、条例で基準を定めなければならない。

見出しのみ平成30年法律第44号で改正
法74条の適用除外によって法65条が適用されるのは、軽費老人ホーム、婦人保護施設、社会福祉法に基づく事業授産事業に限られる

2　都道府県が前項の条例を定めるに当たつては、第一号から第三号までに掲げる事項については厚生労働省令で定める基準に従い定めるものとし、第四号に掲げる事項については厚生労働省令で定める基準を標準として定めるものとし、その他の事項については厚生労働省令で定める基準を参酌するものとする。
一　社会福祉施設に配置する職員及びその員数
二　社会福祉施設に係る居室の床面積
三　社会福祉施設の運営に関する事項であつて、利用者の適切な処遇及び安全の確保並びに秘密の保持に密接に関連するものとして厚生労働省令で定めるもの
四　社会福祉施設の利用定員

施設基準としては、軽費老人ホームの設備及び運営に関する基準（平成20年厚生労働省令第107号）などがある
基準＝1号から3号
標準＝4号

3　社会福祉施設の設置者は、第一項の基準を遵守しなければならない。

（社会福祉施設の管理者）

第六十六条　社会福祉施設には、専任の管理者を置かなければならない。

見出しのみ平成30年法律第44号で改正
管理者＝施設長

（施設を必要としない第一種社会福祉事業の開始）

第六十七条　市町村又は社会福祉法人は、施設を必要としない第一種社会福祉事業を開始したときは、事業開始の日から一月以内に、事業経営地の都道府県知事に次に掲げる事項を届け出なければならない。
一　経営者の名称及び主たる事務所の所在地
二　事業の種類及び内容
三　条例、定款その他の基本約款

旧法のまま
法67条の対象事業は助葬事業（法2条2項1号）及び無利子・低利融資事業（法2条2項7号）のみ

2　国、都道府県、市町村及び社会福祉法人以外の者は、施設を必要としない第一種社会福祉事業を経営しようとするときは、その事業の開始前に、その事業を経営しようとする地の都道府県知事の許可を受けなければならない。
3　前項の許可を受けようとする者は、第一項各号並びに第六十二条第三項第一

無許可経営した者は懲役6月以下又は罰金50万円以下（法161条2号）
行為者が法人又は個人の代表者・使用

号、第四号及び第五号に掲げる事項を記載した申請書を当該都道府県知事に提出しなければならない。

4 都道府県知事は、第二項の許可の申請があつたときは、第六十二条第四項各号に掲げる基準によつて、これを審査しなければならない。

5 第六十二条第五項及び第六項の規定は、前項の場合に準用する。

人等のときは、その法人又は個人も罰金50万円以下(法164条)

(施設を必要としない第一種社会福祉事業の変更及び廃止)

第六十八条 前条第一項の規定による届出をし、又は同条第二項の規定による許可を受けて社会福祉事業を経営する者は、その届け出た事項又は許可申請書に記載した事項に変更を生じたときは、変更の日から一月以内に、その旨を当該都道府県知事に届け出なければならない。その事業を廃止したときも、同様とする。

見出しのみ平成30年法律第44号で改正

(社会福祉住居施設の設置)

第六十八条の二 市町村又は社会福祉法人は、住居の用に供するための施設を設置して、第二種社会福祉事業を開始したときは、事業開始の日から一月以内に、その施設(以下「社会福祉住居施設」という。)を設置した地の都道府県知事に、次に掲げる事項を届け出なければならない。

一 施設の名称及び種類

二 設置者の氏名又は名称、住所、経歴及び資産状況

三 条例、定款その他の基本約款

四 建物その他の設備の規模及び構造

五 事業開始の年月日

六 施設の管理者及び実務を担当する幹部職員の氏名及び経歴

七 福祉サービスを必要とする者に対する処遇の方法

2 国、都道府県、市町村及び社会福祉法人以外の者は、社会福祉住居施設を設置して、第二種社会福祉事業を経営しようとするときは、その事業の開始前に、その施設を設置しようとする地の都道府県知事に、前項各号に掲げる事項を届け出なければならない。

平成30年法律第44号により新設

無料低額宿泊事業(法2条3項8号)は法68条の2の適用対象

(社会福祉住居施設に係る届出事項の変更)

第六十八条の三 前条第一項の規定による届出をした者は、その届け出た事項に変更を生じたときは、変更の日から一月以内に、その旨を当該都道府県知事に届け出なければならない。

2 前条第二項の規定による届出をした者は、同条第一項第四号、第五号及び第七号に掲げる事項を変更しようとするときは、あらかじめ、その旨を当該都道府県知事に届け出なければならない。

3 前条第二項の規定による届出をした者は、同条第一項第一号から第三号まで及び第六号に掲げる事項を変更したときは、変更の日から一月以内に、その旨を当該都道府県知事に届け出なければならない。

平成30年法律第44号により新設

(社会福祉住居施設の廃止)

第六十八条の四 第六十八条の二第一項又は第二項の規定による届出をした者は、その事業を廃止したときは、廃止の日から一月以内に、その旨を当該都道府県知事に届け出なければならない。

平成30年法律第44号により新設

(社会福祉住居施設の基準)

第六十八条の五 都道府県は、社会福祉住居施設の設備の規模及び構造並びに福祉サービスの提供の方法、利用者等からの苦情への対応その他の社会福祉住居施設の運営について、条例で基準を定めなければならない。

2 都道府県が前項の条例を定めるに当たつては、次に掲げる事項については厚生労働省令で定める基準を標準として定めるものとし、その他の事項については厚生労働省令で定める基準を参酌するものとする。

平成30年法律第44号により新設

省令で定める基準=「無料低額宿泊所の設備及び運営に関する基準」(令和元年厚生労働省令34号)

一 社会福祉住居施設に配置する職員及びその員数
二 社会福祉住居施設に係る居室の床面積
三 社会福祉住居施設の運営に関する事項であつて、利用者の適切な処遇及び安全の確保並びに秘密の保持に密接に関連するものとして厚生労働省令で定めるもの
四 社会福祉住居施設の利用定員

3 社会福祉住居施設の設置者は、第一項の基準を遵守しなければならない。

（社会福祉住居施設の管理者）

第六十八条の六 第六十六条の規定は、社会福祉住居施設について準用する。

平成30年法律第44号により新設

（住居の用に供するための施設を必要としない第二種社会福祉事業の開始等）

第六十九条 国及び都道府県以外の者は、住居の用に供するための施設を必要としない第二種社会福祉事業を開始したときは、事業開始の日から一月以内に、事業経営地の都道府県知事に第六十七条第一項各号に掲げる事項を届け出なければならない。

平成30年法律第44号で見出しを改め、第1項に下線部を追加
法69条も法74条によって適用除外

2 前項の規定による届出をした者は、その届け出た事項に変更を生じたときは、変更の日から一月以内に、その旨を当該都道府県知事に届け出なければならない。その事業を廃止したときも、同様とする。

第2項：旧法のまま

（調査）

第七十条 都道府県知事は、この法律の目的を達成するため、社会福祉事業を経営する者に対し、必要と認める事項の報告を求め、又は当該職員をして、施設、帳簿、書類等を検査し、その他事業経営の状況を調査させることができる。

旧法のまま
規則12条☞
いわゆる施設監査
→法人監査は法56条

施行規則
（身分を示す証明書）
第十二条 法第七十条の規定により検査その他事業経営の状況の調査を行う当該職員は、その身分を示す証明書を携帯し、かつ、関係者の請求があるときは、これを提示しなければならない。

（改善命令）

第七十一条 都道府県知事は、第六十二条第一項の規定による届出をし、若しくは同条第二項の規定による許可を受けて社会福祉事業を経営する者の施設又は第六十八条の二第一項若しくは第二項の規定による届出をして社会福祉事業を経営する者の施設が、第六十五条第一項又は第六十八条の五第一項の基準に適合しないと認められるに至つたときは、その事業を経営する者に対し、当該基準に適合するために必要な措置を採るべき旨を命ずることができる。

平成30年法律第44号で「又は」を「若しくは」に、「同項の」を「当該」に各変更し、下線部を追加

（許可の取消し等）

第七十二条 都道府県知事は、第六十二条第一項、第六十七条第一項、第六十八条の二第一項若しくは第二項若しくは第六十九条第一項の規定による届出をし、又は第六十二条第二項若しくは第六十七条第二項の規定による許可を受けて社会福祉事業を経営する者が、第六十二条第六項（第六十三条第三項及び第六十七条第五項において準用する場合を含む。）の規定による条件に違反し、第六十三条第一項若しくは第二項、第六十八条、第六十八条の三若しくは第六十九条第二項の規定に違反し、第七十条の規定による報告の求めに応ぜず、若しくは虚偽の報告をし、同条の規定による当該職員の検査若しくは調査を拒み、妨げ、若しくは忌避し、前条の規定による命令に違反し、又はその事業に関し不当に営利を図り、若しくは福祉サービスの提供を受ける者の処遇につき不当な行為をしたときは、その者に対し、社会福祉事業を経営することを制限し、その停止を命じ、又は第六十二条第二項若しくは第六十七条第二項の許可を取り消すことができる。

平成30年法律第44号により下線部を追加

1項から3項までの制限・停止命令に違反した者又は許可取消しに拘わらず社会福祉事業を経営した者は、懲役6月以下又は罰金50万円以下（法161条3号）
行為者が法人又は個人の代表者・使用人等のときは、その法人又は個人も罰金50万円以下（法164条）

２　都道府県知事は、第六十二条第一項、第六十七条第一項、第六十八条の二第一項若しくは第二項若しくは第六十九条第一項の規定による届出をし、若しくは第七十四条に規定する他の法律に基づく届出をし、又は第六十二条第二項若しくは第六十七条第二項の規定による許可を受け、若しくは第七十四条に規定する他の法律に基づく許可若しくは認可を受けて社会福祉事業を経営する者（次章において「社会福祉事業の経営者」という。）が、第七十七条又は第七十九条の規定に違反したときは、その者に対し、社会福祉事業を経営することを制限し、その停止を命じ、又は第六十二条第二項若しくは第六十七条第二項の許可若しくは第七十四条に規定する他の法律に基づく許可若しくは認可を取り消すことができる。

平成30年法律第44号により下線部を追加

1項3項と異なり2項は法77条（書面交付義務）及び法79条（誇大広告の禁止）が他の法律に置かれていないので法74条の適用除外対象とはなっていない

３　都道府県知事は、第六十二条第一項若しくは第二項、第六十七条第一項若しくは第二項、第六十八条の二第一項若しくは第二項又は第六十九条第一項の規定に違反して社会福祉事業を経営する者が、その事業に関し不当に営利を図り、若しくは福祉サービスの提供を受ける者の処遇につき不当の行為をしたときは、その者に対し、社会福祉事業を経営することを制限し、又はその停止を命ずることができる。

平成30年法律第44号により下線部を追加

〈編者注〉　法72条3項が適用される事業

法72条3項が適用される事業は次に掲げる事業
①　助葬事業　②　軽費老人ホーム又は老人福祉センターを経営する事業　③　社会福祉法人その他の者が、障害者支援施設を経営する事業　④　婦人保護施設を経営する事業　⑤　保護施設に該当しない授産施設（事業授産施設）を経営する事業及び無利子・低利融資事業　⑥　生計困難者に対して、その住居で衣食その他日常の生活必需品若しくはこれに要する金銭を与え、又は生活に関する相談に応じる事業　⑦　認定生活困窮者就労訓練事業　⑧　子育て短期支援事業、乳児家庭全戸訪問事業、養育支援訪問事業、地域子育て支援拠点事業、子育て援助活動支援事業及び児童の福祉の増進について相談に応ずる事業　⑨　母子・父子福祉施設を経営する事業　⑩　身体障害者の更生相談に応ずる事業　⑪　知的障害者の更生相談に応ずる事業　⑫　生計困難者のために、無料又は低額な料金で、簡易住宅を貸し付け、又は宿泊所その他の施設を利用させる事業　⑬　無低診療事業及び無低老健事業　⑭　隣保事業　⑮　福祉サービス利用援助事業　⑯　連絡助成事業

左は、法74条によって適用除外されない事業

（市の区域内で行われる隣保事業の特例）

第七十三条　市の区域内で行われる隣保事業について第六十九条、第七十条及び前条の規定を適用する場合においては、第六十九条第一項中「及び都道府県」とあるのは「、都道府県及び市」と、「都道府県知事」とあるのは「市長」と、同条第二項、第七十条及び前条中「都道府県知事」とあるのは「市長」と読み替えるものとする。

旧法のまま

前条規定を読替えて適用する場合の違反に対する罰則は前条と同じ（法161条3号、法164条）

（適用除外）

第七十四条　第六十二条から第七十一条まで並びに第七十二条第一項及び第三項の規定は、他の法律によつて、その設置又は開始につき、行政庁の許可、認可又は行政庁への届出を要するものとされている施設又は事業については、適用しない。

旧法のまま

〈編者注〉　適用除外

法74条にある「他の法律」としては、生活保護法、児童福祉法、老人福祉法、障害者総合支援法、生活困窮者自立支援法、認定こども園法、養子縁組あっせん法、母子及び父子並びに寡婦福祉法、身体障害者福祉法及び知的障害者福祉法がある。

第八章　福祉サービスの適切な利用

第一節　情報の提供等

（情報の提供）

第七十五条　社会福祉事業の経営者は、福祉サービス（社会福祉事業において提供されるものに限る。以下この節及び次節において同じ。）を利用しようとする者が、適切かつ円滑にこれを利用することができるように、その経営する社会福祉事業に関し情報の提供を行うよう努めなければならない。

旧法のまま
経営者の努力義務

2　国及び地方公共団体は、福祉サービスを利用しようとする者が必要な情報を容易に得られるように、必要な措置を講ずるよう努めなければならない。

国・地方公共団体の努力義務

（利用契約の申込み時の説明）

第七十六条　社会福祉事業の経営者は、その提供する福祉サービスの利用を希望する者からの申込みがあつた場合には、その者に対し、当該福祉サービスを利用するための契約の内容及びその履行に関する事項について説明するよう努めなければならない。

旧法のまま
経営者の努力義務

（利用契約の成立時の書面の交付）

第七十七条　社会福祉事業の経営者は、福祉サービスを利用するための契約（厚生労働省令で定めるものを除く。）が成立したときは、その利用者に対し、遅滞なく、次に掲げる事項を記載した書面を交付しなければならない。

一　当該社会福祉事業の経営者の名称及び主たる事務所の所在地

二　当該社会福祉事業の経営者が提供する福祉サービスの内容

三　当該福祉サービスの提供につき利用者が支払うべき額に関する事項

四　その他厚生労働省令で定める事項

1項は旧法のまま
規則16条1項☞
書面交付義務違反は不利益処分対象（法72条2項）
規則16条2項☞

2　社会福祉事業の経営者は、前項の規定による書面の交付に代えて、政令の定めるところにより、当該利用者の承諾を得て、当該書面に記載すべき事項を電磁的方法により提供することができる。この場合において、当該社会福祉事業の経営者は、当該書面を交付したものとみなす。

29年法で「電磁的方法」の部分を改正

施行令

（情報通信の技術を利用する方法）

第十四条　社会福祉事業の経営者は、法第七十七条第二項の規定により同項に規定する事項を提供しようとするときは、厚生労働省令で定めるところにより、あらかじめ、当該利用者に対し、その用いる電磁的方法の種類及び内容を示し、書面又は電磁的方法による承諾を得なければならない。

2　前項の規定による承諾を得た社会福祉事業の経営者は、当該利用者から書面又は電磁的方法により電磁的方法による提供を受けない旨の申出があつたときは、当該利用者に対し、法第七十七条第二項に規定する事項の提供を電磁的方法によつてしてはならない。ただし、当該利用者が再び前項の規定による承諾をした場合は、この限りでない。

29年法に伴い一部形式的改正
規則18条☞

施行規則

（法第七十七条第一項に規定する厚生労働省令で定める契約等）

第十六条　法第七十七条第一項に規定する厚生労働省令で定める契約は、次に掲げる事業において提供される福祉サービスを利用するための契約とする。

一　法第二条第二項第二号に掲げる事業のうち、母子生活支援施設を経営する事業

二　法第二条第三項第一号に掲げる事業

三　法第二条第三項第二号に掲げる事業のうち、次に掲げるもの

イ　障害児相談支援事業

ロ　児童自立生活援助事業

おおむね、直接処遇を伴わず広く一般に利用できる福祉サービスについては書面交付義務を免除している

ハ　乳児家庭全戸訪問事業
ニ　養育支援訪問事業
ホ　地域子育て支援拠点事業
ヘ　子育て援助活動事業
ト　助産施設を経営する事業
チ　保育所（都道府県及び市町村が設置したもの並びに就学前の子どもに関する教育、保育等の総合的な提供の推進に関する法律（平成十八年法律第七十七号）第二条第六項に規定する認定こども園（保育所であるものに限る。）を除く。）を経営する事業
リ　児童厚生施設を経営する事業
ヌ　児童家庭支援センターを経営する事業
ル　児童の福祉の増進について相談に応ずる事業
四　法第二条第三項第三号に掲げる事業のうち、母子・父子福祉施設を経営する事業
五　法第二条第三項第四号に掲げる事業のうち、次に掲げるもの
イ　老人福祉センターを経営する事業
ロ　老人介護支援センターを経営する事業
六　法第二条第三項第四号の二に掲げる事業のうち、一般相談支援事業及び特定相談支援事業
七　法第二条第三項第五号に掲げる事業のうち、次に掲げるもの
イ　身体障害者福祉センターを経営する事業
ロ　身体障害者の更生相談に応ずる事業
八　法第二条第三項第六号に掲げる事業のうち、知的障害者の更生相談に応ずる事業
九　法第二条第三項第九号に掲げる事業
十　法第二条第三項第十一号に掲げる事業
2　法第七十七条第一項第四号に規定する厚生労働省令で定める事項は、次のとおりとする。
一　福祉サービスの提供開始年月日
二　福祉サービスに係る苦情を受け付けるための窓口

施行規則
（情報通信の技術を利用する方法）
第十八条　令第十四条第一項の規定により示すべき方法の種類及び内容は、次に掲げる事項とする。
一　第二条の四第一項に規定する方法のうち社会福祉事業の経営者が使用するもの
二　ファイルへの記録の方式

見出しなし
28年法・29年法に伴い形式的改正

規則2条の4
☞法34条の2

（福祉サービスの質の向上のための措置等）
第七十八条　社会福祉事業の経営者は、自らその提供する福祉サービスの質の評価を行うことその他の措置を講ずることにより、常に福祉サービスを受ける者の立場に立つて良質かつ適切な福祉サービスを提供するよう努めなければならない。
2　国は、社会福祉事業の経営者が行う福祉サービスの質の向上のための措置を援助するために、福祉サービスの質の公正かつ適切な評価の実施に資するための措置を講ずるよう努めなければならない。

旧法のまま
関連法文：法3条、法5条

（誇大広告の禁止）
第七十九条　社会福祉事業の経営者は、その提供する福祉サービスについて広告をするときは、広告された福祉サービスの内容その他の厚生労働省令で定める事項について、著しく事実に相違する表示をし、又は実際のものよりも著しく優良であり、若しくは有利であると人を誤認させるような表示をしてはならない。

旧法のまま
規則19条☞
誇大広告禁止違反は不利益処分対象（法72条2項）

施行規則
（誇大広告が禁止される事項）
第十九条　法第七十九条に規定する厚生労働省令で定める事項は、次のとおりとする。
一　提供される福祉サービスの質その他の内容に関する事項
二　利用者が事業者に支払うべき対価に関する事項
三　契約の解除に関する事項
四　事業者の資力又は信用に関する事項
五　事業者の事業の実績に関する事項

参考:「有料老人ホームに関する不当な表示」(平成16年4月2日公正取引委員会告示第3号)

第二節　福祉サービスの利用の援助等

（福祉サービス利用援助事業の実施に当たつての配慮）
第八十条　福祉サービス利用援助事業を行う者は、当該事業を行うに当たつては、利用者の意向を十分に尊重するとともに、利用者の立場に立つて公正かつ適切な方法により行わなければならない。

旧法のまま
福祉サービス利用援助事業＝法2条3項12号

（都道府県社会福祉協議会の行う福祉サービス利用援助事業等）
第八十一条　都道府県社会福祉協議会は、第百十条第一項各号に掲げる事業を行うほか、福祉サービス利用援助事業を行う市町村社会福祉協議会その他の者と協力して都道府県の区域内においてあまねく福祉サービス利用援助事業が実施されるために必要な事業を行うとともに、これと併せて、当該事業に従事する者の資質の向上のための事業並びに福祉サービス利用援助事業に関する普及及び啓発を行うものとする。

旧法のまま
法110条1項＝都道府県社会福祉協議会の行う事業
左の事業名称は「日常生活自立支援事業」

（社会福祉事業の経営者による苦情の解決）
第八十二条　社会福祉事業の経営者は、常に、その提供する福祉サービスについて、利用者等からの苦情の適切な解決に努めなければならない。

旧法のまま

〈編者注〉　苦情解決の指針
「社会福祉事業の経営者による福祉サービスに関する苦情解決の仕組みの指針について」(平成12年6月7日　障第452号・社援第1352号・老発第514号・児発第575号) が発出されている

（運営適正化委員会）
第八十三条　都道府県の区域内において、福祉サービス利用援助事業の適正な運営を確保するとともに、福祉サービスに関する利用者等からの苦情を適切に解決するため、都道府県社会福祉協議会に、人格が高潔であつて、社会福祉に関する識見を有し、かつ、社会福祉、法律又は医療に関し学識経験を有する者で構成される運営適正化委員会を置くものとする。

旧法のまま
参考:「運営適正化委員会等の設置要綱について」(平成12年6月7日 社援第1353号)

（運営適正化委員会の行う福祉サービス利用援助事業に関する助言等）
第八十四条　運営適正化委員会は、第八十一条の規定により行われる福祉サービス利用援助事業の適正な運営を確保するために必要があると認めるときは、当該福祉サービス利用援助事業を行う者に対して必要な助言又は勧告をすることができる。
2　福祉サービス利用援助事業を行う者は、前項の勧告を受けたときは、これを尊重しなければならない。

旧法のまま
参考:「運営適正化委員会における福祉サービスに関する苦情解決事業について」(平成12年6月7日 社援第1354号)

（運営適正化委員会の行う苦情の解決のための相談等）
第八十五条　運営適正化委員会は、福祉サービスに関する苦情について解決の申出があつたときは、その相談に応じ、申出人に必要な助言をし、当該苦情に係る事情を調査するものとする。
2　運営適正化委員会は、前項の申出人及び当該申出人に対し福祉サービスを提供した者の同意を得て、苦情の解決のあつせんを行うことができる。

旧法のまま
規則24条☞

（運営適正化委員会から都道府県知事への通知）
第八十六条 運営適正化委員会は、苦情の解決に当たり、当該苦情に係る福祉サービスの利用者の処遇につき不当な行為が行われているおそれがあると認めるときは、都道府県知事に対し、速やかに、その旨を通知しなければならない。

旧法のまま

（政令への委任）
第八十七条 この節に規定するもののほか、運営適正化委員会に関し必要な事項は、政令で定める。

旧法のまま
施行令15条～23条☞

施行令
（運営適正化委員会の委員の定数及び選任）
第十五条 法第八十三条に規定する運営適正化委員会（以下「運営適正化委員会」という。）の委員（第四項及び第五項並びに第三十二条を除き、以下単に「委員」という。）の定数は、福祉サービス利用援助事業に関する助言又は勧告及び福祉サービスに関する苦情の解決の相談、助言、調査又はあつせんの事務を第二十条第一項に規定する合議体が適切に行うために必要かつ十分なものとして、都道府県社会福祉協議会が定める数とする。

施行令24条
＝配分委員会
☞法115条
令和2年12月24日政令第380号により一部改正

2 都道府県社会福祉協議会は、前項に規定する定数を変更しようとするときは、運営適正化委員会の意見を聴かなければならない。
3 委員は、都道府県社会福祉協議会に置かれる選考委員会の同意を得て、都道府県社会福祉協議会の代表者が選任する。

規則20条☞

4 前項の選考委員会は、福祉サービスの利用者を代表する委員、社会福祉事業を経営する者を代表する委員及び公益を代表する委員各同数をもつて組織する。
5 第三項の選考委員会の委員は、都道府県社会福祉協議会の代表者が選任する。この場合においては、あらかじめ、厚生労働省令で定めるところにより、住民、福祉サービスの利用者、社会福祉事業を経営する者その他の関係者の意見を聴かなければならない。
6 前三項に規定するもののほか、選考委員会に関し必要な事項は、厚生労働省令で定める。

規則20～23条☞

施行令
（委員の任期）
第十六条 委員の任期は、二年とする。ただし、補欠の委員の任期は、前任者の残任期間とする。
2 委員は、再任されることができる。

施行令
（委員の解任）
第十七条 都道府県社会福祉協議会の代表者は、委員が心身の故障のため職務の遂行ができないと認めるとき、又は委員に職務上の義務違反その他委員たるに適しない非行があると認めるときは、これを解任することができる。

施行令
（運営適正化委員会の委員長）
第十八条 運営適正化委員会に委員長一人を置き、委員の互選によつてこれを定める。
2 委員長は、会務を総理し、運営適正化委員会を代表する。
3 委員長に事故があるときは、あらかじめその指名する委員が、その職務を代理する。

施行令
（運営適正化委員会の会議）
第十九条 運営適正化委員会は、委員長が招集する。
2 運営適正化委員会は、過半数の委員の出席がなければ、これを開き、議決をすることができない。
3 運営適正化委員会の議事は、出席した委員の過半数をもつて決し、可否同数のときは、委員長の決するところによる。

施行令
（合議体）
第二十条　運営適正化委員会は、委員のうちから委員長が指名する者をもつて構成する合議体（以下「合議体」という。）で、次に掲げる事項に係る案件を取り扱う。
一　福祉サービス利用援助事業に関する助言又は勧告
二　福祉サービスに関する苦情の解決のための相談、助言、調査又はあつせん
2　合議体に長を一人置き、当該合議体を構成する委員の互選によつてこれを定める。
3　合議体を構成する委員の定数は、三人以上であつて運営適正化委員会が定める数とする。
4　合議体は、これを構成する委員の過半数（三人をもつて構成する合議体にあつては、これを構成する委員のすべて）が出席しなければ、会議を開き、議決をすることができない。
5　合議体の議事は、出席した委員の過半数をもつて決し、可否同数のときは、長の決するところによる。
6　運営適正化委員会において別段の定めをした場合のほかは、合議体の議決をもつて運営適正化委員会の議決とする。

施行令
（運営適正化委員会の事務局）
第二十一条　運営適正化委員会の事務を処理させるため、運営適正化委員会に事務局を置く。
2　事務局に、事務局長のほか、所要の職員を置く。
3　事務局長は、委員長の命を受けて、局務を掌理する。

施行令
（委員等の秘密保持義務）
第二十二条　委員若しくは運営適正化委員会の事務局の職員又はこれらの職にあつた者は、その職務に関して知り得た秘密を漏らしてはならない。

施行令
（情報の公開）
第二十三条　運営適正化委員会は、毎年少なくとも一回、運営適正化委員会の業務の状況及びその成果について報告書を作成し、これを公表しなければならない。

施行規則
（選考委員会の委員の選任に関する意見の聴取）
第二十条　令第十五条第三項に規定する選考委員会（以下「選考委員会」という。）の委員の選任に当たつては、都道府県社会福祉協議会が定める方法であつて、次の各号のいずれかに該当するものによるものとする。
一　一定の期間を指定して意見書の提出を受け付ける方法
二　あらかじめ公示した期日及び場所において意見を聴取する方法
三　前二号の方法に準ずるものとして都道府県社会福祉協議会が定める方法

28年法に伴い一部形式的改正

施行規則
（選考委員会の委員の任期）
第二十一条　選考委員会の委員の任期は、二年とする。ただし、補欠の委員の任期は、前任者の残任期間とする。
2　委員は、再任されることができる。

施行規則
（選考委員会の委員長）
第二十二条　選考委員会に、公益を代表する委員のうちから委員が選挙する委員長一人を置く。
2　委員長は、会務を総理し、選考委員会を代表する。
3　委員長に事故があるときは、公益を代表する委員のうちからあらかじめ委員長が指名する者が、その職務を代理する。

施行規則

（選考委員会の会議）

第二十三条　選考委員会は、委員長が招集する。

2　選考委員会は、福祉サービスの利用者を代表する委員、社会福祉事業を経営する者を代表する委員及び公益を代表する委員の各二分の一以上が出席しなければ、会議を開き、議決をすることができない。

3　選考委員会の議事は、出席した委員の過半数をもつて決し、可否同数のときは、委員長の決するところによる。

施行規則

（苦情の解決のあつせんの申請）

第二十四条　法第八十五条第一項に規定する申出人及び当該申出人に対し福祉サービスを提供した者（以下「当事者」という。）は、法第八十三条に規定する運営適正化委員会（以下「運営適正化委員会」という。）に対し、法第八十五条第二項に規定するあつせん（以下「あつせん」という。）の申請をすることができる。

2　前項のあつせんの申請をしようとする者は、次の事項を記載した申請書を運営適正化委員会に提出しなければならない。

一　申請者の氏名又は名称及び住所又は居所並びに法人にあつては代表者の氏名

二　当事者の一方からの申請をしようとするときは、他方の当事者の氏名又は名称及び住所又は居所並びに法人にあつては代表者の氏名

三　あつせんを求める事項

四　その他あつせんを行うに際し参考となる事項

施行規則

（他の当事者への通知等）

第二十五条　運営適正化委員会は、当事者の一方からあつせんの申請があつたときは、他方の当事者に対し、その旨を通知するとともに、相当の期間を指定して、当該申請に係る事件をあつせんに付することに同意するかどうかを書面をもつて回答すべきことを求めなければならない。

2　前項の規定により回答を求められた者が同項に規定する期間内に回答をしなかつたときは、あつせんに付することに同意しなかつたものとみなす。

3　運営適正化委員会は、当事者の一方からあつせんの申請があつた場合において、他方の当事者がこれに同意しなかつたときは、その旨を申請者に通知しなければならない。

施行規則

（あつせんへの付託等）

第二十六条　運営適正化委員会は、当事者の双方からあつせんの申請があつたとき、又は前条の規定により当事者の一方からあつせんの申請があつた場合において他方の当事者がこれに同意したときは、令第二十条第一項に規定する合議体（以下「合議体」という。）によるあつせんに付するものとする。ただし、運営適正化委員会は、事件がその性質上あつせんをするのに適当でないと認めるとき、又は申請者が不当な目的でみだりにあつせんの申請をしたと認めるときは、あつせんに付さないことができる。

28年法に伴い一部形式的改正

2　運営適正化委員会は、申請に係る事件をあつせんに付したときは、その旨及び当該事件のあつせんを行う合議体を構成する委員の氏名を当事者に通知しなければなない。

3　運営適正化委員会は、申請に係る事件を第一項ただし書の規定によりあつせんに付さないこととしたときは、理由を付した書面をもつて当事者にその旨を通知しなければならない。

施行規則

（あつせん）

第二十七条　あつせんを行う合議体は、当事者間をあつせんし、双方の主張の要点を確かめ、実情に即して事件が解決されるように努めなければならない。

2　あっせんを行う合議体は、事件が解決される見込みがないと認めるときは、あっせんを打ち切ることができる。この場合においては、あっせんを打ち切ることとした理由を付した書面をもつて当事者にその旨を通知しなければならない。

第三節　社会福祉を目的とする事業を経営する者への支援

第八十八条　都道府県社会福祉協議会は、第百十条第一項各号に掲げる事業を行うほか、社会福祉を目的とする事業の健全な発達に資するため、必要に応じ、社会福祉を目的とする事業を経営する者がその行つた福祉サービスの提供に要した費用に関して地方公共団体に対して行う請求の事務の代行その他の社会福祉を目的とする事業を経営する者が当該事業を円滑に実施することができるよう支援するための事業を実施するよう努めなければならない。ただし、他に当該事業を実施する適切な者がある場合には、この限りでない。

旧法のまま

第九章　社会福祉事業等に従事する者の確保の促進

28年法で「社会福祉事業」を「社会福祉事業等」に改正
この章以下同じ

第一節　基本指針等

（基本指針）

第八十九条　厚生労働大臣は、社会福祉事業の適正な実施を確保し、社会福祉事業その他の政令で定める社会福祉を目的とする事業（以下この章において「社会福祉事業等」という。）の健全な発達を図るため、社会福祉事業等に従事する者（以下この章において「社会福祉事業等従事者」という。）の確保及び国民の社会福祉に関する活動への参加の促進を図るための措置に関する基本的な指針（以下「基本指針」という。）を定めなければならない。

1項：28年一部改正
施行令24条🄿
従来の社会福祉事業の範囲を超えて介護保険制度を担う介護サービス人材を確保する趣旨

2　基本指針に定める事項は、次のとおりとする。

一　社会福祉事業等従事者の就業の動向に関する事項

二　社会福祉事業等を経営する者が行う、社会福祉事業等従事者に係る処遇の改善（国家公務員及び地方公務員である者に係るものを除く。）及び資質の向上並びに新規の社会福祉事業等従事者の確保に資する措置その他の社会福祉事業等従事者の確保に資する措置の内容に関する事項

三　前号に規定する措置の内容に関して、その適正かつ有効な実施を図るために必要な措置の内容に関する事項

四　国民の社会福祉事業等に対する理解を深め、国民の社会福祉に関する活動への参加を促進するために必要な措置の内容に関する事項

2項：旧法のまま
2項以下、28年法で「社会福祉事業」を「社会福祉事業等」に改正された以外の改正がないものについては、以下では単に「旧法のまま」としている

3　厚生労働大臣は、基本指針を定め、又はこれを変更しようとするときは、あらかじめ、内閣総理大臣及び総務大臣に協議するとともに、社会保障審議会及び都道府県の意見を聴かなければならない。

4　厚生労働大臣は、基本指針を定め、又はこれを変更したときは、遅滞なく、これを公表しなければならない。

3項：こども家庭庁設置に伴い令和4年法律第76号により「総務大臣」を「内閣総理大臣及び総務大臣」に改正（令和5年4月1日施行）
4項：旧法のまま

施行令
（社会福祉を目的とする事業）

第二十四条　法第八十九条第一項の政令で定める社会福祉を目的とする事業は、社会福祉事業及び次に掲げる事業であつて社会福祉事業以外のものとする。

一　介護保険法第八条第一項に規定する居宅サービス事業（同法の規定による特例居宅介護サービス費の支給に係る同項に規定する居宅サービスに相当するサービスを行う事業を含む。）、同条第十四項に規定する地域密着型サービス事業（同法の規定による特例地域密着型介護サービス費の支給に係る同項に規定する地域密着型サービスに相当するサービスを行う事業を含む。）、同条第二十四項に規定する居宅介護支援事業、同法第八条の二第一項に規定する介護予防サービス事業（同法の規定による特例介護予防サービス費の支給に係る同項に規定する介護予防サービスに相当するサービスを行う事業を含む。）又は同条第十六項に規定する介護予防支援事業

二　介護保険法第八条第二十八項に規定する介護老人保健施設又は同条第二十九項に規定する介護医療院を経営する事業

三　介護保険法第百十五条の四十五の三第一項に規定する第一号事業支給費の支給に係る同法第百十五条の四十五第一項第一号に規定する第一号事業

四　健康保険法等の一部を改正する法律（平成十八年法律第八十三号）附則第百三十条の二第一項の規定によりなおその効力を有するものとされた同法第二十六条の規定による改正前の介護保険法第八条第二十六項に規定する介護療養型医療施設を経営する事業

28年法に伴い新設
令和2年12月24日政令第380号により「第23条の2」を「第24条」に改正
平成29年3月28日に「社会福祉法の改正に係る介護人材の確保に関する事項の施行について」が発出されている（社援基発0328第1号）

（社会福祉事業等を経営する者の講ずべき措置）

第九十条　社会福祉事業等を経営する者は、前条第二項第二号に規定する措置の内容に即した措置を講ずるように努めなければならない。　旧法のまま

2　社会福祉事業等を経営する者は、前条第二項第四号に規定する措置の内容に即した措置を講ずる者に対し、必要な協力を行うように努めなければならない。

（指導及び助言）

第九十一条　国及び都道府県は、社会福祉事業等を経営する者に対し、第八十九条第二項第二号に規定する措置の内容に即した措置の的確な実施に必要な指導及び助言を行うものとする。　旧法のまま

（国及び地方公共団体の措置）

第九十二条　国は、社会福祉事業等従事者の確保及び国民の社会福祉に関する活動への参加を促進するために必要な財政上及び金融上の措置その他の措置を講ずるよう努めなければならない。　旧法のまま

2　地方公共団体は、社会福祉事業等従事者の確保及び国民の社会福祉に関する活動への参加を促進するために必要な措置を講ずるよう努めなければならない。

第二節　福祉人材センター

第一款　都道府県福祉人材センター

（指定等）

第九十三条　都道府県知事は、社会福祉事業等に関する連絡及び援助を行うこと等により社会福祉事業等従事者の確保を図ることを目的として設立された社会福祉法人であつて、次条に規定する業務を適正かつ確実に行うことができると認められるものを、その申請により、都道府県ごとに一個に限り、都道府県福祉人材センター（以下「都道府県センター」という。）として指定することができる。　旧法のまま　都道府県福祉人材センターは、都道府県社会福祉協議会に設置されている　規則28条

2　都道府県知事は、前項の申請をした者が職業安定法（昭和二十二年法律第百四十一号）第三十三条第一項の許可を受けて社会福祉事業等従事者につき無料の職業紹介事業を行う者でないときは、前項の規定による指定をしてはならない。　29年法で新設 以下項番号繰下げ　職業安定法33条1項 ☞法98条

3　都道府県知事は、第一項の規定による指定をしたときは、当該都道府県センターの名称、住所及び事務所の所在地を公示しなければならない。　旧法2項のまま

4　都道府県センターは、その名称、住所又は事務所の所在地を変更しようとするときは、あらかじめ、その旨を都道府県知事に届け出なければならない。　旧法3項のまま　規則29条

5　都道府県知事は、前項の規定による届出があつたときは、当該届出に係る事項を公示しなければならない。　旧法4項のまま

> **施行規則**
>
> （指定の申請）
>
> **第二十八条**　法第九十三条第一項の規定により指定を受けようとする社会福祉法人は、次に掲げる事項を記載した申請書を都道府県知事に提出しなければならない。
>
> 一　名称、住所及び事務所の所在地
>
> 二　理事長の氏名
>
> 2　前項の申請書には、次に掲げる書面を添付しなければならない。
>
> 一　定款
>
> 二　登記事項証明書
>
> 三　評議員及び役員の氏名、住所並びに略歴を記載した書面　役員＝理事＋監事（法31条1項6号）
>
> 四　法第九十四条に掲げる業務の実施に関する基本的な計画
>
> 五　資産の総額並びにその種類及びこれを証する書類

施行規則
（名称等の変更の届出）
第二十九条　法第九十三条第四項の規定により届出をしようとする都道府県福祉人材センター（以下「都道府県センター」という。）は、次の事項を記載した書面を都道府県知事に提出しなければならない。
一　変更後の名称、住所又は事務所の所在地
二　変更しようとする年月日
三　変更の理由

29年法に伴い一部形式的改正

（業務）
第九十四条　都道府県センターは、当該都道府県の区域内において、次に掲げる業務を行うものとする。
一　社会福祉事業等に関する啓発活動を行うこと。
二　社会福祉事業等従事者の確保に関する調査研究を行うこと。
三　社会福祉事業等を経営する者に対し、第八十九条第二項第二号に規定する措置の内容に即した措置の実施に関する技術的事項について相談その他の援助を行うこと。
四　社会福祉事業等の業務に関し、社会福祉事業等従事者及び社会福祉事業等に従事しようとする者に対して研修を行うこと。
五　社会福祉事業等従事者の確保に関する連絡を行うこと。
六　社会福祉事業等に従事しようとする者について、無料の職業紹介事業を行うこと。
七　社会福祉事業等に従事しようとする者に対し、その就業の促進に関する情報の提供、相談その他の援助を行うこと。
八　前各号に掲げるもののほか、社会福祉事業等従事者の確保を図るために必要な業務を行うこと。

28年法で一部改正
6号：29年法で新設
以下号番号繰下げ
なお、6号の事業を行うには職安法に基づく許可が必要
7号：28年法で一部改正
8号：旧法7号のまま

（関係機関等との連携）
第九十五条　都道府県センターは、前条各号に掲げる業務を行うに当たつては、地方公共団体、公共職業安定所その他の関係機関及び他の社会福祉事業等従事者の確保に関する業務を行う団体との連携に努めなければならない。

29年法で見出し変更
29年法で一部改正

（情報の提供の求め）
第九十五条の二　都道府県センターは、都道府県その他の官公署に対し、第九十四条第七号に掲げる業務を行うために必要な情報の提供を求めることができる。

29年法で新設

（介護福祉士等の届出等）
第九十五条の三　社会福祉事業等従事者（介護福祉士その他厚生労働省令で定める資格を有する者に限る。次項において同じ。）は、離職した場合その他の厚生労働省令で定める場合には、住所、氏名その他の厚生労働省令で定める事項を、厚生労働省令で定めるところにより、都道府県センターに届け出るよう努めなければならない。
2　社会福祉事業等従事者は、前項の規定により届け出た事項に変更が生じた場合には、厚生労働省令で定めるところにより、その旨を都道府県センターに届け出るよう努めなければならない。
3　社会福祉事業等を経営する者その他厚生労働省令で定める者は、前二項の規定による届出が適切に行われるよう、必要な支援を行うよう努めるものとする。

29年法で新設
省令で定める資格：該当省令未制定か
省令で定める場合＝規則29条の2
省令で定める事項＝規則29条の3
届出の方法＝規則29条の4
規則29条の5

施行規則
（法第九十五条の三第一項の厚生労働省令で定める場合）
第二十九条の二　法第九十五条の三第一項の厚生労働省令で定める場合は、次のとおりとする。
一　社会福祉事業等に従事しなくなつた場合
二　介護福祉士の登録を受けた後、社会福祉事業等に直ちに従事する見込み

29年法に伴い新設

がない場合

施行規則
（法第九十五条の三第一項の厚生労働省令で定める事項）
第二十九条の三　法第九十五条の三第一項の厚生労働省令で定める事項は、次のとおりとする。　29年法に伴い新設
一　氏名、生年月日及び住所
二　電話番号、電子メールアドレスその他の連絡先に係る情報
三　介護福祉士登録簿の登録番号及び登録年月日
四　就業に関する状況

施行規則
（届出の方法）
第二十九条の四　法第九十五条の三第一項及び第二項の規定による届出は、電子情報処理組織（都道府県センターの使用に係る電子計算機と届出を行う者の使用に係る電子計算機とを電気通信回線で接続したものをいう。）を使用する方法により行うことができる。この場合においては、法第九十九条に規定する中央福祉人材センター（以下「中央センター」という。）を経由して行うものとする。　29年法に伴い新設

施行規則
（法第九十五条の三第三項の厚生労働省令で定める者）
第二十九条の五　法第九十五条の三第三項の厚生労働省令で定める者は、社会福祉士及び介護福祉士法（昭和六十二年法律第三十号）第四十条第二項第一号から第三号まで及び第五号に規定する文部科学大臣及び厚生労働大臣の指定した学校及び都道府県知事の指定した養成施設並びに同条第四号に規定する学校教育法（昭和二十二年法律第二十六号）に基づく高等学校及び中等教育学校であつて文部科学大臣及び厚生労働大臣の指定したものの設置者とする。　29年法に伴い新設

（秘密保持義務）
第九十五条の四　都道府県センターの役員若しくは職員又はこれらの者であつた者は、正当な理由がないのに、第九十四条各号に掲げる業務に関して知り得た秘密を漏らしてはならない。　29年法で新設　違反は懲役1年以下又は罰金50万円以下(法160条)

（業務の委託）
第九十五条の五　都道府県センターは、第九十四条各号（第六号を除く。）に掲げる業務の一部を厚生労働省令で定める者に委託することができる。　29年法で新設　規則29条の6
2　前項の規定による委託を受けた者若しくはその役員若しくは職員又はこれらの者であつた者は、正当な理由がないのに、当該委託に係る業務に関して知り得た秘密を漏らしてはならない。　違反は懲役1年以下又は罰金50万円以下(法160条)

施行規則
（法第九十五条の五第一項の厚生労働省令で定める者）
第二十九条の六　法第九十五条の五第一項の厚生労働省令で定める者は、法第九十四条各号（第六号を除く。）に掲げる業務を適切、公正かつ中立に実施できる者として都道府県センターが認める者とする。　29年法に伴い新設

（事業計画等）
第九十六条　都道府県センターは、毎事業年度、厚生労働省令の定めるところにより、事業計画書及び収支予算書を作成し、都道府県知事に提出しなければならない。これを変更しようとするときも、同様とする。　旧法のまま　規則30条
2　都道府県センターは、厚生労働省令の定めるところにより、毎事業年度終了後、事業報告書及び収支決算書を作成し、都道府県知事に提出しなければならない。　規則30条

施行規則
（事業計画書等の提出）
第三十条　法第九十六条第一項前段の事業計画書及び収支予算書の提出は、毎事業年度開始前に（指定を受けた日の属する事業年度にあつては、その指定を受けた後遅滞なく）行わなければならない。
２　都道府県センターは、法第九十六条第一項後段の規定により事業計画書又は収支予算書を変更したときは、遅滞なく、変更した事項及びその理由を記載した書面を都道府県知事に提出しなければならない。
３　法第九十六条第二項の事業報告書及び収支決算書の提出は、毎事業年度終了後三月以内に行わなければならない。

（監督命令）
第九十七条　都道府県知事は、この款の規定を施行するために必要な限度において、都道府県センターに対し、第九十四条各号に掲げる業務に関し監督上必要な命令をすることができる。　29年法で一部形式的改正

（指定の取消し等）
第九十八条　都道府県知事は、都道府県センターが次の各号のいずれかに該当するときは、第九十三条第一項の規定による指定（以下この条において「指定」という。）を取り消さなければならない。　1項：29年法で新設 以下項番号繰下げ
一　第九十四条第六号に掲げる業務に係る無料の職業紹介事業につき、職業安定法第三十三条第一項の許可を取り消されたとき。
二　職業安定法第三十三条第三項に規定する許可の有効期間（当該許可の有効期間について、同条第四項において準用する同法第三十二条の六第二項の規定による更新を受けたときにあつては、当該更新を受けた許可の有効期間）の満了後、同法第三十三条第四項において準用する同法第三十二条の六第二項に規定する許可の有効期間の更新を受けていないとき。
２　都道府県知事は、都道府県センターが、次の各号のいずれかに該当するときは、指定を取り消すことができる。　29年法で一部改正
一　第九十四条各号に掲げる業務を適正かつ確実に実施することができないと認められるとき。　29年法で一部形式的改正
二　指定に関し不正の行為があつたとき。　旧法1項2号のまま
三　この款の規定又は当該規定に基づく命令若しくは処分に違反したとき。　旧法1項3号のまま
３　都道府県知事は、前二項の規定により指定を取り消したときは、その旨を公示しなければならない。　旧法3項のまま

職業安定法（昭和22年法律第141号）
（許可の有効期間等）
第三十二条の六　第三十条第一項の許可の有効期間は、当該許可の日から起算して三年とする。
２　前項に規定する許可の有効期間（当該許可の有効期間についてこの項の規定により更新を受けたときにあつては、当該更新を受けた許可の有効期間）の満了後引き続き当該許可に係る有料の職業紹介事業を行おうとする者は、許可の有効期間の更新を受けなければならない。
３～６【省略】

（無料職業紹介事業）
第三十三条　無料の職業紹介事業（職業安定機関及び特定地方公共団体の行うものを除く。以下同じ。）を行おうとする者は、次条及び第三十三条の三の規定により行う場合を除き、厚生労働大臣の許可を受けなければならない。
２【省略】
３　第一項の許可の有効期間は、当該許可の日から起算して五年とする。
４　第三十条第二項から第四項まで、第三十一条、第三十二条、第三十二条の四、第三十二条の五、第三十二条の六第二項、第三項及び第五項、第三十二

条の七から第三十二条の十まで並びに第三十二条の十二から前条までの規定は、第一項の許可を受けて行う無料の職業紹介事業及び同項の許可を受けた者について準用する。この場合において、第三十条第二項中「前項の許可」とあり、第三十一条中「前条第一項の許可」とあり、並びに第三十二条、第三十二条の四第一項、第三十二条の五、第三十二条の六第五項、第三十二条の八第二項及び第三十二条の九第一項中「第三十条第一項の許可」とあるのは「第三十三条第一項の許可」と、第三十二条の六第二項中「前項」とあるのは「第三十三条第三項」と、第三十二条の十三中「手数料に関する事項、苦情」とあるのは「苦情」と、前条第二項中「、職業紹介に関する手数料の額その他」とあり、及び同条第三項中「、手数料に関する事項その他」とあるのは「その他」と読み替えるものとする。
５　【省略】

第二款　中央福祉人材センター

（指定）

第九十九条　厚生労働大臣は、都道府県センターの業務に関する連絡及び援助を行うこと等により、都道府県センターの健全な発展を図るとともに、社会福祉事業等従事者の確保を図ることを目的として設立された社会福祉法人であつて、次条に規定する業務を適正かつ確実に行うことができると認められるものを、その申請により、全国を通じて一個に限り、中央福祉人材センター（以下「中央センター」という。）として指定することができる。

旧法のまま
中央福祉人材センターは全国社会福祉協議会に設置されている
規則31条によって準用される規則28条

施行規則
（準用）
第三十一条　第二十八条、第二十九条及び前条の規定は、中央センターについて準用する。この場合において、これらの規定中「都道府県知事」とあるのは「厚生労働大臣」と、第二十八条第一項中「法第九十三条第一項」とあるのは「法第九十九条」と、同条第二項中「法第九十四条」とあるのは「法第百条」と、第二十九条中「法第九十三条第四項」とあるのは「法第百一条において準用する法第九十三条第四項」と、前条第一項中「法第九十六条第一項前段」とあるのは「法第百一条において準用する法第九十六条第一項前段」と、同条第二項中「 法第九十六条第一項後段」とあるのは「法第百一条において準用する法第九十六条第一項後段」と、同条第三項中「法第九十六条第二項」とあるのは「法第百一条において準用する法第九十六条第二項」と読み替えるものとする。

２９年法に伴い一部形式的改正

〈編者注〉　規則３１条によって中央センターに準用される規則２８条の読替え
施行規則
（指定の申請）
第２８条　法第９９条の規定により指定を受けようとする社会福祉法人は、次に掲げる事項を記載した申請書を厚生労働大臣に提出しなければならない。
一　名称、住所及び事務所の所在地
二　理事長の氏名
２　前項の申請書には、次に掲げる書面を添付しなければならない。
一　定款
二　登記事項証明書
三　評議員及び役員の氏名、住所並びに略歴を記載した書面
四　法第１００条に掲げる業務の実施に関する基本的な計画
五　資産の総額並びにその種類及びこれを証する書類

役員＝理事＋監事
(法31条1項6号)

（業務）

第百条　中央センターは、次に掲げる業務を行うものとする。
一　都道府県センターの業務に関する啓発活動を行うこと。
二　二以上の都道府県の区域における社会福祉事業等従事者の確保に関する

旧法のまま

調査研究を行うこと。

三　社会福祉事業等の業務に関し、都道府県センターの業務に従事する者に対して研修を行うこと。

四　社会福祉事業等の業務に関し、社会福祉事業等従事者に対して研修を行うこと。

五　都道府県センターの業務について、連絡調整を図り、及び指導その他の援助を行うこと。

六　都道府県センターの業務に関する情報及び資料を収集し、並びにこれを都道府県センターその他の関係者に対し提供すること。

七　前各号に掲げるもののほか、都道府県センターの健全な発展及び社会福祉事業等従事者の確保を図るために必要な業務を行うこと。

（準用）

第百一条　第九十三条第三項から第五項まで、第九十五条の四及び第九十六条から第九十八条までの規定は、中央センターについて準用する。この場合において、これらの規定中「都道府県知事」とあるのは「厚生労働大臣」と、第九十三条第三項中「第一項」とあるのは「第九十九条」と、第九十五条の四中「第九十四条各号」とあるのは「第百条各号」と、第九十七条中「この款」とあるのは「次款」と、「第九十四条」とあるのは「第百条」と、第九十八条第一項中「第九十三条第一項」とあるのは「第九十九条」と、「第九十四条」とあるのは「第百条」と、「この款」とあるのは「次款」と読み替えるものとする。

29年法で一部形式的改正

〈編者注〉　法101条によって中央センターに準用される規定の読替え

法101条によって、以下の都道府県人材センターに係る規定がおおむね以下のとおり読み替えて、中央センターに準用される。なお、法101条の末尾において「「第九十四条」とあるのは「第百条」と、「この款」とあるのは「次款」と読み替えるものとする。」と記載されているが、これは第98条第2項に関する読替規定であると解して読み替えている。

（指定等）

第93条　第1項・第2項【準用対象外】

3　厚生労働大臣は、第99条の規定による指定をしたときは、当該中央センターの名称、住所及び事務所の所在地を公示しなければならない。

4　中央センターは、その名称、住所又は事務所の所在地を変更しようとするときは、あらかじめ、その旨を厚生労働大臣に届け出なければならない。

規則31条によって準用される規則29条

5　厚生労働大臣は、前項の規定による届出があつたときは、当該届出に係る事項を公示しなければならない。

〈編者注〉　規則31条によって中央センターに準用される規則29条の読替え

施行規則

（名称等の変更の届出）

第29条　法101条において準用する法第93条第4項の規定により届出をしようとする中央福祉人材センター（以下「中央センター」という。）は、次の事項を記載した書面を厚生労働大臣に提出しなければならない。

一　変更後の名称、住所又は事務所の所在地

二　変更しようとする年月日

三　変更の理由

（秘密保持義務）

第95条の4　中央センターの役員若しくは職員又はこれらの者であつた者は、正当な理由がないのに、第100条各号に掲げる業務に関して知り得た秘密を漏らしてはならない。

違反は懲役1年以下又は罰金50万円以下（法160条）

（事業計画等）

第96条　中央センターは、毎事業年度、厚生労働省令の定めるところにより、事業計画書及び収支予算書を作成し、厚生労働大臣に提出しなければならない。これを変更しようとするときも、同様とする。

規則31条によって準用される規則30条

2　中央センターは、厚生労働省令の定めるところにより、毎事業年度終了後、事業報告書及び収支決算書を作成し、厚生労働大臣に提出しなければならない。

規則31条によって準用される規則30条

〈編者注〉　**規則31条によって中央センターに準用される規則30条の読替え**

施行規則

（事業計画書等の提出）

第30条　法第101条において準用する法第96条第1項前段の事業計画書及び収支予算書の提出は、毎事業年度開始前に（指定を受けた日の属する事業年度にあつては、その指定を受けた後遅滞なく）行わなければならない。

2　中央センターは、法第101条において準用する法第96条第1項後段の規定により事業計画書又は収支予算書を変更したときは、遅滞なく、変更した事項及びその理由を記載した書面を厚生労働大臣に提出しなければならない。

3　法第101条において準用する法第96条第2項の事業報告書及び収支決算書の提出は、毎事業年度終了後３月以内に行わなければならない。

（監督命令）

第97条　厚生労働大臣は、次款の規定を施行するために必要な限度において、中央センターに対し、第100条各号に掲げる業務に関し監督上必要な命令をすることができる。

「次款」とあるのは「第2款 中央福祉人材センター」

（指定の取消し等）

第98条　厚生労働大臣は、中央センターが次の各号のいずれかに該当するときは、第99条の規定による指定（以下この条において「指定」という。）を取り消さなければならない。

一　第94条第6号に掲げる業務に係る無料の職業紹介事業につき、職業安定法第33条第1項の許可を取り消されたとき。

二　職業安定法第33条第3項に規定する許可の有効期間（当該許可の有効期間について、同条第4項において準用する同法第32条の6第2項の規定による更新を受けたときにあつては、当該更新を受けた許可の有効期間）の満了後、同法第33条第4項において準用する同法第32条の6第2項に規定する許可の有効期間の更新を受けていないとき。

2　厚生労働大臣は、中央センターが、次の各号のいずれかに該当するときは、指定を取り消すことができる。

一　第100条各号に掲げる業務を適正かつ確実に実施することができないと認められるとき。

二　指定に関し不正の行為があつたとき。

三　次款の規定又は当該規定に基づく命令若しくは処分に違反したとき。

「次款」とあるのは「第2款 中央福祉人材センター」

3　厚生労働大臣は、前2項の規定により指定を取り消したときは、その旨を公示しなければならない。

第三節　福利厚生センター

旧法のまま

（指定）

第百二条　厚生労働大臣は、社会福祉事業等に関する連絡及び助成を行うこと等により社会福祉事業等従事者の福利厚生の増進を図ることを目的として設立された社会福祉法人であつて、次条に規定する業務を適正かつ確実に行うことができると認められるものを、その申請により、全国を通じて一個に限り、福利厚生センターとして指定することができる。

旧法のまま

規則34条によって準用される規則28条

施行規則

（準用）

第三十四条　第二十八条、第二十九及び第三十条の規定は、福利厚生センターについて準用する。この場合において、これらの規定中「都道府県知事」とあるのは「厚生労働大臣」と、第二十八条第一項中「法第九十三条第一項」とあるのは「法第百二条」と、同条第二項中「法第九十四条」とあるのは「法第百三条」と、第二十九条中「法第九十三条第四項」とあるのは「法第百六条において準用する法第九十三条第四項」と、第三十条第一項中「法第九十六条第一項前段」とあるのは「法第百六条において準用する法第九十六条第一項前段」と、同条第二項中「法第九十六条第一項後段」とあるのは「法第百六条において準用する法第九十六条第一項後段」と、同条第三項中「法第九十六条第二項」とあるのは「法第百六条において準用する法第九十六条第二項」と読み替えるものとする。

29年法に伴い一部形式的改正

〈編者注〉　規則３４条によって準用される規則２８条

規則３４条によって、規則２８条の規定がおおむね以下のとおり読み替えて、福利厚生センターに準用される。

施行規則

（指定の申請）

第２８条　法第１０２条の規定により指定を受けようとする社会福祉法人は、次に掲げる事項を記載した申請書を厚生労働大臣に提出しなければならない。

一　名称、住所及び事務所の所在地

二　理事長の氏名

２　前項の申請書には、次に掲げる書面を添付しなければならない。

一　定款

二　登記事項証明書

三　評議員及び役員の氏名、住所並びに略歴を記載した書面

四　法第１０３条に掲げる業務の実施に関する基本的な計画

五　資産の総額並びにその種類及びこれを証する書類

福利厚生センターは、「社会福祉法人福利厚生センター」が厚生労働大臣の指定を受け、Sowel Club（ソウェルクラブ）として活動している

役員＝理事＋監事（法31条1項6号）

（業務）

第百三条　福利厚生センターは、次に掲げる業務を行うものとする。

一　社会福祉事業等を経営する者に対し、社会福祉事業等従事者の福利厚生に関する啓発活動を行うこと。

二　社会福祉事業等従事者の福利厚生に関する調査研究を行うこと。

三　福利厚生契約（福利厚生センターが社会福祉事業等を経営する者に対してその者に使用される社会福祉事業等従事者の福利厚生の増進を図るための事業を行うことを約する契約をいう。以下同じ。）に基づき、社会福祉事業等従事者の福利厚生の増進を図るための事業を実施すること。

四　社会福祉事業等従事者の福利厚生に関し、社会福祉事業等を経営する者との連絡を行い、及び社会福祉事業等を経営する者に対し助成を行うこと。

五　前各号に掲げるもののほか、社会福祉事業等従事者の福利厚生の増進を図るために必要な業務を行うこと。

旧法のまま

（約款の認可等）

第百四条　福利厚生センターは、前条第三号に掲げる業務の開始前に、福利厚生契約に基づき実施する事業に関する約款（以下この条において「約款」という。）を定め、厚生労働大臣に提出してその認可を受けなければならない。これを変更しようとするときも、同様とする。

旧法のまま

2　厚生労働大臣は、前項の認可をした約款が前条第三号に掲げる業務の適正かつ確実な実施上不適当となつたと認めるときは、その約款を変更すべきことを命ずることができる。

3　約款に記載すべき事項は、厚生労働省令で定める。

規則32条

> 施行規則
> （福利厚生事業に関する約款の記載事項）
> **第三十二条**　法第百四条第三項の厚生労働省令で定める約款に記載すべき事項は、次のとおりとする。
> 一　福利厚生契約の締結及び解除に関する事項
> 二　福利厚生契約に基づき実施する事業（以下「福利厚生事業」という。）の種類及び内容に関する事項
> 三　料金に関する事項
> 四　福利厚生契約を締結した社会福祉事業等を経営する者（以下「契約者」という。）の義務に関する事項
> 五　前各号に掲げるもののほか、福利厚生事業の実施に関し必要な事項

28年法に伴い「社会福祉事業」を「社会福祉事業等」に改正

（契約の締結及び解除）

第百五条　福利厚生センターは、福利厚生契約の申込者が第六十二条第一項若しくは第二項、第六十七条第一項若しくは第二項、第六十八条の二第一項若しくは第二項又は第六十九条第一項（第七十三条の規定により読み替えて適用する場合を含む。）の規定に違反して社会福祉事業等を経営する者であるとき、その他厚生労働省令で定める正当な理由があるときを除いては、福利厚生契約の締結を拒絶してはならない。

平成30年法律第44号により下線部を追加

規則33条

2　福利厚生センターは、社会福祉事業等を経営する者がその事業を廃止したとき、その他厚生労働省令で定める正当な理由があるときを除いては、福利厚生契約を解除してはならない。

> 施行規則
> （福利厚生契約の締結拒絶理由等）
> **第三十三条**　法第百五条第一項の厚生労働省令で定める正当な理由は、次のとおりとする。
> 一　福利厚生契約の申込者（以下この項において「申込者」という。）が次項に規定する理由により福利厚生契約を解除され、その解除の日から起算して一年を経過しない者であること。
> 二　申込者が福利厚生契約を締結していたことがある者である場合において、その者につき、支払期限を超えてまだ支払われていない料金（当該料金の支払の遅延に伴う利息を含む。）があること。
> 三　申込者が、その申込みに関し偽りその他不正の行為を行つたこと。
> 2　法第百五条第二項の厚生労働省令で定める正当な理由は、次のとおりとする。
> 一　契約者が、支払期限後二月以内に料金を支払わなかつたこと。
> 二　契約者が、約款に記載されている契約者の義務（料金の支払に係るものを除く。）に違反したこと。
> 三　契約者が、偽りその他不正の行為によつてその者の使用する社会福祉事業等に従事する者その他の者に福利厚生事業を利用させ、又は利用させようとしたこと。

28年法に伴い「社会福祉事業」を「社会福祉事業等」に改正

（準用）

第百六条　第九十三条第三項から第五項まで、第九十五条の四及び第九十六条から第九十八条までの規定は、福利厚生センターについて準用する。この場合において、これらの規定中「都道府県知事」とあるのは「厚生労働大臣」と、第九十三条第三項中「第一項」とあるのは「第百二条」と、第九十五条の四中「第九十四条各号」とあるのは「第百三条各号」と、第九十六条第一項中「に提出しなければ」とあるのは「の認可を受けなければ」と、第九十七条中「この款」とあるのは「次節」と、「第九十四条」とあるのは「第百三条」と、第九十八条第一項中「第九十三条第一項」とあるのは「第百二条」と、「第九十四条」とあるのは「第百三条」と、「この款」とあるのは「次節」と、「違反した」とあるのは「違反したとき、又は第百四条第一項の認可を受けた同項に規定する約款によらないで第百三条第三号に掲げる業務を行つた」と読み替えるものとする。

29年法で一部形式的改正

〈編者注〉　法106条によって福利厚生センターに準用される規定の読替え

法106条によって、以下の都道府県人材センターに係る規定がおおむね以下のとおり読み替えて、福利厚生センターに準用される。なお、法106条の末尾において「「第九十四条」とあるのは「第百三条」と、「この款」とあるのは「次節」と、「違反した」とあるのは「違反したとき、又は第百四条第一項の認可を受けた同項に規定する約款によらないで第百三条第三号に掲げる業務を行つた」と読み替えるものとする。」と記載されているが、これは第98条第2項に関する読替規定であると解して読み替えている。

（指定等）

第93条　第1項・第2項【準用対象外】

3　厚生労働大臣は、第102条の規定による指定をしたときは、当該福利厚生センターの名称、住所及び事務所の所在地を公示しなければならない。

4　福利厚生センターは、その名称、住所又は事務所の所在地を変更しようとするときは、あらかじめ、その旨を厚生労働大臣に届け出なければならない。

規則34条によって準用される規則29条

5　厚生労働大臣は、前項の規定による届出があつたときは、当該届出に係る事項を公示しなければならない。

〈編者注〉　規則34条によって福利厚生センターに準用される規則29条の読替え

施行規則

（名称等の変更の届出）

第29条　法106条において準用する法第93条第4項の規定により届出をしようとする福利厚生センターは、次の事項を記載した書面を厚生労働大臣に提出しなければならない。

一　変更後の名称、住所又は事務所の所在地

二　変更しようとする年月日

三　変更の理由

（秘密保持義務）

第95条の4　福利厚生センターの役員若しくは職員又はこれらの者であつた者は、正当な理由がないのに、第103条各号に掲げる業務に関して知り得た秘密を漏らしてはならない。

違反は懲役1年以下又は罰金50万円以下（法160条）

（事業計画等）

第96条　福利厚生センターは、毎事業年度、厚生労働省令の定めるところにより、事業計画書及び収支予算書を作成し、厚生労働大臣の認可を受けなければならない。これを変更しようとするときも、同様とする。

規則34条によって準用される規則30条

2　福利厚生センターは、厚生労働省令の定めるところにより、毎事業年度終了後、事業報告書及び収支決算書を作成し、厚生労働大臣に提出しなければならない。

規則34条によって準用される規則30条

〈編者注〉 規則３４条によって福利厚生センターに準用される規則３０条の読替え

施行規則

（事業計画書等の提出）

第３０条　法第１０６条において準用する法第９６条第1項前段の事業計画書及び収支予算書の認可は、毎事業年度開始前に（指定を受けた日の属する事業年度にあつては、その指定を受けた後遅滞なく）行わなければならない。

2　福利厚生センターは、法第１０６条において準用する法第９６条第1項後段の規定により事業計画書又は収支予算書を変更したときは、遅滞なく、厚生労働大臣の認可を受けなければならない。

3　法第１０６条において準用する法第９６条第2項の事業報告書及び収支決算書の提出は、毎事業年度終了後3月以内に行わなければならない。

（監督命令）

第９７条　厚生労働大臣は、次節の規定を施行するために必要な限度において、福利厚生センターに対し、第１０３条各号に掲げる業務に関し監督上必要な命令をすることができる。

「次節」とあるのは「第3節　福利厚生センター」

（指定の取消し等）

第９８条　厚生労働大臣は、福利厚生センターが次の各号のいずれかに該当するときは、第１０２条の規定による指定（以下この条において「指定」という。）を取り消さなければならない。

一　第９４条第6号に掲げる業務に係る無料の職業紹介事業につき、職業安定法第３３条第1項の許可を取り消されたとき。

二　職業安定法第３３条第3項に規定する許可の有効期間（当該許可の有効期間について、同条第4項において準用する同法第３２条の6第2項の規定による更新を受けたときにあつては、当該更新を受けた許可の有効期間）の満了後、同法第３３条第4項において準用する同法第３２条の6第2項に規定する許可の有効期間の更新を受けていないとき。

2　厚生労働大臣は、福利厚生センターが、次の各号のいずれかに該当するときは、指定を取り消すことができる。

一　第１０３条各号に掲げる業務を適正かつ確実に実施することができないと認められるとき。

二　指定に関し不正の行為があつたとき。

三　次節の規定又は当該規定に基づく命令若しくは処分に違反したとき、又は第１０４条第1項の認可を受けた同項に規定する約款によらないで第１０３条第3号に掲げる業務を行ったとき。

「次節」とあるのは「第3節　福利厚生センター」

3　厚生労働大臣は、前2項の規定により指定を取り消したときは、その旨を公示しなければならない。

第十章　地域福祉の推進

地域福祉の推進
☞法4条

〈編者注〉「地域共生社会の実現に向けた地域福祉の推進について」
上記の局長連名通知が発出されている（平成29年12月12日 子発1212第1号・社援発1212第2号・老発1212第1号）。

第一節　包括的な支援体制の整備

「第１節」の区分は平成29年法律第52号で新設

（地域子育て支援拠点事業等を経営する者の責務）

第百六条の二　社会福祉を目的とする事業を経営する者のうち、次に掲げる事業を行うもの（市町村の委託を受けてこれらの事業を行う者を含む。）は、当該事業を行うに当たり自らがその解決に資する支援を行うことが困難な地域生活課題を把握したときは、当該地域生活課題を抱える地域住民の心身の状況、その置かれている環境その他の事情を勘案し、支援関係機関による支援の必要性を検討するよう努めるとともに、必要があると認めるときは、支援関係機関に対し、当該地域生活課題の解決に資する支援を求めるよう努めなければならない。

平成29年法律第52号で新設

地域生活課題
☞第4条3項

支援関係機関
☞第4条3項

一　児童福祉法第六条の三第六項に規定する地域子育て支援拠点事業又は同法第十条の二に規定する拠点において同条に規定する支援を行う事業
二　母子保健法（昭和四十年法律第百四十一号）第二十二条第二項に規定する母子健康包括支援センターを経営する事業

第2号：令和2年法律第52号により一部改正

三　介護保険法第百十五条の四十五第二項第一号に掲げる事業
四　障害者の日常生活及び社会生活を総合的に支援するための法律第七十七条第一項第三号に掲げる事業
五　子ども・子育て支援法（平成二十四年法律第六十五号）第五十九条第一号に掲げる事業

〈編者注〉　令和４年法律第66号による改正（施行日：令和６年４月１日）
法106条の2第1号は、「児童福祉法第六条の三第六項に規定する地域子育て支援拠点事業又は同法第十条の二第二項に規定するこども家庭センターが行う同項に規定する支援に係る事業若しくは母子保健法（昭和四十年法律第百四十一号）第二十二条第一項に規定する事業」に改め、同第2号は削除され、第3号以下は繰り上げられる。

（包括的な支援体制の整備）

第百六条の三　市町村は、次条第二項に規定する重層的支援体制整備事業をはじめとする地域の実情に応じた次に掲げる施策の積極的な実施その他の各般の措置を通じ、地域住民等及び支援関係機関による、地域福祉の推進のための相互の協力が円滑に行われ、地域生活課題の解決に資する支援が包括的に提供される体制を整備するよう努めるものとする。

平成29年法律第52号で新設
令和2年法律第52号で下線部改正
支援関係機関・地域生活課題　☞第4条

一　地域福祉に関する活動への地域住民の参加を促す活動を行う者に対する支援、地域住民等が相互に交流を図ることができる拠点の整備、地域住民等に対する研修の実施その他の地域住民等が地域福祉を推進するために必要な環境の整備に関する施策
二　地域住民等が自ら他の地域住民が抱える地域生活課題に関する相談に応じ、必要な情報の提供及び助言を行い、必要に応じて、支援関係機関に対し、協力を求めることができる体制の整備に関する施策

「地域における住民主体の課題解決力強化・相談支援体制の在り方に関する検討会（**地域力強化検討会**）」の最終とりまとめ（平成29年9月12日）参照

三　生活困窮者自立支援法第三条第二項に規定する生活困窮者自立相談支援事業を行う者その他の支援関係機関が、地域生活課題を解決するために、相互の有機的な連携の下、その解決に資する支援を一体的かつ計画的に行う体制の整備に関する施策

平成30年法律第44号に伴い一部形式的改正

2　厚生労働大臣は、次条第二項に規定する重層的支援体制整備事業をはじめと

令和2年法律第52号

する前項各号に掲げる施策に関して、その適切かつ有効な実施を図るため必要な指針を公表するものとする。

で下線部改正
平成29年厚生労働省告示第355号

（重層的支援体制整備事業）

第百六条の四　市町村は、地域生活課題の解決に資する包括的な支援体制を整備するため、前条第一項各号に掲げる施策として、厚生労働省令で定めるところにより、重層的支援体制整備事業を行うことができる。

令和2年法律第52号で新設

2　前項の「重層的支援体制整備事業」とは、次に掲げるこの法律に基づく事業及び他の法律に基づく事業を一体のものとして実施することにより、地域生活課題を抱える地域住民及びその世帯に対する支援体制並びに地域住民等による地域福祉の推進のために必要な環境を一体的かつ重層的に整備する事業をいう。

> 施行規則
> （重層的支援体制整備事業の実施）
> **第三十四条の二**　市町村は、法第百六条の四第二項に規定する重層的支援体制整備事業（以下「重層的支援体制整備事業」という。）を実施しようとする場合には、同項各号に掲げる法に基づく事業及び他の法律に基づく事業を一体のものとして実施するものとする。

令和2年法律第52号に伴い新設

一　地域生活課題を抱える地域住民及びその家族その他の関係者からの相談に包括的に応じ、利用可能な福祉サービスに関する情報の提供及び助言、支援関係機関との連絡調整並びに高齢者、障害者等に対する虐待の防止及びその早期発見のための援助その他厚生労働省令で定める便宜の提供を行うため、次に掲げる全ての事業を一体的に行う事業

規則34条の3

イ　介護保険法第百十五条の四十五第二項第一号から第三号までに掲げる事業

ロ　障害者の日常生活及び社会生活を総合的に支援するための法律第七十七条第一項第三号に掲げる事業

ハ　子ども・子育て支援法第五十九条第一号に掲げる事業

ニ　生活困窮者自立支援法第三条第二項各号に掲げる事業

イ：地域包括支援センター運営事業
ロ：障害者相談支援事業
ハ：利用者支援事業
ニ：生活困窮者自立相談支援事業

> 施行規則
> （法第百六条の四第二項第一号に規定する厚生労働省令で定める便宜）
> **第三十四条の三**　法第百六条の四第二項第一号に規定する厚生労働省令で定める便宜は、地域生活課題を抱える地域住民及びその家族その他の関係者に必要な支援とする。

令和2年法律第52号に伴い新設

二　地域生活課題を抱える地域住民であつて、社会生活を円滑に営む上での困難を有するものに対し、支援関係機関と民間団体との連携による支援体制の下、活動の機会の提供、訪問による必要な情報の提供及び助言その他の社会参加のために必要な便宜の提供として厚生労働省令で定めるものを行う事業

規則34条の4

> 施行規則
> （法第百六条の四第二項第二号に規定する社会参加のために必要な便宜の提供として厚生労働省令で定めるもの）
> **第三十四条の四**　法第百六条の四第二項第二号に規定する社会参加のために必要な便宜の提供として厚生労働省令で定めるものは、次に掲げるものとする。
> 一　法第四条第三項に規定する支援関係機関（以下「支援関係機関」という。）と民間団体との連携による支援体制の下、就労に必要な知識及び能力の向上のために必要な訓練その他の活動の機会の提供を行うこと、訪問による必要な情報の提供及び助言を行うこと、宿泊場所の供与、学習の援助、生活習慣及び育成環境の改善に関する助言を行うことその他社会参加のために必要な支援を行うこと

令和2年法律第52号に伴い新設

二　支援関係機関との連絡調整を行うこと

三　地域住民が地域において自立した日常生活を営み、地域社会に参加する機会を確保するための支援並びに地域生活課題の発生の防止又は解決に係る体制の整備及び地域住民相互の交流を行う拠点の開設その他厚生労働省令で定める援助を行うため、次に掲げる全ての事業を一体的に行う事業

規則34条の5

イ　介護保険法第百十五条の四十五第一項第二号に掲げる事業のうち厚生労働大臣が定めるもの

ロ　介護保険法第百十五条の四十五第二項第五号に掲げる事業

ハ　障害者の日常生活及び社会生活を総合的に支援するための法律第七十七条第一項第九号に掲げる事業

ニ　子ども・子育て支援法第五十九条第九号に掲げる事業

イ：一般介護予防事業のうち地域介護予防活動支援事業
ロ：生活支援体制整備事業
ハ：地域活動支援センター事業
ニ：地域子育て支援拠点事業

施行規則
（法第百六条の四第二項第三号に規定する厚生労働省令で定める援助）
第三十四条の五　法第百六条の四第二項第三号に規定する厚生労働省令で定める援助は、創作的活動又は生産活動の機会の提供、社会との交流の促進その他地域住民等による地域福祉の推進のために必要な環境を一体的かつ重層的に整備するために必要な援助とする。

令和2年法律第52号に伴い新設

〈編者注〉　地域における生活困窮者支援等のための共助の基盤づくり事業
「生活困窮者自立相談支援事業等実施要綱４（3）（エ）」の事業も法106条の4第2項3号に該当するとされている（令和3年3月31日　社援地発0331第1号 社援基発0331第1号（別添））。

四　地域社会からの孤立が長期にわたる者その他の継続的な支援を必要とする地域住民及びその世帯に対し、訪問により状況を把握した上で相談に応じ、利用可能な福祉サービスに関する情報の提供及び助言その他の厚生労働省令で定める便宜の提供を包括的かつ継続的に行う事業

規則34条の6

施行規則
（法第百六条の四第二項第四号に規定する厚生労働省令で定める便宜）
第三十四条の六　法第百六条の四第二項第四号に規定する厚生労働省令で定める便宜は、利用可能な福祉サービスに関する情報の提供及び助言その他継続的な支援を必要とする地域住民及びその世帯を包括的かつ継続的に支援するために必要な支援とする。

令和2年法律第52号に伴い新設

五　複数の支援関係機関相互間の連携による支援を必要とする地域住民及びその世帯に対し、複数の支援関係機関が、当該地域住民及びその世帯が抱える地域生活課題を解決するために、相互の有機的な連携の下、その解決に資する支援を一体的かつ計画的に行う体制を整備する事業

多機関協働事業
重層的支援会議・支援会議（法106条の6第1項）

六　前号に掲げる事業による支援が必要であると市町村が認める地域住民に対し、当該地域住民に対する支援の種類及び内容その他の厚生労働省令で定める事項を記載した計画の作成その他の包括的かつ計画的な支援として厚生労働省令で定めるものを行う事業

規則34条の7
規則34条の8

施行規則
（法第百六条の四第二項第六号に規定する厚生労働省令で定める事項）
第三十四条の七　法第百六条の四第二項第六号に規定する厚生労働省令で定める事項は、次に掲げるものとする。
一　複数の支援関係機関相互間の連携による支援を必要とする地域住民の生活に対する意向及び当該地域住民の生活全般の解決すべき課題
二　当該地域住民に提供される支援の目標及びその達成時期
三　当該地域住民に対する支援の種類及び内容並びに支援を提供する上での留意事項
四　当該地域住民の支援に携わる支援関係機関それぞれの役割の分担
五　当該地域住民に対する支援を一体的に提供するための具体的な方策

令和2年法律第52号に伴い新設

施行規則
（法第百六条の四第二項第六号に規定する包括的かつ計画的な支援として厚生労働省令で定めるもの）
第三十四条の八　法第百六条の四第二項第六号に規定する包括的かつ計画的な支援として厚生労働省令で定めるものは、複数の支援関係機関相互間の連携による支援を必要とする地域住民に係る同号に規定する計画（以下「支援計画」という。）の作成、支援の実施状況及び当該地域住民の状態を定期的に確認し、当該状態を踏まえ、当該地域住民に係る支援計画の見直しを行うことその他の当該地域住民への支援が包括的かつ計画的に行われるために必要な支援とする。

令和2年法律第52号に伴い新設

3　市町村は、重層的支援体制整備事業（前項に規定する重層的支援体制整備事業をいう。以下同じ。）を実施するに当たつては、母子保健法第二十二条第二項に規定する母子健康包括支援センター、介護保険法第百十五条の四十六第一項に規定する地域包括支援センター、障害者の日常生活及び社会生活を総合的に支援するための法律第七十七条の二第一項に規定する基幹相談支援センター、生活困窮者自立支援法第三条第二項各号に掲げる事業を行う者その他の支援関係機関相互間の緊密な連携が図られるよう努めるものとする。

〈編者注〉　令和４年法律第６６号による改正（施行日：令和6年4月1日）
法１０６条の4第3項の中、「母子保健法第二十二条第二項に規定する母子健康包括支援センター」は「児童福祉法第十条の二第二項に規定するこども家庭センター」に改められる。

4　市町村は、第二項各号に掲げる事業の一体的な実施が確保されるよう必要な措置を講じた上で、重層的支援体制整備事業の事務の全部又は一部を当該市町村以外の厚生労働省令で定める者に委託することができる。

規則34条の9

施行規則
（法第百六条の四第四項に規定する厚生労働省令で定める者）
第三十四条の九　法第百六条の四第四項に規定する厚生労働省令で定める者は、地域における福祉に資する事業について実績を有する社会福祉法人、一般社団法人若しくは一般財団法人又は特定非営利活動促進法（平成十年法律第七号）第二条第二項に規定する特定非営利活動法人その他の重層的支援体制整備事業を実施する市町村内において重層的支援体制整備事業を適切に実施することができると当該市町村が認めるものとする。

令和2年法律第52号に伴い新設

5　前項の規定による委託を受けた者若しくはその役員若しくは職員又はこれらの者であつた者は、正当な理由がないのに、その委託を受けた事務に関して知り得た秘密を漏らしてはならない。

秘匿義務違反は懲役1年以下又は罰金100万円以下（法159条1号）

（重層的支援体制整備事業実施計画）
第百六条の五　市町村は、重層的支援体制整備事業を実施するときは、第百六条の三第二項の指針に則して、重層的支援体制整備事業を適切かつ効果的に実施するため、重層的支援体制整備事業の提供体制に関する事項その他厚生労働省令で定める事項を定める計画（以下この条において「重層的支援体制整備事業実施計画」という。）を策定するよう努めるものとする。

令和2年法律第52号で新設

規則34条の10

施行規則
（法第百六条の五第一項に規定する厚生労働省令で定める事項）
第三十四条の十　法第百六条の五第一項に規定する厚生労働省令で定める事項は、次に掲げるものとする。
一　重層的支援体制整備事業を適切かつ効果的に実施するための地域における高齢者の福祉、障害者の福祉、児童の福祉、生活困窮者の福祉その他の福祉に関する基本方針
二　重層的支援体制整備事業として行う法第百六条の四第二項各号に掲げる事業の提供体制の確保の内容及びその実施時期に関する事項
三　前号に掲げる事項の目標に関する事項

令和2年法律第52号に伴い新設

> 四 重層的支援体制整備事業の提供体制の確保に係る支援関係機関相互間の一体的な連携に関する事項

2 市町村は、重層的支援体制整備事業実施計画を策定し、又はこれを変更するときは、地域住民、支援関係機関その他の関係者の意見を適切に反映するよう努めるものとする。

3 重層的支援体制整備事業実施計画は、第百七条第一項に規定する市町村地域福祉計画、介護保険法第百十七条第一項に規定する市町村介護保険事業計画、障害者の日常生活及び社会生活を総合的に支援するための法律第八十八条第一項に規定する市町村障害福祉計画、子ども・子育て支援法第六十一条第一項に規定する市町村子ども・子育て支援事業計画その他の法律の規定による計画であつて地域福祉の推進に関する事項を定めるものと調和が保たれたものでなければならない。

4 市町村は、重層的支援体制整備事業実施計画を策定し、又はこれを変更したときは、遅滞なく、これを公表するよう努めるものとする。

5 前各項に定めるもののほか、重層的支援体制整備事業実施計画の策定及び変更に関し必要な事項は、厚生労働省令で定める。

（支援会議）

第百六条の六 市町村は、支援関係機関、第百六条の四第四項の規定による委託を受けた者、地域生活課題を抱える地域住民に対する支援に従事する者その他の関係者（第三項及び第四項において「支援関係機関等」という。）により構成される会議（以下この条において「支援会議」という。）を組織することができる。

令和2年法律第52号で新設

2 支援会議は、重層的支援体制整備事業の円滑な実施を図るために必要な情報の交換を行うとともに、地域住民が地域において日常生活及び社会生活を営むのに必要な支援体制に関する検討を行うものとする。

3 支援会議は、前項に規定する情報の交換及び検討を行うために必要があると認めるときは、支援関係機関等に対し、地域生活課題を抱える地域住民及びその世帯に関する資料又は情報の提供、意見の開陳その他必要な協力を求めることができる。

4 支援関係機関等は、前項の規定による求めがあつた場合には、これに協力するよう努めるものとする。

5 支援会議の事務に従事する者又は従事していた者は、正当な理由がないのに、支援会議の事務に関して知り得た秘密を漏らしてはならない。

秘匿義務違反は懲役1年以下又は罰金100万円以下（法159条第2号）

6 前各項に定めるもののほか、支援会議の組織及び運営に関し必要な事項は、支援会議が定める。

（市町村の支弁）

第百六条の七 重層的支援体制整備事業の実施に要する費用は、市町村の支弁とする。

令和2年法律第52号で新設

（市町村に対する交付金の交付）

第百六条の八 国は、政令で定めるところにより、市町村に対し、次に掲げる額を合算した額を交付金として交付する。

令和2年法律第52号で新設

> 施行令
> **（重層的支援体制整備事業に要する費用に関する国の交付金の交付）**
> **第二十五条** 法第百六条の八の規定により市町村（特別区を含む。以下同じ。）に対して行う交付金の交付は、毎年度、次条（第二項を除く。）の規定により算定した当該年度における重層的支援体制整備事業に要する費用について行うものとする。

令和2年法律第52号に伴い新設

一 前条の規定により市町村が支弁する費用のうち、重層的支援体制整備事業として行う第百六条の四第二項第三号イに掲げる事業に要する費用として政令で定めるところにより算定した額の百分の二十に相当する額

施行令26条1項☞

二 前条の規定により市町村が支弁する費用のうち、重層的支援体制整備事業

として行う第百六条の四第二項第三号イに掲げる事業に要する費用として政令で定めるところにより算定した額を基礎として、介護保険法第九条第一号に規定する第一号被保険者（以下この号において「第一号被保険者」という。）の年齢階級別の分布状況、第一号被保険者の所得の分布状況等を考慮して、政令で定めるところにより算定した額

三　前条の規定により市町村が支弁する費用のうち、重層的支援体制整備事業として行う第百六条の四第二項第一号イ及び第三号ロに掲げる事業に要する費用として政令で定めるところにより算定した額に、介護保険法第百二十五条第二項に規定する第二号被保険者負担率（第百六条の十第二号において「第二号被保険者負担率」という。）に百分の五十を加えた率を乗じて得た額（次条第二号において「特定地域支援事業支援額」という。）の百分の五十に相当する額

四　前条の規定により市町村が支弁する費用のうち、重層的支援体制整備事業として行う第百六条の四第二項第一号ニに掲げる事業に要する費用として政令で定めるところにより算定した額の四分の三に相当する額

五　前条の規定により市町村が支弁する費用のうち、第一号及び前二号に規定する事業以外の事業に要する費用として政令で定めるところにより算定した額の一部に相当する額として予算の範囲内で交付する額

施行令26条1項☞
施行令26条2項☞
施行令26条3項☞
施行令26条4項☞
施行令26条5項☞

施行令

（重層的支援体制整備事業に要する費用の算定方法）

第二十六条　法第百六条の八第一号及び第二号に規定する重層的支援体制整備事業として行う法第百六条の四第二項第三号イに掲げる事業に要する費用の額は、市町村の重層的支援体制整備事業を実施する年度（以下この条において「実施年度」という。）における同号に掲げる事業に要する費用の総額（第三項第二号及び第五項第二号において「実施年度第三号事業総事業費」という。）に、当該市町村の重層的支援体制整備事業を開始する年度の前々年度（以下この条において「基準年度」という。）における法第百六条の四第二項第三号イに掲げる事業に要した費用の額を当該市町村の基準年度における同号に掲げる事業に要した費用の総額（第三項第二号及び第五項第二号において「基準年度第三号事業総事業費」という。）で除して得た率を乗じて得た額を基礎として、厚生労働大臣が定める方法により算定するものとする。

令和2年法律第52号に伴い新設

2　法第百六条の八第二号に掲げる額は、市町村の実施年度において交付される第三十一条第二項の規定により読み替えられた介護保険の国庫負担金の算定等に関する政令（平成十年政令第四百十三号）第一条の三第二項に規定する介護予防・日常生活支援総合事業普通調整交付金及び介護予防・日常生活支援総合事業特別調整交付金の額の合算額に、当該市町村の実施年度における前項の規定により算定した額を当該市町村の実施年度における介護予防・日常生活支援総合事業（介護保険法第百十五条の四十五第一項に規定する介護予防・日常生活支援総合事業をいう。第八項において同じ。）に要する費用の額で除して得た率を乗じて算定するものとする。

施行令31条
☞法106条の11

3　法第百六条の八第三号に規定する重層的支援体制整備事業として行う法第百六条の四第二項第一号イ及び第三号ロに掲げる事業に要する費用の額は、次に掲げる額を合算する方法により算定するものとする。

一　市町村の実施年度における法第百六条の四第二項第一号に掲げる事業に要する費用の総額（次項第二号及び第五項第一号において「実施年度第一号事業総事業費」という。）に、当該市町村の基準年度における同条第二項第一号イに掲げる事業に要した費用の額を当該市町村の基準年度における同号に掲げる事業に要した費用の総額（次項第二号及び第五項第一号において「基準年度第一号事業総事業費」という。）で除して得た率を乗じて得た額を基礎として、厚生労働大臣が定める方法により算定した額

二　市町村の実施年度第三号事業総事業費に、当該市町村の基準年度における法第百六条の四第二項第三号ロに掲げる事業に要した費用の額を当該市町村の基準年度第三号事業総事業費で除して得た率を乗じて得た額を基礎として、厚生労働大臣が定める方法により算定した額

4 法第百六条の八第四号に規定する重層的支援体制整備事業として行う法第百六条の四第二項第一号ニに掲げる事業に要する費用の額は、次に掲げる額のうちいずれか低い額とする。

一 市町村の実施年度における法第百六条の四第二項第一号ニに掲げる事業に要する費用について、市町村における人口、被保護者（生活保護法（昭和二十五年法律第百四十四号）第六条第一項に規定する被保護者をいう。）の数その他の事情を勘案して厚生労働大臣が定める方法により算定した額

二 市町村の実施年度第一号事業総事業費に、当該市町村の基準年度における法第百六条の四第二項第一号ニに掲げる事業に要した費用の額を当該市町村の基準年度第一号事業総事業費で除して得た率を乗じて得た額を基礎として、厚生労働大臣が定める方法により算定した額

5 法第百六条の八第五号に規定する同条第一号、第三号及び第四号に規定する事業以外の事業に要する費用の額は、次に掲げる額を合算する方法により算定するものとする。

一 市町村の実施年度第一号事業総事業費に、当該市町村の基準年度における次に掲げる事業に要した費用の額を当該市町村の基準年度第一号事業総事業費で除して得た率をそれぞれ乗じて得た額の合算額を基礎として、厚生労働大臣が定める方法により算定した額

イ 法第百六条の四第二項第一号ロに掲げる事業

ロ 法第百六条の四第二項第一号ハに掲げる事業

ハ 法第百六条の四第二項第一号に掲げる事業（同号イからニまでに掲げる事業を除く。）

二 市町村の実施年度第三号事業総事業費に、当該市町村の基準年度における次に掲げる事業に要した費用の額を当該市町村の基準年度第三号事業総事業費で除して得た率をそれぞれ乗じて得た額の合算額を基礎として、厚生労働大臣が定める方法により算定した額

イ 法第百六条の四第二項第三号ハに掲げる事業

ロ 法第百六条の四第二項第三号ニに掲げる事業

ハ 法第百六条の四第二項第三号に掲げる事業（同号イからニまでに掲げる事業を除く。）

三 次に掲げる額のうちいずれか低い額

イ 市町村の実施年度における法第百六条の四第二項第二号及び第四号から第六号までに掲げる事業に要する費用について厚生労働大臣が定める方法により算定した額

ロ 市町村の実施年度におけるイに規定する事業に現に要する費用の額

6 市町村の基準年度から実施年度までの間に法第百六条の四第二項第一号に掲げる事業を実施する施設又は同項第三号に規定する拠点の開設、廃止その他の事由が生じた場合における前各項（第二項を除く。）の規定の適用については、次の表の上欄に掲げる規定中同表の中欄に掲げる字句は、それぞれ同表の下欄に掲げる字句とする。

第一項	実施年度第三号事業総事業費」という。）	実施年度第三号事業総事業費」という。）に法第百六条の四第二項第三号に規定する拠点の開設、廃止その他の事由による影響額として厚生労働大臣が定める方法により算定した額を加算し、又は減算して得た額
	法第百六条の四第二項第三号イ	同号イ
	乗じて得た額	乗じて得た額に、当該厚生労働大臣が定める方法により算定した額（当該事由による法第百六条の四第二項第三号イに掲げる事業への影響額に相当する部分に限る。）を減算し、又は加算して得た額
第三項第一号	実施年度第一号事業総事業費」という。）	実施年度第一号事業総事業費」という。）に同条第二項第一号に掲げる事業を実施する施設の開設、廃止その他の事由による影響額とし

		て厚生労働大臣が定める方法により算定した額を加算し、又は減算して得た額
	同条第二項第一号イ	同号イ
	乗じて得た額	乗じて得た額に、当該厚生労働大臣が定める方法により算定した額（当該事由による同条第二項第一号イに掲げる事業への影響額に相当する部分に限る。）を減算し、又は加算して得た額
第三項第二号	実施年度第三号事業総事業費	実施年度第三号事業総事業費に法第百六条の四第二項第三号に規定する拠点の開設、廃止その他の事由による影響額として厚生労働大臣が定める方法により算定した額を加算し、又は減算して得た額
	法第百六条の四第二項第三号ロ	同号ロ
	乗じて得た額	乗じて得た額に、当該厚生労働大臣が定める方法により算定した額（当該事由による同号ロに掲げる事業への影響額に相当する部分に限る。）を減算し、又は加算して得た額
第四項第二号	実施年度第一号事業総事業費	実施年度第一号事業総事業費に法第百六条の四第二項第一号に掲げる事業を実施する施設の開設、廃止その他の事由による影響額として厚生労働大臣が定める方法により算定した額を加算し、又は減算して得た額
	法第百六条の四第二項第一号ニ	同号ニ
	乗じて得た額	乗じて得た額に、当該厚生労働大臣が定める方法により算定した額（当該事由による同号ニに掲げる事業への影響額に相当する部分に限る。）を減算し、又は加算して得た額
第五項第一号	実施年度第一号事業総事業費	実施年度第一号事業総事業費に法第百六条の四第二項第一号に掲げる事業を実施する施設の開設、廃止その他の事由による影響額として厚生労働大臣が定める方法により算定した額を加算し、又は減算して得た額
	乗じて得た額	乗じて得た額に、当該厚生労働大臣が定める方法により算定した額（当該事由による次のイからハまでに掲げる事業への影響額に相当する部分に限る。）をそれぞれ減算し、又は加算して得た額
第五項第二号	実施年度第三号事業総事業費	実施年度第三号事業総事業費に法第百六条の四第二項第三号に規定する拠点の開設、廃止その他の事由による影響額として厚生労働大臣が定める方法により算定した額を加算し、又は減算して得た額
	乗じて得た額	乗じて得た額に、当該厚生労働大臣が定める方法により算定した額（当該事由による次のイからハまでに掲げる事業への影響額に相当する部分に限る。）をそれぞれ減算し、又は加算して得た額

7　第一項、第三項各号、第四項第二号並びに第五項第一号及び第二号に規定する率については、市町村の検証対象年度（当該市町村の重層的支援体制整備事業を開始する年度以後の年度であつて、法第百六条の四第二項各号に掲

げる事業に要する費用の額を検証する年度として当該市町村が定める年度をいう。以下この項において同じ。）における前各項（第二項を除く。）の規定により算定した同条第二項第一号イからニまでに掲げる事業若しくは同号に掲げる事業（同号イからニまでに掲げる事業を除く。）又は同項第三号イからニまでに掲げる事業若しくは同号に掲げる事業（同号イからニまでに掲げる事業を除く。）に要する費用の額が当該市町村の検証対象年度におけるこれらの事業に要した費用の額として厚生労働大臣が定める方法により算定した額と比較して著しく異なることとなる場合であつて、厚生労働大臣が必要があると認めるときは、厚生労働大臣が定める基準により補正するものとする。

8　前各項の規定の適用については、法第百六条の四第二項各号に掲げる事業若しくは介護予防・日常生活支援総合事業に要する費用又はこれらの事業に要した費用の額又は総額は、これらの事業に要する費用のための寄附金その他の収入があるときは、当該収入の額を控除した額とする。

施行規則

（介護保険法第百二十二条の二第二項に規定する交付金の額の算定に関する省令との調整）

第三十四条の十一　市町村が重層的支援体制整備事業を実施する場合における介護保険法第百二十二条の二第二項に規定する交付金の額の算定に関する省令（平成二十七年厚生労働省令第五十八号）第一条の規定の適用については、同条中「交付金（」とあるのは、「交付金及び社会福祉法第百六条の八（第二号に係る部分に限る。）の規定による交付金（」とする。

令和2年法律第52号に伴い新設

第百六条の九　都道府県は、政令で定めるところにより、市町村に対し、次に掲げる額を合算した額を交付金として交付する。

令和2年法律第52号で新設

施行令

（重層的支援体制整備事業に要する費用に関する都道府県の交付金の交付）

第二十七条　法第百六条の九の規定により市町村に対して行う交付金の交付は、毎年度、前条第一項、第三項及び第六項から第八項まで並びに次条の規定により算定した当該年度における重層的支援体制整備事業に要する費用について行うものとする。

令和2年法律第52号に伴い新設

一　前条第一号に規定する政令で定めるところにより算定した額の百分の十二・五に相当する額

二　特定地域支援事業支援額の百分の二十五に相当する額

三　第百六条の七の規定により市町村が支弁する費用のうち、前条第一号及び第三号に規定する事業以外の事業に要する費用として政令で定めるところにより算定した額の一部に相当する額として当該都道府県の予算の範囲内で交付する額

施行令28条☞

施行令

（重層的支援体制整備事業に要する費用の算定方法）

第二十八条　法第百六条の九第三号に規定する法第百六条の八第一号及び第三号に規定する事業以外の事業に要する費用の額は、第二十六条第五項から第八項までに定めるところにより算定するものとする。

令和2年法律第52号に伴い新設

（市町村の一般会計への繰入れ）

第百六条の十　市町村は、当該市町村について次に定めるところにより算定した額の合計額を、政令で定めるところにより、介護保険法第三条第二項の介護保険に関する特別会計から一般会計に繰り入れなければならない。

令和2年法律第52号で新設

施行令29条☞

一　第百六条の八第一号に規定する政令で定めるところにより算定した額の百分の五十五に相当する額から同条第二号の規定により算定した額を控除した額

二　第百六条の八第三号に規定する政令で定めるところにより算定した額に百分の五十から第二号被保険者負担率を控除して得た率を乗じて得た額に

相当する額

施行令
（市町村の一般会計への繰入れ）
第二十九条 法第百六条の十の規定による繰入れは、市町村の介護保険に関する特別会計が介護保険法施行令（平成十年政令第四百十二号）第一条の規定に基づき保険事業勘定及び介護サービス事業勘定に区分されているときは、当該特別会計保険事業勘定から当該市町村の一般会計に繰り入れるものとする。

令和2年法律第52号に伴い新設

（重層的支援体制整備事業と介護保険法等との調整）
第百六条の十一 市町村が重層的支援体制整備事業を実施する場合における介護保険法第百二十二条の二（第三項を除く。）並びに第百二十三条第三項及び第四項の規定の適用については、同法第百二十二条の二第一項中「費用」とあるのは「費用（社会福祉法第百六条の四第二項に規定する重層的支援体制整備事業（以下「重層的支援体制整備事業」という。）として行う同項第三号イに掲げる事業に要する費用を除く。次項及び第百二十三条第三項において同じ。）」と、同条第四項中「費用」とあるのは「費用（重層的支援体制整備事業として行う社会福祉法第百六条の四第二項第一号イ及び第三号ロに掲げる事業に要する費用を除く。）」とする。

令和2年法律第52号で新設

2　市町村が重層的支援体制整備事業を実施する場合における障害者の日常生活及び社会生活を総合的に支援するための法律第九十二条の規定の適用については、同条第六号中「費用」とあるのは、「費用（社会福祉法第百六条の四第二項に規定する重層的支援体制整備事業として行う同項第一号ロ及び第三号ハに掲げる事業に要する費用を除く。）」とする。

3　市町村が重層的支援体制整備事業を実施する場合における子ども・子育て支援法第六十五条の規定の適用については、同条第六号中「費用」とあるのは、「費用（社会福祉法第百六条の四第二項に規定する重層的支援体制整備事業として行う同項第一号ハ及び第三号ニに掲げる事業に要する費用を除く。）」とする。

4　市町村が重層的支援体制整備事業を実施する場合における生活困窮者自立支援法第十二条、第十四条及び第十五条第一項の規定の適用については、同法第十二条第一号中「費用」とあるのは「費用（社会福祉法第百六条の四第二項に規定する重層的支援体制整備事業（以下「重層的支援体制整備事業」という。）として行う同項第一号ニに掲げる事業の実施に要する費用を除く。）」と、同法第十四条中「費用」とあるのは「費用（重層的支援体制整備事業として行う事業の実施に要する費用を除く。）」と、同法第十五条第一項第一号中「額」とあるのは「額（重層的支援体制整備事業として行う社会福祉法第百六条の四第二項第一号ニに掲げる事業に要する費用として政令で定めるところにより算定した額を除く。）」とする。

施行令30条☞

施行令
（準用）
第三十条 第二十六条第四項及び第六項から第八項までの規定は、法第百六条の十一第四項の規定により読み替えられた生活困窮者自立支援法第十五条第一項第一号に規定する社会福祉法第百六条の四第二項第一号ニに掲げる事業に要する費用の額の算定について準用する。

令和2年法律第52号に伴い新設

施行令
（重層的支援体制整備事業と介護保険法施行令等との調整）
第三十一条 市町村が重層的支援体制整備事業を実施する場合における介護保険法施行令第三十八条の規定の適用については、同条第三項第二号中「による交付金、」とあるのは、「による交付金（社会福祉法第百六条の八（第一号から第三号までに係る部分に限る。）及び第百六条の九（第一号及び第二号に係る部分に限る。）の規定による交付金を含む。）、」とする。

2　市町村が重層的支援体制整備事業を実施する場合における介護保険の国庫負担金の算定等に関する政令第一条の三の規定の適用については、同条第一項中「費用」とあるのは「費用（社会福祉法（昭和二十六年法律第四十五号）第百六条の四第二項に規定する重層的支援体制整備事業として行う同項第三号イに掲げる事業に要する費用を除く。）」と、同条第二項中「による交付金」とあるのは「による交付金及び社会福祉法第百六条の八（第二号に係る部分に限る。）の規定による交付金」とする。
3　市町村が重層的支援体制整備事業を実施する場合における介護保険の国庫負担金の算定等に関する政令第七条及び第十条（これらの規定を同令第十三条の規定により読み替えて適用する場合を含む。）の規定の適用については、同令第七条第二項中「による交付金の額、」とあるのは「による交付金の額（社会福祉法（昭和二十六年法律第四十五号）第百六条の八（第一号から第三号までに係る部分に限る。）及び第百六条の九（第一号及び第二号に係る部分に限る。）の規定による交付金の額を含む。）、」と、同令第十条中「による交付金の総額」とあるのは「による交付金の総額（社会福祉法第百六条の八（第一号から第三号までに係る部分に限る。）及び第百六条の九（第一号及び第二号に係る部分に限る。）の規定による交付金の総額を含む。）」とする。
4　特定市町村（介護保険法第百四十八条第二項に規定する特定市町村をいう。）が重層的支援体制整備事業を実施する場合における介護保険の国庫負担金の算定等に関する政令第十六条の規定の適用については、同条第二号ロ中「による交付金の額」とあるのは、「による交付金の額（社会福祉法（昭和二十六年法律第四十五号）第百六条の八（第一号から第三号までに係る部分に限る。）及び第百六条の九（第一号及び第二号に係る部分に限る。）の規定による交付金の額を含む。）」とする。

第二節　地域福祉計画

平成29年法律第52号で旧法第1節を第2節に改正

（市町村地域福祉計画）

平成29年法律第52号でほぼ全面改正
介護保険事業計画等の上位計画として位置付け

第百七条　市町村は、地域福祉の推進に関する事項として次に掲げる事項を一体的に定める計画（以下「市町村地域福祉計画」という。）を策定するよう努めるものとする。

一　地域における高齢者の福祉、障害者の福祉、児童の福祉その他の福祉に関し、共通して取り組むべき事項　（1号：平成29年法律第52号で新設）

二　地域における福祉サービスの適切な利用の推進に関する事項　（2号：旧法1号）

三　地域における社会福祉を目的とする事業の健全な発達に関する事項　（3号：旧法2号）

四　地域福祉に関する活動への住民の参加の促進に関する事項　（4号：旧法3号）

五　地域生活課題の解決に資する支援が包括的に提供される体制の整備に関する事項　（5号：~~新設~~平成29年法律52号：改正=令和2年法律52号/法106条の3第1項参照）

2　市町村は、市町村地域福祉計画を策定し、又は変更しようとするときは、あらかじめ、地域住民等の意見を反映させるよう努めるとともに、その内容を公表するよう努めるものとする。　（ほぼ旧法第1項）

3　市町村は、定期的に、その策定した市町村地域福祉計画について、調査、分析及び評価を行うよう努めるとともに、必要があると認めるときは、当該市町村地域福祉計画を変更するものとする。　（3項は平成29年法律第52号で新設）

（都道府県地域福祉支援計画）

平成29年法律第52号でほぼ全面改正
他の福祉分野の計画等の上位計画として位置付け

第百八条　都道府県は、市町村地域福祉計画の達成に資するために、各市町村を通ずる広域的な見地から、市町村の地域福祉の支援に関する事項として次に掲げる事項を一体的に定める計画（以下「都道府県地域福祉支援計画」という。）を策定するよう努めるものとする。

一　地域における高齢者の福祉、障害者の福祉、児童の福祉その他の福祉に関し、共通して取り組むべき事項　（1号：平成29年法律第52号で新設）

二　市町村の地域福祉の推進を支援するための基本的方針に関する事項 ｜ 2号：旧法1号

三　社会福祉を目的とする事業に従事する者の確保又は資質の向上に関する事項 ｜ 3号：旧法2号

四　福祉サービスの適切な利用の推進及び社会福祉を目的とする事業の健全な発達のための基盤整備に関する事項 ｜ 4号：旧法3号

五　市町村による地域生活課題の解決に資する支援が包括的に提供される体制の整備の実施の支援に関する事項 ｜ 5号：平成29年法律第52号で新設／令和2年法律第52号で改正

2　都道府県は、都道府県地域福祉支援計画を策定し、又は変更しようとするときは、あらかじめ、公聴会の開催等住民その他の者の意見を反映させるよう努めるとともに、その内容を公表するよう努めるものとする。 ｜ ほぼ旧法第1項

3　都道府県は、定期的に、その策定した都道府県地域福祉支援計画について、調査、分析及び評価を行うよう努めるとともに、必要があると認めるときは、当該都道府県地域福祉支援計画を変更するものとする。 ｜ 平成29年法律第52号で新設

第三節　社会福祉協議会

平成29年法律第52号で旧法第2節を第3節に改正

（市町村社会福祉協議会及び地区社会福祉協議会）

第百九条　市町村社会福祉協議会は、一又は同一都道府県内の二以上の市町村の区域内において次に掲げる事業を行うことにより地域福祉の推進を図ることを目的とする団体であつて、その区域内における社会福祉を目的とする事業を経営する者及び社会福祉に関する活動を行う者が参加し、かつ、指定都市にあつてはその区域内における地区社会福祉協議会の過半数及び社会福祉事業又は更生保護事業を経営する者の過半数が、指定都市以外の市及び町村にあつてはその区域内における社会福祉事業又は更生保護事業を経営する者の過半数が参加するものとする。

旧法のまま

社会福祉協議会の目的の明示

地域福祉の推進 ☞法4条

更生保護事業は社福法上の社会福祉事業に含まれない(法2条4項1号)

一　社会福祉を目的とする事業の企画及び実施

二　社会福祉に関する活動への住民の参加のための援助

三　社会福祉を目的とする事業に関する調査、普及、宣伝、連絡、調整及び助成

四　前三号に掲げる事業のほか、社会福祉を目的とする事業の健全な発達を図るために必要な事業

2　地区社会福祉協議会は、一又は二以上の区（地方自治法第二百五十二条の二十に規定する区及び同法第二百五十二条の二十の二に規定する総合区をいう。）の区域内において前項各号に掲げる事業を行うことにより地域福祉の推進を図ることを目的とする団体であつて、その区域内における社会福祉を目的とする事業を経営する者及び社会福祉に関する活動を行う者が参加し、かつ、その区域内において社会福祉事業又は更生保護事業を経営する者の過半数が参加するものとする。

平成26年法律第42号によって「及び同法第二百五十二条の二十の二に規定する総合区」を追加

地方自治法252条の20及び同法252条の20の2☞

3　市町村社会福祉協議会のうち、指定都市の区域を単位とするものは、第一項各号に掲げる事業のほか、その区域内における地区社会福祉協議会の相互の連絡及び事業の調整の事業を行うものとする。 ｜ 旧法のまま

4　市町村社会福祉協議会及び地区社会福祉協議会は、広域的に事業を実施することにより効果的な運営が見込まれる場合には、その区域を越えて第一項各号に掲げる事業を実施することができる。 ｜ 旧法のまま

5　関係行政庁の職員は、市町村社会福祉協議会及び地区社会福祉協議会の役員となることができる。ただし、役員の総数の五分の一を超えてはならない。

旧法のまま
役員＝理事+監事(法31条1項6号)

6　市町村社会福祉協議会及び地区社会福祉協議会は、社会福祉を目的とする事業を経営する者又は社会福祉に関する活動を行う者から参加の申出があつたときは、正当な理由がないのにこれを拒んではならない。

28年法で一部語句修正

地方自治法（昭和二十二年法律第六十七号）

（区の設置）

第二百五十二条の二十　指定都市は、市長の権限に属する事務を分掌させるため、条例で、その区域を分けて区を設け、区の事務所又は必要があると認めるときはその出張所を置くものとする。

2　区の事務所又はその出張所の位置、名称及び所管区域並びに区の事務所が分掌する事務は、条例でこれを定めなければならない。

3　区にその事務所の長として区長を置く。

4　区長又は区の事務所の出張所の長は、当該普通地方公共団体の長の補助機関である職員をもつて充てる。

5　区に選挙管理委員会を置く。

6　第四条第二項の規定は第二項の区の事務所又はその出張所の位置及び所管区域に、第百七十五条第二項の規定は区長又は第四項の区の事務所の出張所の長に、第二編第七章第三節中市の選挙管理委員会に関する規定は前項の選挙管理委員会について、これを準用する。

7　指定都市は、必要と認めるときは、条例で、区ごとに区地域協議会を置くことができる。この場合において、その区域内に地域自治区が設けられる区には、区地域協議会を設けないことができる。

8　第二百二条の五第二項から第五項まで及び第二百二条の六から第二百二条の九までの規定は、区地域協議会に準用する。

9　指定都市は、地域自治区を設けるときは、その区域は、区の区域を分けて定めなければならない。

１０　第七項の規定に基づき、区に区地域協議会を置く指定都市は、第二百二条の四第一項の規定にかかわらず、その一部の区の区域に地域自治区を設けることができる。

１１　前各項に定めるもののほか、指定都市の区に関し必要な事項は、政令でこれを定める。

（総合区の設置）

第二百五十二条の二十の二　指定都市は、その行政の円滑な運営を確保するため必要があると認めるときは、前条第一項の規定にかかわらず、市長の権限に属する事務のうち特定の区の区域内に関するものを第八項の規定により総合区長に執行させるため、条例で、当該区に代えて総合区を設け、総合区の事務所又は必要があると認めるときはその出張所を置くことができる。

2　総合区の事務所又はその出張所の位置、名称及び所管区域並びに総合区の事務所が分掌する事務は、条例でこれを定めなければならない。

3　総合区にその事務所の長として総合区長を置く。

4　総合区長は、市長が議会の同意を得てこれを選任する。

5　総合区長の任期は、四年とする。ただし、市長は、任期中においてもこれを解職することができる。

6　総合区の事務所の職員のうち、総合区長があらかじめ指定する者は、総合区長に事故があるとき又は総合区長が欠けたときは、その職務を代理する。

7　第百四十一条、第百四十二条、第百五十九条、第百六十四条、第百六十五条第二項、第百六十六条第一項及び第三項並びに第百七十五条第二項の規定は、総合区長について準用する。

8　総合区長は、総合区の区域に係る政策及び企画をつかさどるほか、法律若しくはこれに基づく政令又は条例により総合区長が執行することとされた事務及び市長の権限に属する事務のうち主として総合区の区域内に関するもので次に掲げるものを執行し、これらの事務の執行について当該指定都市を代表する。ただし、法律又はこれに基づく政令に特別の定めがある場合は、この限りでない。

一　総合区の区域に住所を有する者の意見を反映させて総合区の区域のまちづくりを推進する事務（法律若しくはこれに基づく政令又は条例により市長が執行することとされたものを除く。）

二　総合区の区域に住所を有する者相互間の交流を促進するための事務（法律若しくはこれに基づく政令又は条例により市長が執行することとされ

たものを除く。）
三　社会福祉及び保健衛生に関する事務のうち総合区の区域に住所を有する者に対して直接提供される役務に関する事務（法律若しくはこれに基づく政令又は条例により市長が執行することとされたものを除く。）
四　前三号に掲げるもののほか、主として総合区の区域内に関する事務で条例で定めるもの
９　総合区長は、総合区の事務所又はその出張所の職員（政令で定めるものを除く。）を任免する。ただし、指定都市の規則で定める主要な職員を任免する場合においては、あらかじめ、市長の同意を得なければならない。
１０　総合区長は、歳入歳出予算のうち総合区長が執行する事務に係る部分に関し必要があると認めるときは、市長に対し意見を述べることができる。
１１　総合区に選挙管理委員会を置く。
１２　第四条第二項の規定は第二項の総合区の事務所又はその出張所の位置及び所管区域について、第百七十五条第二項の規定は総合区の事務所の出張所の長について、第二編第七章第三節中市の選挙管理委員会に関する規定は前項の選挙管理委員会について準用する。
１３　前条第七項から第十項までの規定は、総合区について準用する。
１４　前各項に定めるもののほか、指定都市の総合区に関し必要な事項は、政令でこれを定める。

（都道府県社会福祉協議会）

第百十条　都道府県社会福祉協議会は、都道府県の区域内において次に掲げる事業を行うことにより地域福祉の推進を図ることを目的とする団体であつて、その区域内における市町村社会福祉協議会の過半数及び社会福祉事業又は更生保護事業を経営する者の過半数が参加するものとする。

旧法のまま

一　前条第一項各号に掲げる事業であつて各市町村を通ずる広域的な見地から行うことが適切なもの
二　社会福祉を目的とする事業に従事する者の養成及び研修
三　社会福祉を目的とする事業の経営に関する指導及び助言
四　市町村社会福祉協議会の相互の連絡及び事業の調整

２　前条第五項及び第六項の規定は、都道府県社会福祉協議会について準用する。

前条5項：関係行政庁職員が社協の役員となること可
前条6項：社協参加申出拒絶の制限

（社会福祉協議会連合会）

第百十一条　都道府県社会福祉協議会は、相互の連絡及び事業の調整を行うため、全国を単位として、社会福祉協議会連合会を設立することができる。

２　第百九条第五項の規定は、社会福祉協議会連合会について準用する。

旧法のまま

全社協の設立根拠

法１０９条5項：関係行政庁職員が社協の役員となること可

第四節　共同募金

旧法第3節を平成２９年法律第５２号で第4節に改正

（共同募金）

第百十二条　この法律において「共同募金」とは、都道府県の区域を単位として、毎年一回、厚生労働大臣の定める期間内に限つてあまねく行う寄附金の募集であつて、その区域内における地域福祉の推進を図るため、その寄附金をその区域内において社会福祉事業、更生保護事業その他の社会福祉を目的とする事業を経営する者（国及び地方公共団体を除く。以下この節において同じ。）に配分することを目的とするものをいう。

旧法のまま

規則３５条

域内配分の原則
→例外：法１１８条

施行規則
（共同募金の期間）
第三十五条　法第百十二条の規定による共同募金の実施期間は、厚生労働省告示で定める。

毎年10月１日から3月31日までの期間が告示で定められている

（共同募金会）

第百十三条　共同募金を行う事業は、第二条の規定にかかわらず、第一種社会福

旧法のまま

祉事業とする。

2 共同募金事業を行うことを目的として設立される社会福祉法人を共同募金会と称する。

3 共同募金会以外の者は、共同募金事業を行つてはならない。

4 共同募金会及びその連合会以外の者は、その名称中に、「共同募金会」又はこれと紛らわしい文字を用いてはならない。

違反は過料10万円以下(法166条)

（共同募金会の認可）

第百十四条 第三十条第一項の所轄庁は、共同募金会の設立の認可に当たつては、第三十二条に規定する事項のほか、次に掲げる事項をも審査しなければならない。

旧法のまま

一 当該共同募金の区域内に都道府県社会福祉協議会が存すること。

二 特定人の意思によつて事業の経営が左右されるおそれがないものであること。

三 当該共同募金の配分を受ける者が役員、評議員又は配分委員会の委員に含まれないこと。

四 役員、評議員又は配分委員会の委員が、当該共同募金の区域内における民意を公正に代表するものであること。

法114条は、都道府県及び市の第1号法定受託事務(法151条)

（配分委員会）

第百十五条 寄附金の公正な配分に資するため、共同募金会に配分委員会を置く。

2 第四十条第一項の規定は、配分委員会の委員について準用する。

3 共同募金会の役員は、配分委員会の委員となることができる。ただし、委員の総数の三分の一を超えてはならない。

4 この節に規定するもののほか、配分委員会に関し必要な事項は、政令で定める。

第1項：旧法のまま
第2項：28年法及び令和元年法律第37号で形式的改正
法40条1項＝評議員の欠格事由
第3項：旧法のまま
第4項：旧法のまま

施行令

（配分委員会の委員の任期等）

第三十二条 法第百十五条第一項に規定する配分委員会の委員の任期は、二年以内において定款で定める期間とする。ただし、再任を妨げない。

2 委員に欠員を生じたときは、遅滞なく、補欠の委員を選任しなければならない。この場合において、補欠の委員の任期は、前任者の残任期間とする。

3 前二項に定めるもののほか、配分委員会に関し必要な事項は、厚生労働省令で定める。

規則36条

施行規則

（配分委員会の組織及び運営）

第三十六条 法第百十五条第一項に規定する配分委員会（以下この条において「配分委員会」という。）は、理事長が招集する。

29年法に伴い一部改正

2 理事長は、配分委員会の委員の総数の三分の一以上の委員が審議すべき事項を示して配分委員会の招集を請求したときは、その請求のあつた日から三十日以内に、配分委員会を招集しなければならない。

3 配分委員会に委員長を置く。委員長は、配分委員会において、委員のうちから選挙する。

4 委員長は、会務を総理する。委員長に事故があるときは、あらかじめその指名する委員が、その職務を代理する。

5 配分委員会は、過半数の委員が出席しなければ、会議を開き、議決をすることができない。

6 配分委員会の議事は、出席した委員の過半数をもつて決し、可否同数のときは、委員長の決するところによる。

7 前各項に定めるもののほか、配分委員会の組織及び運営に関し必要な事項は、配分委員会が定める。

（共同募金の性格）

第百十六条 共同募金は、寄附者の自発的な協力を基礎とするものでなければな

旧法のまま

らない。

（共同募金の配分）

第百十七条　共同募金は、社会福祉を目的とする事業を経営する者以外の者に配分してはならない。

旧法のまま

2　共同募金会は、寄附金の配分を行うに当たつては、配分委員会の承認を得なければならない。

3　共同募金会は、第百十二条に規定する期間が満了した日の属する会計年度の翌年度の末日までに、その寄附金を配分しなければならない。

早期配分の原則
→例外：法118条

4　国及び地方公共団体は、寄附金の配分について干渉してはならない。

（準備金）

第百十八条　共同募金会は、前条第三項の規定にかかわらず、災害救助法（昭和二十二年法律第百十八号）第二条第一項に規定する災害の発生その他厚生労働省令で定める特別の事情がある場合に備えるため、共同募金の寄附金の額に厚生労働省令で定める割合を乗じて得た額を限度として、準備金を積み立てることができる。

令和3年法律第30号によって「第二条」を「第二条第一項」に改正
災害救助法2条☞
規則37条☞

2　共同募金会は、前項の災害の発生その他特別の事情があつた場合には、第百十二条の規定にかかわらず、当該共同募金会が行う共同募金の区域以外の区域において社会福祉を目的とする事業を経営する者に配分することを目的として、拠出の趣旨を定め、同項の準備金の全部又は一部を他の共同募金会に拠出することができる。

3　前項の規定による拠出を受けた共同募金会は、拠出された金額を、同項の拠出の趣旨に従い、当該共同募金会の区域において社会福祉を目的とする事業を経営する者に配分しなければならない。

4　共同募金会は、第一項に規定する準備金の積立て、第二項に規定する準備金の拠出及び前項の規定に基づく配分を行うに当たつては、配分委員会の承認を得なければならない。

災害救助法（昭和二十二年法律第百十八号）

（救助の対象）

第二条　この法律による救助（以下「救助」という。）は、この法律に別段の定めがある場合を除き、都道府県知事が、政令で定める程度の災害が発生した市（特別区を含む。以下同じ。）町村（第三項及び第十一条において「災害発生市町村」という。）の区域（地方自治法（昭和二十二年法律第六十七号）第二百五十二条の十九第一項の指定都市（次条第二項において「指定都市」という。）にあっては、当該市の区域又は当該市の区の若しくは総合区の区域とする。以下この条並びに次条第一項及び第二項において同じ。）内において当該災害により被害を受け、現に救助を必要とする者に対して、これを行う。

災害救助法2条の2項及び3項の記載は省略した

施行規則

（法第百十八条第一項に規定する厚生労働省令で定める特別の事情等）

第三十七条　法第百十八条第一項に規定する厚生労働省令で定める特別の事情は、次のとおりとする。

一　災害弔慰金の支給等に関する法律施行令（昭和四十八年政令第三百七十四号）第一条第一項に規定する災害が生じたこと。

二　被災者生活再建支援法施行令（平成十年政令第三百六十一号）第一条第二号又は第三号に規定する自然災害が生じたこと。

三　準備金に繰り入れて三年が経過したこと（当該共同募金の区域内において社会福祉を目的とする事業を経営する者に配分する場合に限る。）。

災害弔慰金の支給等に関する法律施行令☞
被災者生活再建支援法施行令☞

2　法第百十八条第一項に規定する厚生労働省令で定める割合は、次の各号に掲げる割合のうちいずれか低い割合とする。

一　百分の三

二　当該共同募金の寄附金の額に占める法人からの寄附金の額の割合

災害弔慰金の支給等に関する法律施行令（昭和四十八年政令第三百七十四号）
（法第三条第一項に規定する政令で定める災害）
第一条　災害弔慰金の支給等に関する法律（以下「法」という。）第三条第一項に規定する政令で定める災害は、一の市町村（特別区を含む。以下同じ。）の区域内において生じた住居の被害が内閣総理大臣が定める程度以上の災害その他これに準ずる程度の災害として内閣総理大臣が定めるものとする。
2　【省略】

被災者生活再建支援法施行令（平成十年政令第三百六十一号）
（支援金の支給に係る自然災害）
第一条　被災者生活再建支援法（以下「法」という。）第二条第二号の政令で定める自然災害は、次の各号のいずれかに該当する自然災害とする。
一　【省略】
二　自然災害により十以上の世帯の住宅が全壊する被害が発生した市町村の区域に係る当該自然災害
三　自然災害により百以上の世帯の住宅が全壊する被害が発生した都道府県の区域に係る当該自然災害
【以下省略】

（計画の公告）
第百十九条　共同募金会は、共同募金を行うには、あらかじめ、都道府県社会福祉協議会の意見を聴き、及び配分委員会の承認を得て、共同募金の目標額、受配者の範囲及び配分の方法を定め、これを公告しなければならない。

旧法のまま

（結果の公告）
第百二十条　共同募金会は、寄附金の配分を終了したときは、一月以内に、募金の総額、配分を受けた者の氏名又は名称及び配分した額並びに第百十八条第一項の規定により新たに積み立てられた準備金の額及び準備金の総額を公告しなければならない。
2　共同募金会は、第百十八条第二項の規定により準備金を拠出した場合には、速やかに、同項の拠出の趣旨、拠出先の共同募金会及び拠出した額を公告しなければならない。
3　共同募金会は、第百十八条第三項の規定により配分を行つた場合には、配分を終了した後三月以内に、拠出を受けた総額及び拠出された金額の配分を受けた者の氏名又は名称を公告するとともに、当該拠出を行つた共同募金会に対し、拠出された金額の配分を受けた者の氏名又は名称を通知しなければならない。

旧法のまま

（共同募金会に対する解散命令）
第百二十一条　第三十条第一項の所轄庁は、共同募金会については、第五十六条第八項の事由が生じた場合のほか、第百十四条各号に規定する基準に適合しないと認められるに至つた場合においても、解散を命ずることができる。ただし、他の方法により監督の目的を達することができない場合に限る。

28年法形式的改正
法30条1項
＝所轄庁の定義
法56条8項
＝解散命令
法114条
＝共同募金会の認可

〈編者注〉　法121条は都道府県及び市の第1号法定受託事務（法151条）

（受配者の寄附金募集の禁止）
第百二十二条　共同募金の配分を受けた者は、その配分を受けた後一年間は、その事業の経営に必要な資金を得るために寄附金を募集してはならない。

旧法のまま

第百二十三条　削除

旧法のまま

（共同募金会連合会）
第百二十四条　共同募金会は、相互の連絡及び事業の調整を行うため、全国を単位として、共同募金会連合会を設立することができる。

旧法のまま
「社会福祉法人中央共同募金会」がある

第十一章　社会福祉連携推進法人

〈編者注〉令和２年法律第５２号による改正
「地域共生社会の実現のための社会福祉法等の一部を改正する法律」(令和２年法律第５２号) によって、社会福祉法に「第十一章　社会福祉連携推進法人」が新設された。**社会福祉連携推進法人は「一般社団法人」**である (法第１２５条) ので、当然に、一般社団法人として「一般社団法人及び一般財団法人に関する法律」(本書では「一般法」と略記) の規定が適用される。なお以下、欄外注あるいは準用で**読み替えるとき等は**社会福祉連携推進法人を、単に**「連携法人」と略記**している。
なお、認定等の運用については、「社会福祉連携推進法人の認定等について」(令和3年11月12日 社援発1112第1号) を参照されたい。

施行日：令和4年4月1日
第11章新設によって改正前の第11章以下の章・条文番号は繰り下げられた

第一節　認定等

(社会福祉連携推進法人の認定)

第百二十五条　次に掲げる業務 (以下この章において「社会福祉連携推進業務」という。) を行おうとする一般社団法人は、第百二十七条各号に掲げる基準に適合する一般社団法人であることについての所轄庁の認定を受けることができる。

社会福祉連携推進業務

社会福祉連携推進認定(法126条1項)

一　地域福祉の推進に係る取組を社員が共同して行うための支援　　1号：地域福祉支援業務

二　災害が発生した場合における社員 (社会福祉事業を経営する者に限る。次号、第五号及び第六号において同じ。) が提供する福祉サービスの利用者の安全を社員が共同して確保するための支援　　2号：災害時支援業務

三　社員が経営する社会福祉事業の経営方法に関する知識の共有を図るための支援　　3号：経営支援業務

四　資金の貸付けその他の社員 (社会福祉法人に限る。) が社会福祉事業に係る業務を行うのに必要な資金を調達するための支援として厚生労働省令で定めるもの　　4号：貸付業務　規則38条

> 施行規則
> (資金を調達するための支援)
> **第三十八条**　法第百二十五条第四号に規定する厚生労働省令で定めるものは、資金の貸付けとする。

連携法人制度創設に伴い新設

五　社員が経営する社会福祉事業の従事者の確保のための支援及びその資質の向上を図るための研修　　5号：人材確保等業務

六　社員が経営する社会福祉事業に必要な設備又は物資の供給　　6号：物資等供給業務

(認定申請)

第百二十六条　前条の認定 (以下この章において「社会福祉連携推進認定」という。) の申請は、厚生労働省令で定める事項を記載した申請書に、定款、社会福祉連携推進方針その他厚生労働省令で定める書類を添えてしなければならない。

社会福祉連携推進認定の定義

規則39条1～3項

2　前項の社会福祉連携推進方針には、次に掲げる事項を記載しなければならない。

社会福祉連携推進方針に記載すべき事項

一　社員の氏名又は名称
二　社会福祉連携推進業務を実施する区域
三　社会福祉連携推進業務の内容
四　前条第四号に掲げる業務を行おうとする場合には、同号に掲げる業務により支援を受けようとする社員及び支援の内容その他厚生労働省令で定める事項　　規則39条4項

> 施行規則
> (社会福祉連携推進認定の申請手続)
> **第三十九条**　法第百二十六条第一項に規定する厚生労働省令で定める事項は、

次に掲げる事項とする。
一　名称及び代表者の氏名
二　主たる事務所の所在地
三　法第百二十五条に規定する社会福祉連携推進業務の内容
2　法第百二十六条第一項に規定する厚生労働省令で定める書類は、次に掲げる書類とする。
一　当該一般社団法人の登記事項証明書
二　当該一般社団法人の理事及び監事の氏名、生年月日及び住所を記載した書類
三　法第百二十七条各号に掲げる基準に適合することを証明する書類
四　当該一般社団法人の理事及び監事が法第百二十八条第一号イからニまでのいずれにも該当しないことを証明する書類
五　法第百二十八条第二号及び第三号のいずれにも該当しないことを証明する書類
六　前各号に掲げるもののほか、所轄庁が法第百二十五条の認定（以下「社会福祉連携推進認定」という。）に必要と認める書類
3　前項の申請書類には、副本一通を添付しなければならない。
4　法第百二十六条第二項第四号に規定する厚生労働省令で定める事項は、次に掲げる事項とする。
一　法第百二十五条第四号の業務（次号及び第三号において「貸付業務」という。）により支援を受けようとする社員名
二　貸付業務に係る貸付けの金額
三　貸付業務に係る貸付けの契約日
四　法第百二十七条第五号トに掲げる事項の承認の方法

連携法人制度創設に伴い新設

（認定の基準）

第百二十七条　所轄庁は、社会福祉連携推進認定の申請をした一般社団法人が次に掲げる基準に適合すると認めるときは、当該法人について社会福祉連携推進認定をすることができる。

一　その設立の目的について、社員の社会福祉に係る業務の連携を推進し、並びに地域における良質かつ適切な福祉サービスの提供及び社会福祉法人の経営基盤の強化に資することが主たる目的であること。

1号：設立の目的

二　社員の構成について、社会福祉法人その他社会福祉事業を経営する者又は社会福祉法人の経営基盤を強化するために必要な者として厚生労働省令で定める者を社員とし、社会福祉法人である社員の数が社員の過半数であること。

2号：社員の構成
規則40条1項

三　社会福祉連携推進業務を適切かつ確実に行うに足りる知識及び能力並びに財産的基礎を有するものであること。

3号：知識・能力・財産的基礎

四　社員の資格の得喪に関して、第一号の目的に照らし、不当に差別的な取扱いをする条件その他の不当な条件を付していないものであること。

4号：社員資格の得喪

五　定款において、一般社団法人及び一般財団法人に関する法律第十一条第一項各号に掲げる事項のほか、次に掲げる事項を記載し、又は記録していること。

5号：定款記載事項
一般法第11条1項＝定款の記載事項

イ　社員が社員総会において行使できる議決権の数、議決権を行使することができる事項、議決権の行使の条件その他厚生労働省令で定める社員の議決権に関する事項

規則40条2項

ロ　役員について、次に掲げる事項

連携法人の役員構成は社会福祉法人と同じ

⑴　理事六人以上及び監事二人以上を置く旨
⑵　理事のうちに、各理事について、その配偶者又は三親等以内の親族その他各理事と厚生労働省令で定める特殊の関係がある者が三人を超えて含まれず、並びに当該理事並びにその配偶者及び三親等以内の親族その他各理事と厚生労働省令で定める特殊の関係がある者が理事の総数の三分の一を超えて含まれないこととする旨

規則40条3項

⑶　監事のうちに、各役員について、その配偶者又は三親等以内の親族そ

の他各役員と厚生労働省令で定める特殊の関係がある者が含まれないこととする旨　　規則40条4項☞

⑷　理事又は監事について、社会福祉連携推進業務について識見を有する者その他厚生労働省令で定める者を含むこととする旨　　規則40条5項☞

ハ　代表理事を一人置く旨

ニ　理事会を置く旨及びその理事会に関する事項

ホ　その事業の規模が政令で定める基準を超える一般社団法人においては、次に掲げる事項　　施行令33条☞　特定社会福祉法人（法37条）類似特例　法45条の13第5項参照

⑴　理事の職務の執行が法令及び定款に適合することを確保するための体制その他当該一般社団法人の業務の適正を確保するために必要なものとして厚生労働省令で定める体制の整備に関する事項は理事会において決議すべき事項である旨　　規則40条6項☞

⑵　会計監査人を置く旨及び会計監査人が監査する事項その他厚生労働省令で定める事項　　規則40条7項☞

> 施行令
>
> （法第百二十七条第五号ホの政令で定める基準）
>
> **第三十三条**　法第百二十七条第五号ホの政令で定める基準を超える一般社団法人は、次の各号のいずれかに該当する一般社団法人とする。
>
> 一　最終事業年度（各事業年度に係る計算書類につき一般社団法人及び一般財団法人に関する法律第百二十六条第二項の承認（同法第百二十七条前段に規定する場合にあつては、同法第百二十四条第三項の承認）を受けた場合における当該各事業年度のうち最も遅いものをいう。以下この条において同じ。）に係る同法第百二十六条第二項の承認を受けた損益計算書（同法第百二十七条前段に規定する場合にあつては、同条の規定により定時社員総会に報告された損益計算書）に基づいて最終事業年度における経常的な収益の額として厚生労働省令で定めるところにより計算した額が三十億円を超えること。
>
> 二　最終事業年度に係る一般社団法人及び一般財団法人に関する法律第百二十六条第二項の承認を受けた貸借対照表（同法第百二十七条前段に規定する場合にあつては、同条の規定により定時社員総会に報告された貸借対照表とし、一般社団法人の成立後最初の定時社員総会までの間においては、同法第百二十三条第一項の貸借対照表とする。）の負債の部に計上した額の合計額が六十億円を超えること。

連携法人制度創設に伴い新設

収益額30億円基準
各事業年度に係る計算書類についての一般法126条第2項の承認＝定時社員総会の承認（同法127条前段＝会計監査人設置法人の特則）
規則40条の2☞

負債額60億円基準

社会福祉法人の場合は施行令13条の3
☞法37条

> 施行規則
>
> （最終事業年度における事業活動に係る収益の額の算定方法）
>
> **第四十条の二**　令第三十三条第一号に規定する収益の額として厚生労働省令で定めるところにより計算した額は、社会福祉連携推進法人会計基準第十九条の第二号第一様式中当年度決算（A）のサービス活動収益計⑴欄に計上した額とする。

連携法人制度創設に伴い新設
令和4年厚生労働省令146号で一部形式的改正

ヘ　次に掲げる要件を満たす評議会（第百三十六条において「社会福祉連携推進評議会」という。）を置く旨並びにその構成員の選任及び解任の方法　　**社会福祉連携推進評議会**

⑴　福祉サービスを受ける立場にある者、社会福祉に関する団体、学識経験を有する者その他の関係者をもつて構成していること。

⑵　当該一般社団法人がトの承認をするに当たり、必要があると認めるときは、社員総会及び理事会において意見を述べることができるものであること。

⑶　社会福祉連携推進方針に照らし、当該一般社団法人の業務の実施の状況について評価を行い、必要があると認めるときは、社員総会及び理事会において意見を述べることができるものであること。　　評価の結果は公表される（法136条1項）

ト　第百二十五条第四号の支援を受ける社会福祉法人である社員が当該社　　貸付を受ける社会福祉法人の重要事

会福祉法人の予算の決定又は変更その他厚生労働省令で定める事項を決定するに当たつては、あらかじめ、当該一般社団法人の承認を受けなければならないこととする旨

チ　資産に関する事項

リ　会計に関する事項

ヌ　解散に関する事項

ル　第百四十五条第一項又は第二項の規定による社会福祉連携推進認定の取消しの処分を受けた場合において、第百四十六条第二項に規定する社会福祉連携推進目的取得財産残額があるときは、これに相当する額の財産を当該社会福祉連携推進認定の取消しの処分の日から一月以内に国、地方公共団体又は次条第一号イに規定する社会福祉連携推進法人、社会福祉法人その他の厚生労働省令で定める者（ヲにおいて「国等」という。）に贈与する旨

> **〈編者注〉　定款変更の制限**
> 連携推進法人は、上のルに係る定款の定めを変更することができない（法146条5項）。

ヲ　清算をする場合において残余財産を国等に帰属させる旨

> **施行規則**
> **（公益認定を受けている場合の特例）**
> **第四十条の二十一**　社会福祉連携推進法人が公益認定を受けた法人である場合は、法第百二十七条第五号ル及びヲの規定は、適用しない。
> **2**　社会福祉連携推進法人が公益認定を受けた法人である場合において、当該社会福祉連携推進法人が法第百四十五条第一項又は第二項の規定により社会福祉連携推進認定を取り消された場合は、同条第四項及び第五項並びに法第百四十六条の規定は、適用しない。

ワ　定款の変更に関する事項

六　前各号に掲げるもののほか、社会福祉連携推進業務を適切に行うために必要なものとして厚生労働省令で定める要件に該当するものであること。

> **施行規則**
> **（社会福祉連携推進認定の基準）**
> **第四十条**　法第百二十七条第二号に規定する厚生労働省令で定める者は、次に掲げる者とする。
> **一**　社会福祉事業等従事者の養成機関を経営する法人
> **二**　社会福祉を目的とする事業（社会福祉事業を除く。）を経営する法人
> **2**　法第百二十七条第五号イに規定する厚生労働省令で定める社員の議決権に関する事項は、次に掲げる事項とする。
> **一**　社員は、各一個の議決権を有するものであること。ただし、社員総会において行使できる議決権の数、議決権を行使することができる事項、議決権の行使の条件その他の社員の議決権に関する定款の定めが次のいずれにも該当する場合は、この限りでないこと。
> **イ**　社員の議決権に関して、社会福祉連携推進目的に照らし、不当に差別的な取扱いをしないものであること。
> **ロ**　社員の議決権に関して、社員が当該一般社団法人に対して提供した金銭その他の財産の価額に応じて異なる取扱いをしないものであること。
> **ハ**　社員の議決権に関して、一の社員が総社員の議決権の過半数を保有しないものであること。
> **二**　総社員の議決権の過半数は、社員である社会福祉法人が保有しなければならないものであること。
> **3**　法第百二十七条第五号ロ⑵に規定する当該一般社団法人の各理事と厚生労働省令で定める特殊の関係がある者は、次に掲げる者とする。

項決定に対する連携法人の承認
規則40条8項

法145条
＝社会福祉連携推進認定の取消し
法146条
＝社会福祉連携推進認定の取消しに伴う贈与
規則40条9項
公益認定法人にあっては左のル及びヲは非適用（規則40条の21）

連携法人制度創設に伴い新設

法145条
＝連携推進認定の取消し
法146条
＝連携推進認定取消しに伴う贈与

規則未制定

連携法人制度創設に伴い新設

1項1号：「社会福祉事業等従事者」は法89条に規定

1項2号：居宅介護支援事業や有料老人ホーム経営事業等（施行令24条に定める事業よりも範囲が広いと思われる）

一　当該理事と婚姻の届出をしていないが事実上婚姻関係と同様の事情にある者
二　当該理事の使用人
三　当該理事から受ける金銭その他の財産によつて生計を維持している者
四　前二号に掲げる者の配偶者
五　第一号から第三号までに掲げる者の三親等以内の親族であつて、これらの者と生計を一にするもの

4　法第百二十七条第五号ロ⑶に規定する当該一般社団法人の各役員と厚生労働省令で定める特殊の関係がある者は、次に掲げる者とする。
一　当該役員と婚姻の届出をしていないが事実上婚姻関係と同様の事情にある者
二　当該役員の使用人
三　当該役員から受ける金銭その他の財産によつて生計を維持している者
四　前二号に掲げる者の配偶者
五　第一号から第三号までに掲げる者の三親等以内の親族であつて、これらの者と生計を一にするもの

5　法第百二十七条第五号ロ⑷に規定する厚生労働省令で定める者は、次に掲げる者とする。
一　理事について、当該一般社団法人が行う事業の区域における福祉に関する実情に通じている者
二　監事について、財務管理について識見を有する者

6　法第百二十七条第五号ホ⑴に規定する厚生労働省令で定める体制の整備に関する事項は、次に掲げる事項とする。
一　理事の職務の執行に係る情報の保存及び管理に関する体制
二　損失の危険の管理に関する規程その他の体制
三　理事の職務の執行が効率的に行われることを確保するための体制
四　職員の職務の執行が法令及び定款に適合することを確保するための体制
五　監事がその職務を補助すべき職員を置くことを求めた場合における当該職員に関する事項
六　前号の職員の理事からの独立性に関する事項
七　監事の第五号の職員に対する指示の実効性の確保に関する事項
八　理事及び職員が監事に報告をするための体制その他の監事への報告に関する体制
九　前号の報告をした者が当該報告をしたことを理由として不利な取扱いを受けないことを確保するための体制
十　監事の職務の執行について生ずる費用の前払又は償還の手続その他の当該職務の執行について生ずる費用又は債務の処理に係る方針に関する事項
十一　その他監事の監査が実効的に行われることを確保するための体制

7　法第百二十七条第五号ホ⑵に規定する厚生労働省令で定める事項は、次に掲げる事項とする。
一　当該一般社団法人の計算関係書類（計算書類（法第百三十八条第二項において読み替えて適用する一般社団法人及び一般財団法人に関する法律第百二十三条第二項に規定する計算書類をいう。）及びその附属明細書をいう。）を監査し、会計監査報告を作成しなければならないこと。
二　会計監査人は、その職務を適切に遂行するため、次に掲げる者との意思疎通を図り、情報の収集及び監査の環境の整備に努めなければならないこと。ただし、会計監査人が公正不偏の態度及び独立の立場を保持することができなくなるおそれのある関係の創設及び維持を認めるものと解してはならないこと。
⑴　当該一般社団法人の理事及び職員
⑵　その他会計監査人が適切に職務を遂行するに当たり意思疎通を図るべき者
三　前二号に掲げる事項のほか、財産目録（社会福祉連携推進法人会計基準（令和三年厚生労働省令第百七十七号）第十条第一号に規定する貸借対照表に対応する項目に限る。）を監査し、会計監査報告に当該監査の結果を

括弧（ ）内は令和4年厚生労働省令146号で改正

併せて記載し、又は記録しなければならないこと。
四　会計監査人は、次に掲げるものの閲覧若しくは謄写をし、又は当該一般社団法人の理事若しくは職員に対し、会計に関する報告を求めることができること。
(1)　会計帳簿又はこれに関する資料が書面をもつて作成されているときは、当該書面
(2)　会計帳簿又はこれに関する資料が電磁的記録をもつて作成されているときは、当該電磁的記録に記録された事項を紙面又は映像面に表示する方法により表示したもの
8　法第百二十七条第五号トに規定する厚生労働省令で定める事項は、次に掲げる事項とする。
一　決算の決定に関する事項
二　借入金（当該会計年度内の収入をもつて償還する一時の借入金を除く。）の借入れに関する事項
三　重要な資産の処分に関する事項
四　合併に関する事項
五　目的たる事業の成功の不能による解散に関する事項
9　法第百二十七条第五号ルに規定する厚生労働省令で定める者は、社会福祉連携推進法人及び社会福祉法人とする。

（欠格事由）

第百二十八条　次の各号のいずれかに該当する一般社団法人は、社会福祉連携推進認定を受けることができない。
一　その理事及び監事のうちに、次のいずれかに該当する者があるもの
イ　社会福祉連携推進認定を受けた一般社団法人（以下この章、第百五十五条第一項及び第百六十五条において「社会福祉連携推進法人」という。）が第百四十五条第一項又は第二項の規定により社会福祉連携推進認定を取り消された場合において、その取消しの原因となつた事実があつた日以前一年内に当該社会福祉連携推進法人の業務を行う理事であつた者でその取消しの日から五年を経過しないもの
ロ　この法律その他社会福祉に関する法律で政令で定めるものの規定により罰金以上の刑に処せられ、その執行を終わり、又は執行を受けることがなくなつた日から五年を経過しない者（ハに該当する者を除く。）

社会福祉連携推進法人の定義
法155条1項＝背任罪 法165条＝登記懈怠等の罪

施行令34条☞

施行令

（社会福祉に関する法律）

第三十四条　法第百二十八条第一号ロの政令で定める社会福祉に関する法律は、次のとおりとする。
一　児童福祉法
二　身体障害者福祉法（昭和二十四年法律第二百八十三号）
三　精神保健及び精神障害者福祉に関する法律（昭和二十五年法律第百二十三号）
四　生活保護法
五　老人福祉法（昭和三十八年法律第百三十三号）
六　社会福祉士及び介護福祉士法
七　介護保険法
八　精神保健福祉士法
九　児童買春、児童ポルノに係る行為等の規制及び処罰並びに児童の保護等に関する法律（平成十一年法律第五十二号）
十　児童虐待の防止等に関する法律（平成十二年法律第八十二号）
十一　障害者の日常生活及び社会生活を総合的に支援するための法律
十二　高齢者虐待の防止、高齢者の養護者に対する支援等に関する法律（平成十七年法律第百二十四号）
十三　就学前の子どもに関する教育、保育等の総合的な提供の推進に関する法律（平成十八年法律第七十七号）

連携法人制度創設に伴い新設

法40条3号に比較し対象法律の範囲が広い

十四　障害者虐待の防止、障害者の養護者に対する支援等に関する法律（平成二十三年法律第七十九号）
十五　子ども・子育て支援法（平成二十四年法律第六十五号）
十六　国家戦略特別区域法（平成二十五年法律第百七号。第十二条の五第十五項及び第十七項から第十九項までの規定に限る。）
十七　公認心理師法（平成二十七年法律第六十八号）
十八　民間あっせん機関による養子縁組のあっせんに係る児童の保護等に関する法律（平成二十八年法律第百十号）
十九　自殺対策の総合的かつ効果的な実施に資するための調査研究及びその成果の活用等の推進に関する法律（令和元年法律第三十二号）

ハ　禁錮以上の刑に処せられ、その刑の執行を終わり、又は刑の執行を受けることがなくなつた日から五年を経過しない者

ニ　暴力団員等

二　第百四十五条第一項又は第二項の規定により社会福祉連携推進認定を取り消され、その取消しの日から五年を経過しないもの

三　暴力団員等がその事業活動を支配するもの

ハの「禁錮」は令和4年法律第68号によって「拘禁刑」に改正（施行日は令和7年6月16日までの政令で定める日）

「暴力団員等」の定義☞法40条1項6号

法145条1項又は2項＝連携推進認定の取消し

（認定の通知及び公示）

第百二十九条　所轄庁は、社会福祉連携推進認定をしたときは、厚生労働省令で定めるところにより、その旨をその申請をした者に通知するとともに、公示しなければならない。

規則40条の3☞

施行規則

（公示の方法）

第四十条の三　法第百二十九条及び法第百四十五条第三項の規定による公示は、インターネットの利用その他の適切な方法により行うものとする。

連携法人制度創設に伴い新設

（名称）

第百三十条　社会福祉連携推進法人は、その名称中に社会福祉連携推進法人という文字を用いなければならない。

2　社会福祉連携推進認定を受けたことによる名称の変更の登記の申請書には、社会福祉連携推進認定を受けたことを証する書面を添付しなければならない。

3　社会福祉連携推進法人でない者は、その名称又は商号中に、社会福祉連携推進法人であると誤認されるおそれのある文字を用いてはならない。

4　社会福祉連携推進法人は、不正の目的をもつて、他の社会福祉連携推進法人であると誤認されるおそれのある名称又は商号を使用してはならない。

3項・4項共に違反は過料10万円以下（法166条）

（準用）

第百三十一条　第三十条の規定は、社会福祉連携推進認定の所轄庁について準用する。この場合において、同条第一項第二号中「もの及び第百九条第二項に規定する地区社会福祉協議会である社会福祉法人」とあるのは、「もの」と読み替えるものとする。

法30条＝所轄庁

〈編者注〉 法30条の準用・読替え

法30条は、次のように読み替えて準用される。

（所轄庁）

第三十条　~~社会福祉法人~~ 読替 連携法人の所轄庁は、その主たる事務所の所在地の都道府県知事とする。ただし、次の各号に掲げる~~社会福祉法人~~ 読替 連携法人の所轄庁は、当該各号に定める者とする。

一　主たる事務所が市の区域内にある~~社会福祉法人~~ 読替 連携法人（次号に掲げる~~社会福祉法人~~ 読替 連携法人を除く。）であつてその行う事業が当該市の区域を越えないもの　市長（特別区の区長を含む。以下同じ。）

二　主たる事務所が指定都市の区域内にある~~社会福祉法人~~ 読替 連携法人であつてその行う事業が一の都道府県の区域内において二以上の市町村

の区域にわたる~~もの及び第百九条第二項に規定する地区社会福祉協議会である社会福祉法人~~ 法読替 もの　指定都市の長

2　~~社会福祉法人~~ 読替 連携法人でその行う事業が二以上の地方厚生局の管轄区域にわたるものであつて、厚生労働省令で定めるものにあつては、その所轄庁は、前項本文の規定にかかわらず、厚生労働大臣とする。

施行規則

（法第百三十一条において準用する法第三十条第二項に規定する厚生労働省令で定めるもの）

第四十条の四　法第百三十一条において準用する法第三十条第二項に規定する厚生労働省令で定めるものは、社会福祉連携推進法人の社員の主たる事務所が全ての地方厚生局の管轄区域にわたり、かつ、法第百二十五条に掲げる全ての業務を行うもの及びこれに類するものとする。

連携法人制度創設に伴い新設

法30条2項＝所轄庁を厚生労働大臣とする規定

第二節　業務運営等

（社会福祉連携推進法人の業務運営）

第百三十二条　社会福祉連携推進法人は、社員の社会福祉に係る業務の連携の推進及びその運営の透明性の確保を図り、地域における良質かつ適切な福祉サービスの提供及び社会福祉法人の経営基盤の強化に資する役割を積極的に果たすよう努めなければならない。

2　社会福祉連携推進法人は、社会福祉連携推進業務を行うに当たり、当該一般社団法人の社員、理事、監事、職員その他の政令で定める関係者に対し特別の利益を与えてはならない。

施行令35条☞

3　社会福祉連携推進法人は、社会福祉連携推進業務以外の業務を行う場合には、社会福祉連携推進業務以外の業務を行うことによつて社会福祉連携推進業務の実施に支障を及ぼさないようにしなければならない。

4　社会福祉連携推進法人は、社会福祉事業を行うことができない。

社会福祉事業の禁止

施行令

（特別の利益を与えてはならない一般社団法人の関係者）

第三十五条　法第百三十二条第二項の政令で定める一般社団法人の関係者は、次に掲げる者とする。

一　当該一般社団法人の社員又は基金（一般社団法人及び一般財団法人に関する法律第百三十一条に規定する基金をいう。）の拠出者

二　当該一般社団法人の理事、監事若しくは職員又は当該一般社団法人に置かれた法第百二十七条第五号ヘに規定する社会福祉連携推進評議会の構成員

三　前二号に掲げる者の配偶者又は三親等内の親族

四　前三号に掲げる者と婚姻の届出をしていないが事実上婚姻関係と同様の事情にある者

五　前二号に掲げる者のほか、第一号又は第二号に掲げる者から受ける金銭その他の財産によつて生計を維持する者

六　第一号に掲げる者が法人である場合にあつては、その法人が事業活動を支配する法人又はその法人の事業活動を支配する者として厚生労働省令で定めるもの

連携法人制度創設に伴い新設

社会福祉法人の関係者については、施行令13条の2参照

☞法27条

規則40条の5☞

施行規則

（事業活動を支配する法人又はその法人の事業活動を支配する者として厚生労働省令で定めるもの）

第四十条の五　令第三十五条第六号に規定する厚生労働省令で定めるものは、次に掲げるものとする。

一　当該法人が他の法人の財務及び営業、又は事業の方針の決定支配してい

連携法人制度創設に伴い新設

る場合における当該他の法人（次項において「子法人」という。）
二　一の者が当該法人の財務及び営業、又は事業の方針の決定を支配している場合における当該一の者
2　前項各号の「財務及び営業、又は事業の方針の決定を支配している場合」とは、一の者又はその一若しくは二以上の子法人が社員総会その他の団体の財務及び営業、又は事業の方針を決定する機関における議決権の過半数を有する場合をいう。

（社員の義務）

第百三十三条　社会福祉連携推進法人の社員（社会福祉事業を経営する者に限る。次条第一項において同じ。）は、その提供する福祉サービスに係る業務を行うに当たり、その所属する社会福祉連携推進法人の社員である旨を明示しておかなければならない。

福祉サービス業務を行うに際しての**連携法人の社員である旨の明示**

（委託募集の特例等）

第百三十四条　社会福祉連携推進法人の社員が、当該社会福祉連携推進法人をして社会福祉事業に従事する労働者の募集に従事させようとする場合において、当該社会福祉連携推進法人が社会福祉連携推進業務として当該募集に従事しようとするときは、職業安定法第三十六条第一項及び第三項の規定は、当該社員については、適用しない。

左の「社員」は社会福祉事業を経営する者に限定（前条括弧書き）

〈編者注〉　法134条の趣旨

職業安定法（昭和22年法律第141号 本書での略語は「職安法」）は、労働者の勤労の権利を保障し、職業選択の自由の趣旨を尊重しつつ、職業紹介などについて定めている。その「第三章の二　労働者の募集」の第36条1項及び3項では、下のように労働者の募集を他者に従事させる場合の厚労大臣への許可・届出義務を定めている。しかし、法134条は、連携法人の社員に対しては当該許可・届出義務を免除し（法134条1項）、委託を受ける連携法人による届出に代える（法134条2項）旨を定めている。

以下、職安法の条番号の冒頭には「職安法」との文字を付している

職安法　第三章の二　労働者の募集

（委託募集）

職安法第三十六条　労働者を雇用しようとする者が、その被用者以外の者をして報酬を与えて労働者の募集に従事させようとするときは、厚生労働大臣の許可を受けなければならない。
2　前項の報酬の額については、あらかじめ、厚生労働大臣の認可を受けなければならない。
3　労働者を雇用しようとする者が、その被用者以外の者をして報酬を与えることなく労働者の募集に従事させようとするときは、その旨を厚生労働大臣に届け出なければならない。

連携法人が連携推進業務として当該募集に従事しようとするときは、職安法36条1項及び3項は適用しない（法134条1項）
また、職安法36条2項については、法134条4項に読替規定が置かれている

施行規則

（委託募集の特例）

第四十条の六　社会福祉連携推進法人が法第百三十四条第一項に規定する募集（以下この条において「委託募集」という。）に従事するときは、社会福祉連携推進法人及びその社員は、次に掲げる基準に適合しなければならない。
一　職業安定法（昭和二十二年法律第百四十一号）その他労働関係法令に係る重大な違反がないこと。
二　社会福祉連携推進法人について、精神の機能の障害により労働者の募集を行うに当たつて必要な認知、判断及び意思疎通を適切に行うことができない者が当該募集に従事しないこと。
三　社会福祉連携推進法人について、職業安定法その他労働関係法令、当該募集内容及び当該募集に係る業務の内容に関して十分な知識を有する者が当該募集に従事すること。
2　募集に係る労働条件は、次に掲げる基準に適合しなければならない。
一　労働関係法令に違反するものでないこと。

連携法人制度創設に伴い新設

二　賃金が、同地域における同業種の賃金水準に比べて著しく低くないこと。
三　労働者の業務の内容及び労働条件が明示されていること。
3　募集の期間は、一年を超えてはならない。
4　募集の報酬は、特段の事情がある場合を除き、支払われた賃金額の百分の五十（同一の者に引き続き一年を超えて雇用される場合にあつては、一年間の雇用にかかわる賃金額の百分の五十）を超えてはならない。
5　社員は、委託募集の報酬として、厚生労働大臣の認可を受けた報酬以外を社会福祉連携推進法人に与えてはならない。

施行規則
第四十条の九　法第百三十四条第一項の募集に従事する社会福祉連携推進法人は、厚生労働省社会・援護局長の定める様式に従い、毎年度、募集報告を作成し、これを当該年度の翌年度の四月末日まで（当該年度の終了前に募集を終了する場合にあつては、当該終了の日の属する月の翌月末日まで）に前条第二項の届出に係る公共職業安定所の長に提出しなければならない。

連携法人制度創設に伴い新設

2　社会福祉連携推進法人は、前項に規定する募集に従事するときは、あらかじめ、厚生労働省令で定めるところにより、募集時期、募集人員、募集地域その他の労働者の募集に関する事項で厚生労働省令で定めるものを厚生労働大臣に届け出なければならない。

規則40条の7・8☟
無届出で募集に従事したとき懲役6月又は罰金30万円以下(法162条1項)

施行規則
第四十条の七　法第百三十四条第二項に規定する厚生労働省令で定めるものは、次のとおりとする。
一　募集に係る事業所の名称及び所在地
二　募集時期
三　募集職種及び人員
四　募集地域
五　募集に係る労働者の業務の内容
六　賃金、労働時間その他の募集に係る労働条件

連携法人制度創設に伴い新設

施行規則
第四十条の八　法第百三十四条第二項の規定による届出（以下この条において「届出」という。）は、社会福祉連携推進法人の主たる事務所の所在する都道府県の区域を募集地域とする募集、当該区域以外の地域を募集地域とする募集（以下この項において「自県外募集」という。）であつて次項第二号に該当するもの及び自県外募集であつて同号に該当しないものの別に行わなければならない。
2　届出をしようとする社会福祉連携推進法人は、その主たる事務所の所在地を管轄する公共職業安定所（その公共職業安定所が二以上ある場合には、厚生労働省組織規則（平成十三年厚生労働省令第一号）第七百九十三条の規定により当該事務を取り扱う公共職業安定所）の長を経て、次に掲げる募集にあつては当該主たる事務所の所在地を管轄する都道府県労働局長に、その他の募集にあつては厚生労働大臣に届け出なければならない。
一　社会福祉連携推進法人の主たる事務所の所在する都道府県の区域を募集地域とする募集
二　社会福祉連携推進法人の主たる事務所の所在する都道府県の区域以外の地域（当該地域における労働力の需給の状況等を勘案して厚生労働大臣が指定する地域を除く。）を募集地域とする募集（当該業種における労働力の需給の状況等を勘案して厚生労働大臣の指定する業種に属する事業に係るものを除く。）であつて、その地域において募集しようとする労働者の数が百人（一の都道府県の区域内において募集しようとする労働者の数が三十人以上であるときは、三十人）未満のもの
3　前二項に定めるもののほか、届出の様式その他の手続は、厚生労働省社会・援護局長の定めるところによる。

連携法人制度創設に伴い新設

令和3年11月12日社援発1112第1号別紙2

3　職業安定法第三十七条第二項の規定は前項の規定による届出があつた場合について、同法第五条の三第一項及び第四項、第五条の四の第一項及び第二項、第五条の五、第三十九条、第四十一条第二項、第四十二条、第四十八条の三第一項、第四十八条の四、第五十条第一項及び第二項並びに第五十一条の規定は前項の規定による届出をして労働者の募集に従事する者について、同法第四十条の規定は同項の規定による届出をして労働者の募集に従事する者に対する報酬の供与について、同法第五十条第三項及び第四項の規定はこの項において準用する同条第二項に規定する職権を行う場合について、それぞれ準用する。この場合において、同法第三十七条第二項中「労働者の募集を行おうとする者」とあるのは「社会福祉法第百三十四条第二項の規定による届出をして労働者の募集に従事しようとする者」と、同法第四十一条第二項中「当該労働者の募集の業務の廃止を命じ、又は期間」とあるのは「期間」と読み替えるものとする。

令和4年法律第12号により一部改正

〈編者注〉　法134条の趣旨

連携法人の委託募集について準用する職安法を規定しているが、準用規定が複雑なので以下に整理して示す。

（ⅰ）届出があった場合に準用する職安法
（ⅱ）募集に従事する者に準用する職安法
（ⅲ）同上の者への報酬に準用する職安法
（ⅳ）行政庁の職員の職権行使に準用する職安法

（ⅰ）法134条2項の規定による届出があった場合に準用する職安法

（募集の制限）

職安法第三十七条　【準用対象外】

2　厚生労働大臣は、~~前条第一項の規定によつて労働者の募集を許可する場合~~[読替]社会福祉法第百三十四条第二項の規定による届出があつた場合においては、~~労働者の募集を行おうとする者~~[法読替]社会福祉法第百三十四条第二項の規定による届出をして労働者の募集に従事しようとする者に対し、募集時期、募集人員、募集地域その他募集方法に関し必要な指示をすることができる。

左の ~~語句A~~[読替]語句B は、準用によって、~~読替前語句A~~を語句Bに読み替えることを示している
また[法読替]は、社福法による読替であることを示している
準用される職安法37条2項の指示違反は懲役6月以下又は罰金30万円以下（法162条2号）

（ⅱ）法134条2項の規定による届出をして労働者の募集に従事する者について準用する職安法

（労働条件等の明示）

職安法第五条の三　公共職業安定所、特定地方公共団体及び職業紹介事業者、労働者の募集を行う者及び募集受託者並びに労働者供給事業者は、それぞれ、職業紹介、労働者の募集又は労働者供給に当たり、求職者、募集に応じて労働者になろうとする者又は供給される労働者に対し、その者が従事すべき業務の内容及び賃金、労働時間その他の労働条件を明示しなければならない。

2～3　【準用対象外】

4　前三項の規定による明示は、賃金及び労働時間に関する事項その他の厚生労働省令で定める事項については、厚生労働省令で定める方法により行わなければならない。

職安法施行規則4条の2☞

職安法施行規則（昭和二十二年労働省令第十二号）

（法第五条の三に関する事項）

第四条の二　【準用対象外】

2　【準用対象外】

3　法第五条の三第四項の厚生労働省令で定める事項は、次のとおりとする。ただし、第八号に掲げる事項にあつては、労働者を派遣労働者（労働者派遣法第二条第二号に規定する派遣労働者をいう。以下同じ。）として雇用しようとする者に限るものとする。

一　労働者が従事すべき業務の内容に関する事項

左の見出しの「法」は「職安法」

二　労働契約の期間に関する事項
二の二　試みの使用期間に関する事項
三　就業の場所に関する事項
四　始業及び終業の時刻、所定労働時間を超える労働の有無、休憩時間及び休日に関する事項
五　賃金（臨時に支払われる賃金、賞与及び労働基準法施行規則（昭和二十二年厚生省令第二十三号）第八条各号に掲げる賃金を除く。）の額に関する事項
六　健康保険法（大正十一年法律第七十号）による健康保険、厚生年金保険法（昭和二十九年法律第百十五号）による厚生年金、労働者災害補償保険法（昭和二十二年法律第五十号）による労働者災害補償保険及び雇用保険法（昭和四十九年法律第百十六号）による雇用保険の適用に関する事項
七　労働者を雇用しようとする者の氏名又は名称に関する事項
八　労働者を派遣労働者として雇用しようとする旨
九　就業の場所における受動喫煙を防止するための措置に関する事項

4　法第五条の三第四項の厚生労働省令で定める方法は、前項各号に掲げる事項（以下この項及び次項において「明示事項」という。）が明らかとなる次のいずれかの方法とする。ただし、職業紹介の実施について緊急の必要があるためあらかじめこれらの方法によることができない場合において、明示事項をあらかじめこれらの方法以外の方法により明示したときは、この限りでない。
一　書面の交付の方法
二　次のいずれかの方法によることを書面被交付者（明示事項を前号の方法により明示する場合において、書面の交付を受けるべき者をいう。以下この号及び次項において同じ。）が希望した場合における当該方法
イ　ファクシミリを利用してする送信の方法
ロ　電子メールその他のその受信をする者を特定して情報を伝達するために用いられる電気通信（電気通信（昭和五十九年法律第八十六号）第二条第一号に規定する電気通信をいう。以下「電子メール等」という。）の送信の方法（当該書面被交付者が当該電子メール等の記録を出力することにより書面を作成することができるものに限る。）

5　前項第二号イの方法により行われた明示事項の明示は、当該書面被交付者の使用に係るファクシミリ装置により受信した時に、同号ロの方法により行われた明示事項の明示は、当該書面被交付者の使用に係る通信端末機器に備えられたファイルに記録された時に、それぞれ当該書面被交付者に到達したものとみなす。

6　法第五条の三第一項から第三項までの規定による明示は、試みの使用期間中の従事すべき業務の内容等と当該期間が終了した後の従事すべき業務の内容等とが異なる場合には、それぞれの従事すべき業務の内容等を示すことにより行わなければならない。

7　求人者、労働者の募集を行う者及び労働者供給を受けようとする者は、求職者、募集に応じて労働者となろうとする者又は供給される労働者に対して法第五条の三第一項の規定により明示された従事すべき業務の内容等に関する記録を、当該明示に係る職業紹介、労働者の募集又は労働者供給が終了する日（当該明示に係る職業紹介、労働者の募集又は労働者供給が終了する日以降に当該明示に係る労働契約を締結しようとする者にあつては、当該明示に係る労働契約を締結する日）までの間保存しなければならない。

8　求人者は、公共職業安定所から求職者の紹介を受けたときは、当該公共職業安定所に、その者を採用したかどうかを及び採用しないときはその理由を、速やかに、通知するものとする。

（求人等に関する情報の的確な表示）

職安法第五条の四　公共職業安定所、特定地方公共団体及び職業紹介事業者、労働者の募集を行う者及び募集受託者、募集情報等提供事業者を行う者並びに労働者供給事業者は、この法律に基づく業務に関して新聞、雑誌その他の刊行物に掲載する広告、文書の掲出又は頒布その他厚生労働省令で定める方法（以下この条において「広告等」という。）により求人若しくは労働者の募集に関する情報又は求職者若しくは労働者になろうとする者に関する情報その他厚生労働省令で定める情報（第三項において「求人等に関する情報」という。）を提供するときは、当該情報について虚偽の表示又は誤解を生じさせる表示をしてはならない。

令和4年法律第12号によって新設

2　労働者の募集を行う者及び募集受託者は、この法律に基づく業務に関して広告等により労働者の募集に関する情報その他厚生労働省令で定める情報を提供するときは、正確かつ最新の内容に保たなければならない。

3　【準用対象外】

（求職者等の個人情報の取扱い）

職安法第五条の五　公共職業安定所、特定地方公共団体、職業紹介事業者及び求人者、労働者の募集を行う者及び募集受託者、特定募集情報等提供事業者並びに労働者供給事業者及び労働者供給を受けようとする者（次項において「公共職業安定所等」という。）は、それぞれ、その業務に関し、求職者、労働者になろうとする者又は供給される労働者の個人情報（以下この条において「求職者等の個人情報」という。）を収集し、保管し、又は使用するに当たつては、その業務の目的の達成に必要な範囲内で、厚生労働省令で定めるところにより、当該目的を明らかにして求職者等の個人情報を収集し、並びに当該収集の目的の範囲内でこれを保管し、及び使用しなければならない。ただし、本人の同意がある場合その他正当な事由がある場合は、この限りでない。

令和4年法律第12号によって一部改正し条番号「第5条の4」を「第5条の5」に変更

2　公共職業安定所等は、求職者等の個人情報を適正に管理するために必要な措置を講じなければならない。

（報酬受領の禁止）

職安法第三十九条　労働者の募集を行う者及び~~第三十六条第一項又は第三項の規定により~~ 読替 社会福祉法第百三十四条第二項の規定による届出をして労働者の募集に従事する者（以下「募集受託者」という。）は、募集に応じた労働者から、その募集に関し、いかなる名義でも、報酬を受けてはならない。

準用される職安法39条違反は懲役6月以下又は罰金30万円以下（法162条3号）

（許可の取消し等）

職安法第四十一条　【準用対象外】

2　厚生労働大臣は、~~第三十六条第三項の~~ 読替 社会福祉法第百三十四条第二項の規定による届出をして労働者の募集を行う者又は同項の規定により労働者の募集に従事する者がこの法律若しくは労働者派遣法の規定又はこれらの規定に基づく命令若しくは処分に違反したときは、~~当該労働者の募集の業務の廃止を命じ、又は期間~~ 法読替 期間を定めて当該労働者の募集の業務の停止を命ずることができる。

準用される職安法41条の業務の停止命令に反して労働者の募集に従事した者は1年以下懲役又は罰金100万円以下（法159条3号） 当該法人も罰金(法164条)

（労働者の募集を行う者等の責務）

職安法第四十二条　労働者の募集を行う者及び募集受託者は、労働者の適切な職業の選択に資するため、それぞれ、その業務の運営に当たつては、その改善向上を図るために必要な措置を講ずるように努めなければならない。

（改善命令等）

職安法第四十八条の三　厚生労働大臣は、職業紹介事業者、労働者の募集を行う者、募集受託者、募集情報等提供事業を行う者又は労働者供給事業者が、その業務に関しこの法律の規定又はこれに基づく命令の規定に違反した場合において、当該業務の適正な運営を確保するために必要があると認めるときは、これらの者に対し、当該業務の運営を改善するために必要な措置を講ずべきことを命ずることができる。

令和4年法律第12号によって一部改正

2～3　【準用対象外】

（厚生労働大臣に対する申告）

職安法第四十八条の四　特定地方公共団体、職業紹介事業者、求人者、労働者の募集を行う者、募集受託者、募集情報等提供事業を行う者、労働者供給事業者又は労働者供給を受けようとする者がこの法律の規定又はこれに基づく命令の規定に違反する事実がある場合においては、当該特定地方公共団体若しくは職業紹介事業者に求職の申込みをした求職者、当該募集に応じた労働者、当該募集情報等提供事業を行う者から募集情報等提供事業を受け当該募集情報等提供に係る労働者の募集に応じた労働者若しくは当該募集情報等提供事業を行う者により自らに関する情報を提供された労働者又は当該労働者供給事業者から供給される労働者は、厚生労働大臣に対し、その事実を申告し、適当な措置を執るべきことを求めることができる。

令和4年法律第12号によって一部改正

2　厚生労働大臣は、前項の規定による申告があつたときは、必要な調査を行い、その申告の内容が事実であると認めるときは、この法律に基づく措置その他適当な措置を執らなければならない。

（報告及び検査）

職安法第五十条　行政庁は、この法律を施行するために必要な限度において、厚生労働省令で定めるところにより、職業紹介事業を行う者（第二十九条第一項の規定により無料の職業紹介事業を行う場合における特定地方公共団体を除く。）、求人者、労働者の募集を行う者、募集受託者、募集情報等提供事業を行う者（募集情報等提供事業を行う場合における地方公共団体を除く。）、労働者供給事業を行う者又は労働者供給を受けようとする者に対し、必要な事項を報告させることができる。

職安法施行規則33条1項･2項ともに令和4年法律第12号によって一部改正

準用される職安法50条1項違反は罰金30万円以下（法163条1号）

> **職安法施行規則**
>
> （法第五十条に関する事項）
>
> **第三十三条**　厚生労働大臣は、法第五十条第一項の規定により、職業紹介事業を行う者（法第二十九条第一項の規定により無料の職業紹介事業を行う場合における特定地方公共団体を除く。）、求人者、労働者の募集を行う者、募集受託者、募集情報等提供事業を行う者（募集情報等提供事業を行う場合における地方公共団体を除く。）、労働者供給事業を行う者又は労働者供給を受けようとする者に対し必要な事項を報告させるときは、当該報告すべき事項及び当該報告をさせる理由を書面により通知するものとする。
>
> 2　法第五十条第三項の証明書は、職業紹介事業等立入検査証（様式第九号）による。

左の見出しの「法」は「職安法」

2　行政庁は、この法律を施行するために必要な限度において、所属の職員に、職業紹介事業を行う者（第二十九条第一項の規定により無料の職業紹介事業を行う場合における特定地方公共団体を除く。）、求人者、労働者の募集を行う者、募集受託者、募集情報等提供事業を行う者（募集情報等提供事業を行う場合における地方公共団体を除く。）、労働者供給事業を行う者又は労働者供給を受けようとする者の事業所その他の施設に立ち入り、関係者に質問させ、又は帳簿、書類その他の物件を検査させることができる。

準用される職安法50条2項違反は罰金30万円以下（法163条2号）

3～4　【適用除外】<ただし、後記（ⅳ）で準用されている>

（秘密を守る義務等）

職安法第五十一条　職業紹介事業者、求人者、労働者の募集を行う者、募集受託者、特定募集情報等提供事業者、労働者供給事業者及び労働者供給を受けようとする者（以下この条において「職業紹介事業者等」という。）並びにこれらの代理人、使用人その他の従業者は、正当な理由なく、その業務上取り扱つたことについて知り得た人の秘密を漏らしてはならない。職業紹介事業者等及びこれらの代理人、使用人その他の従業者でなくなつた後においても、同様とする。

令和4年法律第12号によって一部改正

準用される職安法51条1項違反は罰金30万円以下（法163条3号）

2　職業紹介事業者等及びこれらの代理人、使用人その他の従業者は、前項の秘密のほか、その業務に関して知り得た個人情報その他厚生労働省令で定める者に関する情報を、みだりに他人に知らせてはならない。職業紹介事業者等及びこれらの代理人、使用人その他の従業者でなくなつた後においても、

職安法施行規則34条☞

同様とする。

> **職安法施行規則**
>
> **（法第五十一条及び法第五十一条の二に関する事項）**
>
> **第三十四条**　法第五十一条第二項及び法第五十一条の二の厚生労働省令で定める者は、法人である雇用主とする。

(ⅲ) 法１３４条２項の規定による届出をして労働者の募集に従事する者に対する報酬の供与ついて準用する職安法

（報酬の供与の禁止）

職安法第四十条　労働者の募集を行う者は、その被用者で当該労働者の募集に従事するもの又は募集受託者に対し、賃金、給料その他これらに準ずるものを支払う場合又は第三十六条第二項の認可に係る報酬を与える場合を除き、報酬を与えてはならない。

準用される職安法40条違反は懲役6月以下又は罰金30万円以下(法162条3号)

(ⅳ) 法１３４条３項の規定において準用する職安法５０条２項に規定する職権を行う場合について準用する職安法

（報告及び検査）

職安法第五十条　【準用対象外】

２　【準用対象外】

３　前項の規定により立入検査をする職員は、その身分を示す証明書を携帯し、関係者に提示しなければならない。

４　第二項の規定による立入検査の権限は、犯罪捜査のために認められたものと解釈してはならない。

職安法50条の1・2項は、前記(ⅱ)で準用されている

４　社会福祉連携推進法人が第一項に規定する募集に従事しようとする場合における職業安定法第三十六条第二項及び第四十二条の二の規定の適用については、同項中「前項の」とあるのは「被用者以外の者をして労働者の募集に従事させようとする者がその被用者以外の者に与えようとする」と、同条中「第三十九条に規定する募集受託者をいう。同項」とあるのは「社会福祉法第百三十四条第二項の規定による届出をして労働者の募集に従事する者をいう。次項」とする。

職安法36条2項及び同法42条の3の規定の適用についての特例

令和4年法律第12号により一部改正

連携法人が法１３４条１項の募集に従事しようとする場合の職安法３６条２項及び同法４２条の３の規定の適用についての特例が定められている職安法

（委託募集）

職安法第三十六条　【適用対象外】

２　~~前項の~~ 法読替 被用者以外の者をして労働者の募集に従事させようとする者がその被用者以外の者に与えようとする報酬の額については、あらかじめ、厚生労働大臣の認可を受けなければならない。

３　【適用対象外】

職安法36条1項及び3項は、法134条1項で連携業務としての募集には適用除外とされている

（準用）

職安法第四十二条の二　第二十条の規定は、労働者の募集について準用する。この場合において、同条第一項中「公共職業安定所」とあるのは「労働者の募集を行う者（厚生労働省令で定める者を除く。次項において同じ。）及び募集受託者（~~第三十九条に規定する募集受託者をいう。同項~~ 法読替 社会福祉法第百三十四条第二項の規定による届出をして労働者の募集に従事する者をいう。次項において同じ。）」と、「事業所に、求職者を紹介してはならない」とあるのは「事業所における就業を内容とする労働者の募集をしてはならない」と、同条第二項中「求職者を無制限に紹介する」とあるのは「労働者を無制限に募集する」と、「公共職業安定所は当該事業所に対し、求職者を紹介してはならない」とあるのは「公共職業安定所は、その旨を労働者の募集を行う者及び募集受託者に通報するものとし、当該通報を受けた労働者の募集を行う者又は募集受託者は、当該事業所における就業を内容とする労働者の募集をしてはならない」と、同項ただし書中「紹介する」とあるのは「募集する」と読み替えるものとする。

職安法施行規則30条の4☞

左の ~~語句A~~ 法読替 語句B は、適用についての特例によって、~~読替前語句A~~を語句Bに読み替えることを示している

下の〈編者注〉の中の読替えも同様の表記としている

〈編者注〉 **労働者の募集について準用される職安法**

職安法20条は、次のように読み替えて準用される。

（労働争議に対する不介入）

職安法第二十条 ~~公共職業安定所~~ [職安法42条の3による読替] 労働者の募集を行う者（厚生労働省令で定める者を除く。次項において同じ。）及び募集受託者（社会福祉法第百三十四条第二項の規定による届出をして労働者の募集に従事する者をいう。次項において同じ。）は、労働争議に対する中立の立場を維持するため、同盟罷業又は作業所閉鎖の行われている~~事業所に、求職者を紹介してはならない~~ [職安法42条の3による読替] 事業所における就業を内容とする労働者の募集をしてはならない。

> **職安法施行規則**
>
> **（法第四十二条の二に関する事項）**
>
> **第三十条の四** 法第四十二条の二において準用する第二十条第一項の厚生労働省令で定める者は、次のとおりとする。
>
> 一　自ら労働者の募集を行う者
>
> 二　その被用者をして労働者の募集に従事させる者であつて、当該被用者が労働組合法第二条第一号の役員、監督的地位にある労働者又は使用者の利益を代表する者に該当するもの

2　前項に規定する場合の外、労働委員会が公共職業安定所に対し、事業所において、同盟罷業又は作業所閉鎖に至る虞の多い争議が発生していること及び~~求職者を無制限に紹介する~~ [職安法42条の3による読替] 労働者を無制限に募集することによつて、当該争議の解決が妨げられることを通報した場合においては、~~公共職業安定所は当該事業所に対し、求職者を紹介してはならない~~ [職安法42条の3による読替] 公共職業安定所は、その旨を労働者の募集を行う者及び募集受託者に通報するものとし、当該通報を受けた労働者の募集を行う者又は募集受託者は、当該事業所における就業を内容とする労働者の募集をしてはならない。但し、当該争議の発生前、通常使用されていた労働者の員数を維持するため必要な限度まで労働者を~~紹介する~~ [職安法42条の3による読替] 募集する場合は、この限りでない。

職安法施行規則30条の4

左の見出しの「法」は「職安法」

第百三十五条 公共職業安定所は、前条第二項の規定による届出をして労働者の募集に従事する社会福祉連携推進法人に対して、当該募集が効果的かつ適切に実施されるよう、雇用情報及び職業に関する調査研究の成果を提供し、かつ、これらに基づき当該募集の内容又は方法について指導を行うものとする。

（評価の結果の公表等）

第百三十六条 社会福祉連携推進法人は、第百二十七条第五号ヘ⑶の社会福祉連携推進評議会による評価の結果を公表しなければならない。

2 社会福祉連携推進法人は、第百二十七条第五号ヘ⑶の社会福祉連携推進評議会による意見を尊重するものとする。

（社会福祉連携推進目的事業財産）

第百三十七条 社会福祉連携推進法人は、次に掲げる財産を社会福祉連携推進業務を行うために使用し、又は処分しなければならない。ただし、厚生労働省令で定める正当な理由がある場合は、この限りでない。

一　社会福祉連携推進認定を受けた日以後に寄附を受けた財産（寄附をした者が社会福祉連携推進業務以外のために使用すべき旨を定めたものを除く。）

二　社会福祉連携推進認定を受けた日以後に交付を受けた補助金その他の財産（財産を交付した者が社会福祉連携推進業務以外のために使用すべき旨を定めたものを除く。）

社会福祉連携推進目的事業財産
→法146条に付記する〈編者注〉を参照のこと

規則40条の10第1項

三　社会福祉連携推進認定を受けた日以後に行つた社会福祉連携推進業務に係る活動の対価として得た財産

四　社会福祉連携推進認定を受けた日以後に行つた社会福祉連携推進業務以外の業務から生じた収益に厚生労働省令で定める割合を乗じて得た額に相当する財産　規則40条の10第2項

五　前各号に掲げる財産を支出することにより取得した財産

六　社会福祉連携推進認定を受けた日の前に取得した財産であつて同日以後に厚生労働省令で定める方法により社会福祉連携推進業務の用に供するものである旨を表示した財産　規則40条の10第3項

七　前各号に掲げるもののほか、当該社会福祉連携推進法人が社会福祉連携推進業務を行うことにより取得し、又は社会福祉連携推進業務を行うために保有していると認められるものとして厚生労働省令で定める財産　規則40条の10第4項

施行規則

（社会福祉連携推進目的事業財産）

第四十条の十　法第百三十七条に規定する厚生労働省令で定める正当な理由がある場合は、次に掲げる場合とする。　連携法人制度創設に伴い新設

一　善良な管理者の注意を払つたにもかかわらず、財産が滅失又は毀損した場合

二　財産が陳腐化、不適応化その他の理由によりその価値を減じ、当該財産を破棄することが相当な場合

三　当該社会福祉連携推進法人が公益社団法人及び公益財団法人の認定等に関する法律（平成十八年法律第四十九号）第四条の規定による認定（第四十条の二十一において「公益認定」という。）を受けた法人である場合

2　法第百三十七条第四号に規定する厚生労働省令で定める割合は、百分の五十とする。

3　法第百三十七条第六号に規定する厚生労働省令で定める方法は、財産目録、貸借対照表又はその附属明細書において、財産の勘定科目をその他の財産の勘定科目と区分して表示する方法とする。ただし、継続して社会福祉連携推進業務の用に供するために保有している財産以外の財産については、この方法による表示をすることができない。

4　法第百三十七条第七号に規定する厚生労働省令で定める財産は、次に掲げる財産とする。

一　社会福祉連携推進認定を受けた日以後に徴収した経費（一般社団法人及び一般財団法人に関する法律第二十七条に規定する経費をいい、実質的に対価その他の事業に係る収入等と認められるものを除く。）のうち、その徴収に当たり使途が定められていないものの額に百分の五十を乗じて得た額又はその徴収に当たり社会福祉連携推進業務に使用すべき旨が定められているものの額に相当する財産　一般法27条＝社員の一般社団法人に対する経費支払義務

二　社会福祉連携推進認定を受けた日以後に社会福祉連携推進目的保有財産（第五号及び第六号並びに法第百三十七条第五号及び第六号に掲げる財産をいう。以下同じ。）から生じた収益の額に相当する財産

三　社会福祉連携推進目的保有財産を処分することにより得た額に相当する財産

四　社会福祉連携推進目的保有財産以外の財産とした社会福祉連携推進目的保有財産の額に相当する財産

五　前各号に掲げる財産を支出することにより取得した財産

六　社会福祉連携推進認定を受けた日以後に第一号から第四号まで及び法第百三十七条第一号から第四号までに掲げる財産以外の財産を支出することにより取得した財産であつて、同日以後に前項の規定により表示したもの

七　法第百三十七条各号及び前各号に掲げるもののほか、当該社会福祉連携推進法人の定款又は社員総会において、社会福祉連携推進業務のために使用し、又は処分する旨を定めた額に相当する財産

（計算書類等）

第百三十八条　第四十五条の二十三、第四十五条の三十二第四項、第四十五条の三十四及び第四十五条の三十五の規定は、社会福祉連携推進法人の計算について準用する。この場合において、次の表の上欄に掲げる規定中同表の中欄に掲げる字句は、それぞれ同表の下欄に掲げる字句に読み替えるものとする。

第四十五条の三十二第四項及び第四十五条の三十四第四項	評議員	社員
第四十五条の三十二第四項第一号	計算書類等	計算書類等（各事業年度に係る計算書類及び事業報告並びにこれらの附属明細書並びに監査報告（会計監査人を設置する場合にあつては、会計監査報告を含む。）をいう。次号において同じ。）
第四十五条の三十四第一項	社会福祉法人が成立した日	社会福祉連携推進法人が第百二十六条第一項に規定する社会福祉連携推進認定を受けた日
	当該成立した日	当該日
第四十五条の三十四第一項第二号並びに第四十五条の三十五第一項及び第三項	理事、監事及び評議員	理事及び監事
第四十五条の三十四第一項第三号	第五十九条の二第一項第二号	第百四十四条において準用する第五十九条の二第一項第二号
第四十五条の三十五第二項	評議員会	社員総会

法45条の23以下については後に記載する〈編者注〉参照
法45条の23＝会計の原則等
法45条の32第4項＝計算書類等閲覧請求
法45条の34第4項＝役員等名簿閲覧請求
法45条の32第4項1号＝計算書類等の閲覧請求
法45条の34第1項＝財産目録等の備置
法45条の34第1項2号＝役員等名簿
法45条の35第1・3項＝役員等に対する報酬等支給基準
法45条の34第1項3号＝役員等に対する報酬等支給基準を記載した書類
法45条の35第2項＝報酬等支給基準の評議員会承認

〈編者注〉　法138条第1項によって連携推進法人の計算について準用される社会福祉法

連携法人は一般社団法人であるので、その計算は一般法の定めに従うこととなる。しかし、法138条1項によって社会福祉法の一定部分が連携法人の計算について準用され、その場合、同項記載の表の通り一部には読替が必要とされる。さらに、法138条2項によって一般法の規定の適用に当たって読替えが必要な場合もある。連携法人の計算についてのこれら法令全体を体系的に読み解くには、「社会福祉連携推進法人の制度と会計実務」（第一法規刊）の117頁以下を参照されたい。

なお、下に掲げる社会福祉法の記載については、法138条による読替を次のように示している。

~~読み替えられる語句~~ 法読替 読替後語句

例
「評議員」を法138条に従って「社員」と読み替えるときには次のように表記する
~~評議員~~ 法読替 社員

第一款　会計の原則等

第四十五条の二十三　~~社会福祉法人~~ 読替 連携法人は、厚生労働省令で定める基準に従い、会計処理を行わなければならない。

２　~~社会福祉法人~~ 読替 連携法人の会計年度は、四月一日に始まり、翌年三月三十一日に終わるものとする。

社会福祉連携推進法人会計基準（厚生労働省令第177号）（以下単に**連携推進会計基準**と略記）

（計算書類等の備置き及び閲覧等）

第四十五条の三十二　【法１３８条１項の準用対象外】

２　【法１３８条１項の準用対象外】

３　【法１３８条１項の準用対象外】

４　何人（~~評議員~~ 法読替 社員及び債権者を除く。）も、~~社会福祉法人~~ 読替 連携法人の業務時間内は、いつでも、次に掲げる請求をすることができる。この場合においては、当該~~社会福祉法人~~ 読替 連携法人は、正当な理由がないのにこ

社員の閲覧請求については一般法121条に規定
正当理由のない閲

れを拒んではならない。

一　~~計算書類等~~ 法読替 計算書類等（各事業年度に係る計算書類及び事業報告並びにこれらの附属明細書並びに監査報告（会計監査人を設置する場合にあつては、会計監査報告を含む。）をいう。次号において同じ。）が書面をもつて作成されているときは、当該書面又は当該書面の写しの閲覧の請求

二　計算書類等が電磁的記録をもつて作成されているときは、当該電磁的記録に記録された事項を厚生労働省令で定める方法により表示したものの閲覧の請求

> 覧拒否は過料20万円以下(法165条3号)
>
> 規則2条の3第9号
> ☞法34条の2

（財産目録の備置き及び閲覧等）

第四十五条の三十四　~~社会福祉法人~~ 読替 連携法人は、毎会計年度終了後三月以内に（~~社会福祉法人が成立した日~~ 法読替 社会福祉連携推進法人が第百二十六条第一項に規定する社会福祉連携推進認定を受けた日の属する会計年度にあつては、~~当該成立した日~~ 法読替 当該日以後遅滞なく）、厚生労働省令で定めるところにより、次に掲げる書類を作成し、当該書類を五年間その主たる事務所に、その写しを三年間その従たる事務所に備え置かなければならない。

一　財産目録

二　役員等名簿（~~理事、監事及び評議員~~ 法読替 理事及び監事の氏名及び住所を記載した名簿をいう。第四項において同じ。）

三　報酬等（報酬、賞与その他の職務遂行の対価として受ける財産上の利益及び退職手当をいう。次条及び~~第五十九条の二第一項第二号~~ 法読替 第百四十四条において準用する第五十九条の二第一項第二号において同じ。）の支給の基準を記載した書類

四　事業の概要その他の厚生労働省令で定める事項を記載した書類

2　前項各号に掲げる書類（以下この条において「財産目録等」という。）は、電磁的記録をもつて作成することができる。

3　何人も、~~社会福祉法人~~ 読替 連携法人の業務時間内は、いつでも、財産目録等について、次に掲げる請求をすることができる。この場合においては、当該~~社会福祉法人~~ 読替 連携法人は、正当な理由がないのにこれを拒んではならない。

一　財産目録等が書面をもつて作成されているときは、当該書面又は当該書面の写しの閲覧の請求

二　財産目録等が電磁的記録をもつて作成されているときは、当該電磁的記録に記録された事項を厚生労働省令で定める方法により表示したものの閲覧の請求

4　前項の規定にかかわらず、~~社会福祉法人~~ 読替 連携法人は、役員等名簿について当該~~社会福祉法人~~ 読替 連携法人の~~評議員~~ 法読替 社員以外の者から同項各号に掲げる請求があつた場合には、役員等名簿に記載され、又は記録された事項中、個人の住所に係る記載又は記録の部分を除外して、同項各号の閲覧をさせることができる。

> 一般社団法人には財産目録作成義務がないが左の準用によって作成義務が生じる
>
> 規則40条の11第1項で規則2条の40を読み替えて準用
>
> 備置義務違反は過料20万円以下(法165条6号)
>
> 財産目録無記載等の罪(法165条5号)は連携法人には準用されていない
>
> 報酬等支給基準＝法45条の35
>
> 法59条の2＝情報の公開等
>
> 規則40条の12
>
> 所轄庁へ届出必要(法59条2号)
>
> 正当理由のない閲覧拒否は過料20万円以下(法165条3号)
>
> 規則2条の3第10号
> ☞法34条の2

5　財産目録等が電磁的記録をもつて作成されている場合であつて、その従たる事務所における第三項第二号に掲げる請求に応じることを可能とするための措置として厚生労働省令で定めるものをとつている~~社会福祉法人~~ 読替 連携法人についての第一項の規定の適用については、同項中「主たる事務所に、その写しを三年間その従たる事務所」とあるのは、「主たる事務所」とする。

> 規則2条の5第4号
> ☞法34条の2

（報酬等）

第四十五条の三十五　~~社会福祉法人~~ 読替 連携法人は、~~理事、監事及び評議員~~ 法読替 理事及び監事に対する報酬等について、厚生労働省令で定めるところにより、民間事業者の役員の報酬等及び従業員の給与、当該~~社会福祉法人~~ 読替 連携法人の経理の状況その他の事情を考慮して、不当に高額なものとならないような支給の基準を定めなければならない。

2　前項の報酬等の支給の基準は、~~評議員会~~ 法読替 社員総会の承認を受けなけ

> 規則40条の11第1項で規則2条の42を読み替えて準用
>
> 報酬等の意義＝法45条の34第1項3号

ればならない。これを変更しようとするときも、同様とする。

3　~~社会福祉法人~~ 読替 連携法人は、前項の承認を受けた報酬等の支給の基準に従つて、その~~理事、監事及び評議員~~ 法読替 理事及び監事に対する報酬等を支給しなければならない。

施行規則

（事業の概要等）

第四十条の十二　法第百三十八条第一項において読み替えて準用する法第四十五の三十四第一項第四号に規定する厚生労働省令で定める事項は、次のとおりとする。

一　当該社会福祉連携推進法人の主たる事務所の所在地及び電話番号その他当該社会福祉連携推進法人に関する基本情報

二　当該終了した会計年度の翌会計年度（以下この条において「当会計年度」という。）の初日における社員の状況

三　当会計年度の初日における理事の状況

四　当会計年度の初日における監事の状況

五　当該終了した会計年度（以下この条において「前会計年度」という。）及び当会計年度における会計監査人の状況

六　当会計年度の初日における社会福祉連携推進評議会の構成員の状況

七　当会計年度の初日における職員の状況

八　前会計年度における社員総会の状況

九　前会計年度における理事会の状況

十　前会計年度における監事の監査の状況

十一　前会計年度における会計監査の状況

十二　前会計年度における社会福祉連携推進評議会の状況

十三　前会計年度における事業等の概要

十四　当該社会福祉連携推進法人に関する情報の公表等の状況

十五　事業計画を作成する旨を定款で定めている場合にあつては、事業計画

十六　その他必要な事項

連携法人制度創設に伴い新設

法人現況報告書の様式は「社会福祉連携推進法人の情報の公表等について」（令和4年10月18日社援発1018第4号）

令和4年厚生労働省令第50号で一部改正

2　社会福祉連携推進法人の計算書類等（各事業年度に係る計算書類及び事業報告並びにこれらの附属明細書並びに監査報告（会計監査人を設置する場合にあつては、会計監査報告を含む。）をいう。）に関する一般社団法人及び一般財団法人に関する法律第百二十条第一項、第百二十三条第一項及び第二項並びに第百二十四条第一項及び第二項の規定の適用については、同法第百二十条第一項、第百二十三条第一項及び第二項並びに第百二十四条第一項及び第二項中「法務省令」とあるのは「厚生労働省令」と、同法第百二十三条第一項中「その成立の日」とあるのは「社会福祉法第百二十六条第一項に規定する社会福祉連携推進認定を受けた日」とする。

一般法120条1項
＝会計帳簿の作成
一般法123条1項2項
＝計算書類等の作成
一般法124条1項2項
＝計算書類等の監事監査・会計監査
規則40条の11

〈編者注〉　法138条2項によって連携推進法人の計算書類等の適用について、読み替えられる一般法

連携法人の計算書類等に関する下に記載する一般法の適用については、一定の読替えがなされる。

なお、下に掲げる社会福祉法の記載については、法138条による読替を次のように示している。

~~読み替えられる語句~~ 法読替 読替後語句

例
「法務省令」を「厚生労働省令」と読み替えるときの表記
~~法務省令~~ 法読替 厚生労働省令

一般法　第二款　会計帳簿

（会計帳簿の作成及び保存）

一般法第百二十条　~~一般社団法人~~ 読替 連携法人は、~~法務省令~~ 法読替 厚生労働省令で定めるところにより、適時に、正確な会計帳簿を作成しなければならない。

2　【読替え規定は無い】

連携推進会計基準

読替え規定がないので、そのまま連携法人に適用される

一般法　第三款　計算書類等

（計算書類等の作成及び保存）

一般法第百二十三条　~~一般社団法人~~ 読替 連携法人は、~~法務省~~ 法読替 厚生労働省令で定めるところにより、~~その成立の日~~ 法読替 社会福祉法第百二十六条第一項に規定する社会福祉連携推進認定を受けた日における貸借対照表を作成しなければならない。

連携推進会計基準

2　~~一般社団法人~~ 読替 連携法人は、~~法務省令~~ 法読替 厚生労働省令で定めるところにより、各事業年度に係る計算書類（貸借対照表及び損益計算書をいう。以下この款において同じ。）及び事業報告並びにこれらの附属明細書を作成しなければならない。

規則40条の11第2項で規則2条の25を読み替えて準用
☞法45条の27

3　【読替え規定は無い】

4　【読替え規定は無い】

（計算書類等の監査等）

一般法第百二十四条　~~監事設置一般社団法人~~ 読替 連携法人は、前条第二項の計算書類及び事業報告並びにこれらの附属明細書は、~~法務省令~~ 法読替 厚生労働省令で定めるところにより、監事の監査を受けなければならない。

連携法人は監事設置法人（法127条1項5号ロ(1)）
規則2条の26から36
☞法45条の28

2　前項の規定にかかわらず、会計監査人設置~~一般社団法人~~ 読替 連携法人においては、次の各号に掲げるものは、~~法務省令~~ 法読替 厚生労働省令で定めるところにより、当該各号に定める者の監査を受けなければならない。

規則2条の26から34
☞法45条の28

一　前条第二項の計算書類及びその附属明細書　監事及び会計監査人

二　前条第二項の事業報告及びその附属明細書　監事

3【読替え規定は無い】

施行規則

（計算書類等の規定の準用）

第四十条の十一　第二条の四十及び第二条の四十二の規定は、法第百三十八条第一項において準用する法第四十五条の三十四第一項及び法第四十五条の三十五第一項に規定する社会福祉連携推進法人の計算書類等について準用する。この場合において、第二条の四十第一項中「定時評議員会（法第四十五条の三十一」とあるのは「定時社員総会（一般社団法人及び一般財団法人に関する法律第百二十七条」と、第二条の四十第二項中「法第四十五条の二十八から第四十五条の三十一まで及び第二条の二十六から第二条の三十九」とあるのは「一般社団法人及び一般財団法人に関する法律第百二十四条及び第二条の二十六から第二条の三十四」と、第二条の四十二中「理事、監事及び評議員」とあるのは「理事及び監事」と、「理事等」とあるのは「役員」と読み替えるものとする。

連携法人制度創設に伴い新設

一般法127条
＝会計監査人設置一般社団法人の特則

一般法124条
＝計算書類等の監査等

〈編者注〉　施行規則40条の11第1項

同項の規定によって、下の社会福祉法施行規則の規定を連携法人の計算書類等について準用する場合には、次の表の左欄に掲げる規定中同表の中欄に掲げる字句は、それぞれ同表の右欄に掲げる字句に読み替える。

施行規則2条の40第1項	定時評議員会（法45条の31	定時社員総会（一般法127条
施行規則2条の40第2項	法45条の28から第45条の31まで及び2条の26から2条の39	一般法124条及び2条の26から2条の34
施行規則2条の42	理事、監事及び評議員	理事及び監事
	理事等	役員

漢数字を算用数字表記する等、略記している

規則2条の40
＝財産目録に係る規定

規則2条の42
＝報酬などの支給の基準に定める事項

2　第二条の二十五から第二条の三十七までの規定は、社会福祉連携推進法人の監事の監査等について準用する。この場合において、第二条の二十五中「法第四十五条の二十七第二項」とあるのは「法第百三十八条第二項の規定において読み替えて適用する一般社団法人及び一般財団法人に関する法律第百二十三条第二項」と、「法第四十五条の十三第四項第五号」とあるのは「法第百二十七条第五号ホ」と、第二条の二十六第一項中「法第四十五条の二十八第一項及び第二項」とあるのは「法第百三十八条第二項において読み替えて適用する一般社団法人及び一般財団法人に関する法律第百二十四条第一項及び第二項」と、「計算関係書類（」とあるのは「計算関係書類（第四十条第七項第一号に規定する計算関係書類をいい、」と、第二条の二十七第一項中「法第三十一条第四項に規定する会計監査人設置社会福祉法人」とあるのは「会計監査人を設置する社会福祉連携推進法人」と、第二条の三十第一項第二号中「計算関係書類（社会福祉法人会計基準第七条の二第一項第一号イに規定する法人単位貸借対照表、同項第二号イ(1)に規定する法人単位資金収支計算書及び同号ロ(1)に規定する法人単位事業活動計算書並びにそれらに対応する附属明細書（同省令第三十条第一項第一号から第三号まで及び第六号並びに第七号に規定する書類に限る。）の項目に限る。以下この条（第五号を除く。）及び第二条の三十二において同じ。）」とあるのは「計算関係書類」と、同項第五号中「第二条の二十二の財産目録」とあるのは「第四十条第七項第三号の財産目録」と、第二条の三十二第一項第一号中「計算関係書類のうち計算書類」とあるのは「計算関係書類（附属明細書を除く。）」と、第二条の三十五中「法第四十五条の二十八第一項及び第二項」とあるのは「法第百三十八条第二項において読み替えて適用する一般社団法人及び一般財団法人に関する法律第百二十四条第一項及び第二項」と読み替えるものとする。

一般法123条2項＝計算書類及び事業報告並びにこれらの附属明細書

一般法124条1項2項＝計算書類等の監査

第百三十八条（計算書類等）

令和4年厚生労働省令第50号で一部改正

〈編者注〉　施行規則40条の11第2項

同項の規定によって連携法人の監事の監査について準用される社会福祉法施行規則は、下の表の通りである。なお準用する場合には、下の表の左欄に掲げる規定中同表の中欄に掲げる字句は、それぞれ同表の右欄に掲げる字句に読み替える。ただし、「第○条」等の場合の「第」を省略し、「一般社団法人及び一般財団法人に関する法律」を「一般法」と記載するほか、漢数字を算用数字とする等、略記している。

下表の社会福祉法施行規則は法45条の27及び法45条の28に付記している

施行規則2条の25	法45条の27第2項	法138条2項の規定において読み替えて適用する一般法123条2項
	法45条の13第4項5号	法127条5号ホ
施行規則2条の26第1項	法45条の28第1項及び2項	法138条2項において読み替えて適用する一般法124条1項及び2項
	計算関係書類（	計算関係書類（第40条7項1号に規定する計算関係書類をいい、
施行規則2条の27第1項	法31条4項に規定する会計監査人設置社会福祉法人	会計監査人を設置する社会福祉連携推進法人
施行規則2条の28	【読み替え無し】	—
施行規則2条の29	【読み替え無し】	—
施行規則2条の30第1項2号	計算関係書類（社会福祉法人会計基準7条の2第1項1号イに規定する法人単位貸借対照表、同項2号イ(1)に規定する法人単位資金収支計算書及び同号ロ(1)に規定する法人単位事業活動計算書並びにそれらに対応する附属明細書（同省令30条1項1号か	計算関係書類

事業報告

計算関係書類の監査

監査報告の内容

監査報告の通知期限

計算関係書類の提供

会計監査報告の内容

	ら3号まで及び6号並びに7号に規定する書類に限る。）の項目に限る。以下この条及び2条の32において同じ。）		
施行規則2条の31	【読み替え無し】	—	会計監査人設置法人の監事の監査報告の内容
施行規則2条の32第1項1号	計算関係書類のうち計算書類	計算関係書類（附属明細書を除く。）	会計監査報告の通知期限等
施行規則2条の33	【読み替え無し】	—	会計監査人の職務の遂行に関する事項
施行規則2条の34	【読み替え無し】	—	会計監査人設置法人の監事の監査報告の通知期限
施行規則2条の35	法45条の28第1項及び2項	法138条2項において読み替えて適用する一般法124条1項及び2項	事業報告等の監査
施行規則2条の36	【読み替え無し】	—	事業報告等の監査
施行規則2条の37	【読み替え無し】	—	事業報告等の監査

（定款の変更等）

第百三十九条　定款の変更（厚生労働省令で定める事項に係るものを除く。）は、社会福祉連携推進認定をした所轄庁（以下この章において「認定所轄庁」という。）の認可を受けなければ、その効力を生じない。　規則40条の13第3項

施行規則

（定款の変更の認可の申請）

第四十条の十三　社会福祉連携推進法人は、法第百三十九条第一項の規定により定款の変更の認可を受けようとするときは、当該変更の条項及びその理由を記載した申請書に次に掲げる書類を添付して認定所轄庁に提出しなければならない。　連携法人制度創設に伴い新設

一　定款に定める手続を経たことを証明する書類

二　変更後の定款

2　前項の認可申請書類には、副本一通を添付しなければならない。

3　法第百三十九条第一項に規定する厚生労働省令で定める事項は、次のとおりとする。

一　事務所の所在地

二　社会福祉連携推進認定による法人の名称の変更

三　公告の方法

2　認定所轄庁は、前項の規定による認可の申請があつたときは、その定款の内容が法令の規定に違反していないかどうか等を審査した上で、当該定款の認可を決定しなければならない。

3　社会福祉連携推進法人は、第一項の厚生労働省令で定める事項に係る定款の変更をしたときは、遅滞なくその旨を認定所轄庁に届け出なければならない。　無届出・虚偽届出は過料20万円以下（法165条4号）

4　第三十四条の二第三項の規定は、社会福祉連携推進法人の定款の閲覧について準用する。この場合において、同項中「評議員」とあるのは、「社員」と読み替えるものとする。　法34条の2第3項＝定款閲覧請求

〈編者注〉　法34条の2第3項の準用・読替え

法34条の2第3項は、次のように読み替えて準用される。

（定款の備置き及び閲覧等）

第三十四条の二　【省略】

2 【省略】
3 何人（~~評議員~~ 法読替 社員及び債権者を除く。）も、社会福祉法人の業務時間内は、いつでも、次に掲げる請求をすることができる。この場合においては、当該社会福祉法人は、正当な理由がないのにこれを拒んではならない。
一 定款が書面をもつて作成されているときは、当該書面の閲覧の請求
二 定款が電磁的記録をもつて作成されているときは、当該電磁的記録に記録された事項を厚生労働省令で定める方法により表示したものの閲覧の請求
4 【省略】

左で ~~評議員~~ 法読替 社員 は法によって「評議員」を「社員」と読み替えることを示す
正当理由のない閲覧拒否は過料20万円以下（法165条3号）
規則2条の3第2号
☞法34条の2

（社会福祉連携推進方針の変更）
第百四十条 社会福祉連携推進法人は、社会福祉連携推進方針を変更しようとするときは、認定所轄庁の認定を受けなければならない。

社会福祉連携推進方針に記載すべき事項 ☞法126条2項

第三節 解散及び清算

第百四十一条 第四十六条第三項、第四十六条の二、第四十六条の六第四項及び第五項並びに第四十七条の四から第四十七条の六までの規定は、社会福祉連携推進法人の解散及び清算について準用する。この場合において、第四十六条第三項中「第一項第二号又は第五号」とあるのは「一般社団法人及び一般財団法人に関する法律第百四十八条各号」と、「所轄庁」とあるのは「認定所轄庁（第百三十九条第一項に規定する認定所轄庁をいう。第四十六条の六第四項及び第五項並びに第四十七条の五において同じ。）」と、第四十六条の六第四項及び第五項並びに第四十七条の五中「所轄庁」とあるのは「認定所轄庁」と、第四十七条の六第二項中「第四十六条の十三」とあるのは「一般社団法人及び一般財団法人に関する法律第二百十六条」と、「準用する。この場合において、同条中「清算人及び監事」とあるのは、「社会福祉法人及び検査役」と読み替えるものとする」とあるのは「準用する」と読み替えるものとする。

法46条3項
＝解散した場合の所轄庁への届出
法46条の2
＝破産手続の開始
法46条の6第4・5項
＝清算人氏名住所の所轄庁への届出
法47条の4から法47条の6
＝解散・清算の裁判所による監督、清算結了の所轄庁への届出、検査役の選任
一般法148条
＝解散の事由
一般法216条
＝裁判所の選任する清算人の報酬

〈編者注〉 法141条によって連携推進法人の解散及び清算に準用される社会福祉法

法141条によって連携推進法人の解散及び清算に準用される社会福祉法は、下の表のとおりである。なお準用する場合には、下の表の左欄に掲げる規定中同表の中欄に掲げる字句は、それぞれ同表の右欄に掲げる字句に読み替える。ただし、「第○条」等の場合の「第」を省略し、「一般社団法人及び一般財団法人に関する法律」を「一般法」と記載するほか、漢数字を算用数字とする等、略記している。

第46条3項	1項2号又は5号	一般法148条各号
	所轄庁	認定所轄庁（第139条第1項に規定する認定所轄庁をいう。第46条の6第4項及び5項並びに第47条の5において同じ。）
第46条の2	【読み替え無し】	—
第46条の6第4項及び5項	所轄庁	認定所轄庁
第47条の4	【読み替え無し】	—
第47条の5	所轄庁	認定所轄庁
第47条の6第1項	【読み替え無し】	—
第47条の6第2項	第46条の13	一般法216条
	準用する。この場合において、同条中「清算人及	準用する

清算人の認定所轄庁への解散した旨の届出義務
破産手続の開始
清算人の氏名住所の認定所轄庁への届出義務
裁判所による監督
清算結了の届出
検査役の選任
裁判所の選任する清算人の報酬

	び監事」とあるのは、「社会福祉法人及び検査役」と読み替えるものとする

第四節 監督等

（代表理事の選定及び解職）

第百四十二条 代表理事の選定及び解職は、認定所轄庁の認可を受けなければ、その効力を生じない。

代表理事の選定等の所轄庁の認可

施行規則

（代表理事の選定等の認可の申請）

第四十条の十四 社会福祉連携推進法人は、法第百四十二条の規定により、代表理事の選定又は解職に係る認可を受けようとするときは、次の事項を記載した申請書に、当該代表理事となるべき者の履歴書を添えて認定所轄庁に提出しなければならない。

一 当該代表理事となるべき者の住所及び氏名

二 選定又は解職の理由

2 前項の認可申請書類には、副本一通を添付しなければならない。

連携法人制度創設に伴い新設

（役員等に欠員を生じた場合の措置等）

第百四十三条 第四十五条、第四十五条の六第二項及び第三項並びに第四十五条の七の規定は、社会福祉連携推進法人の役員及び会計監査人について準用する。この場合において、第四十五条中「定時評議員会」とあるのは「定時社員総会」と、第四十五条の六第二項中「前項に規定する」とあるのは「この法律若しくは定款で定めた社会福祉連携推進法人の役員の員数又は代表理事が欠けた」と、「所轄庁」とあるのは「認定所轄庁（第百三十九条第一項に規定する認定所轄庁をいう。）」と、「一時役員」とあるのは「一時役員又は代表理事」と読み替えるものとする。

法45条＝役員の任期
法45条の6第2項及び第3項
＝所轄庁による一時役員の選任及び監事による一時会計監査人の選任
法45条の7
＝役員の欠員補充

〈編者注〉 法143条1項によって連携法人の役員及び会計監査人に準用される社会福祉法

法143条1項によって連携法人の役員及び会計監査人に準用される社会福祉法は、次のように準用される。

（役員の任期）

第四十五条 役員の任期は、選任後二年以内に終了する会計年度のうち最終のものに関する~~定時評議員会~~ 法読替 <u>定時社員総会</u>の終結の時までとする。ただし、定款によつて、その任期を短縮することを妨げない。

役員＝理事＋監事
(法31条1項6号)
相対的記載事項

（役員等に欠員を生じた場合の措置）

第四十五条の六 【準用除外】

2 ~~前項に規定する~~ 法読替 <u>この法律若しくは定款で定めた社会福祉連携推進法人の役員の員数又は代表理事が欠けた</u>場合において、事務が遅滞することにより損害を生ずるおそれがあるときは、~~所轄庁~~ 法読替 <u>認定所轄庁（第139条1項に規定する認定所轄庁をいう。）</u>は、利害関係人の請求により又は職権で、~~一時役員~~ 法読替 <u>一時役員又は代表理事</u>の職務を行うべき者を選任することができる。

一時役員にも特別背任等の罰則を適用(法155条)

3 会計監査人が欠けた場合又は定款で定めた会計監査人の員数が欠けた場合において、遅滞なく会計監査人が選任されないときは、監事は、一時会計監査人の職務を行うべき者を選任しなければならない。

一時会計監査人にも収賄の罰則を適用(法156条)

4 【準用除外】

（役員の欠員補充）

第四十五条の七 理事のうち、定款で定めた理事の員数の三分の一を超える者が欠けたときは、遅滞なくこれを補充しなければならない。

> 2　前項の規定は、監事について準用する。

2　社会福祉連携推進法人の監事に関する一般社団法人及び一般財団法人に関する法律第百条の規定の適用については、同条中「理事（理事会設置一般社団法人にあっては、理事会）」とあるのは、「社会福祉法第百三十九条第一項に規定する認定所轄庁、社員総会又は理事会」とする。

一般法100条
＝理事への報告義務
☞法45条の18

> **〈編者注〉　法143条2項によって連携法人の監事に適用される一般法の読替**
> 法143条2項によって連携法人の監事に適用される一般法100条は、次のように読み替えて適用される。
>
> **（理事への報告義務）**
> **一般法第百条**　監事は、理事が不正の行為をし、若しくは当該行為をするおそれがあると認めるとき、又は法令若しくは定款に違反する事実若しくは著しく不当な事実があると認めるときは、遅滞なく、その旨を~~理事（理事会設置一般社団法人にあっては、理事会）~~［法読替］社会福祉法第百三十九条第一項に規定する認定所轄庁、社員総会又は理事会に報告しなければならない。

（監督等）

第百四十四条　第五十六条（第八項を除く。）、第五十七条の二、第五十九条、第五十九条の二（第二項を除く。）及び第五十九条の三の規定は、社会福祉連携推進法人について準用する。この場合において、次の表の上欄に掲げる規定中同表の中欄に掲げる字句は、それぞれ同表の下欄に掲げる字句に読み替えるものとする。

第五十六条第一項	所轄庁	認定所轄庁（第百三十九条第一項に規定する認定所轄庁をいう。以下同じ。）
第五十六条第四項から第七項まで、第九項及び第十一項、第五十七条の二、第五十九条並びに第五十九条の二第四項	所轄庁	認定所轄庁
第五十七条の二第二項	及び第四項から第九項まで並びに前条	、第四項から第七項まで及び第九項
第五十九条第一号	第四十五条の三十二第一項	一般社団法人及び一般財団法人に関する法律第百二十九条第一項
第五十九条第二号	第四十五条の三十四第二項	第百三十八条第一項において準用する第四十五条の三十四第二項
第五十九条の二第一項第一号	第三十一条第一項若しくは第四十五条の三十六第二項	第百三十九条第一項
	同条第四項	同条第三項
第五十九条の二第一項第二号	第四十五条の三十五第二項	第百三十八条第一項において準用する第四十五条の三十五第二項
第五十九条の二第三項	前項前段の事務	当該都道府県の区域内に主たる事務所を有する社会福祉連携推進法人（厚生労働大臣が認定所轄庁であるものを除く。）の活動の状況その他の厚生労働省令で定める事項について、調査、分析及び必要な統計その他の資料の作成
	所轄庁（市長に	認定所轄庁

法56条
＝所轄庁による監督（8項=解散命令を除く）
準用される法56条に反する無報告・虚偽報告又は検査拒否等は過料20万円以下（法165条12号）

法57条の2
＝関係都道府県知事等の協力

法59条
＝計算書類等・財産目録等の所轄庁への届出

法59条の2
＝情報の公開等（2項=都道府県知事による調査及び分析を除く）

規則40条の16

	限る。）次項において同じ。）	

法59条の3＝厚生労働大臣及び都道府県知事の支援　ただし読替え規定はない

〈編者注〉 法144条による社会福祉法の読替え

法第144条によって、第56条（第8項を除く。）、第57条の2、第59条、第59条の2（第2項を除く。）及び第59条の3の規定は、次のように読み替えて社会福祉連携推進法人について準用される。

（監督）

第五十六条　~~所轄庁~~ 法読替 認定所轄庁（第百三十九条第一項に規定する認定所轄庁をいう。以下同じ。）は、この法律の施行に必要な限度において、~~社会福祉法人~~ 読替 連携法人に対し、その業務若しくは財産の状況に関し報告をさせ、又は当該職員に、~~社会福祉法人~~ 読替 連携法人の事務所その他の施設に立ち入り、その業務若しくは財産の状況若しくは帳簿、書類その他の物件を検査させることができる。

無報告・虚偽報告又は検査拒否等は過料20万円以下（法165条12号）

2　前項の規定により立入検査をする職員は、その身分を示す証明書を携帯し、関係人にこれを提示しなければならない。

3　第一項の規定による立入検査の権限は、犯罪捜査のために認められたものと解してはならない。

4　~~所轄庁~~ 法読替 認定所轄庁は、~~社会福祉法人~~ 読替 連携法人が、法令、法令に基づいてする行政庁の処分若しくは定款に違反し、又はその運営が著しく適正を欠くと認めるときは、当該~~社会福祉法人~~ 読替 連携法人に対し、期限を定めて、その改善のために必要な措置（役員の解職を除く。）をとるべき旨を勧告することができる。

5　~~所轄庁~~ 法読替 認定所轄庁は、前項の規定による勧告をした場合において、当該勧告を受けた~~社会福祉法人~~ 読替 連携法人が同項の期限内にこれに従わなかつたときは、その旨を公表することができる。

6　~~所轄庁~~ 法読替 認定所轄庁は、第四項の規定による勧告を受けた~~社会福祉法人~~ 読替 連携法人が、正当な理由がないのに当該勧告に係る措置をとらなかつたときは、当該~~社会福祉法人~~ 読替 連携法人に対し、期限を定めて、当該勧告に係る措置をとるべき旨を命ずることができる。

7　~~社会福祉法人~~ 読替 連携法人が前項の命令に従わないときは、~~所轄庁~~ 法読替 認定所轄庁は、当該~~社会福祉法人~~ 読替 連携法人に対し、期間を定めて業務の全部若しくは一部の停止を命じ、又は役員の解職を勧告することができる。

8　【準用除外】

8項＝解散の命令

9　~~所轄庁~~ 法読替 認定所轄庁は、第七項の規定により役員の解職を勧告しようとする場合には、当該~~社会福祉法人~~ 読替 連携法人に、~~所轄庁~~ 法読替 認定所轄庁の指定した職員に対して弁明する機会を与えなければならない。この場合においては、当該~~社会福祉法人~~ 読替 連携法人に対し、あらかじめ、書面をもつて、弁明をなすべき日時、場所及びその勧告をなすべき理由を通知しなければならない。

10　前項の通知を受けた~~社会福祉法人~~ 読替 連携法人は、代理人を出頭させ、かつ、自己に有利な証拠を提出することができる。

11　第九項の規定による弁明を聴取した者は、聴取書及び当該勧告をする必要があるかどうかについての意見を付した報告書を作成し、これを~~所轄庁~~ 法読替 認定所轄庁に提出しなければならない。

（関係都道府県知事等の協力）

第五十七条の二　関係都道府県知事等（~~社会福祉法人~~ 読替 連携法人の事務所、事業所、施設その他これらに準ずるものの所在地の都道府県知事又は市町村長であつて、当該~~社会福祉法人~~ 読替 連携法人の~~所轄庁~~ 法読替 認定所轄庁以外の者をいう。次項において同じ。）は、当該~~社会福祉法人~~ 読替 連携法人に対して適当な措置をとることが必要であると認めるときは、当該~~社会福祉法人~~ 読替 連携法人の~~所轄庁~~ 法読替 認定所轄庁に対し、その旨の意見を述べることができる。

2　~~所轄庁~~ 法読替 認定所轄庁は、第五十六条第一項~~及び第四項から第九項まで並びに前条~~ 法読替 、第四項から第七項まで及び第九項の事務を行うため必要があると認めるときは、関係都道府県知事等に対し、情報又は資料の提供その他必要な協力を求めることができる。

（所轄庁への届出）

第五十九条　~~社会福祉法人~~ 読替 連携法人は、毎会計年度終了後三月以内に、厚生労働省令で定めるところにより、次に掲げる書類を~~所轄庁~~ 法読替 認定所轄庁に届け出なければならない。

規則40条の15によって規則9条を準用

法59条は都道府県及び市の第1号法定受託事務(法127条)であるが、連携法人に法59条を準用する場合にも法定受託事務とする規定は見当たらない

一　~~第四十五条の三十二第一項~~ 法読替 一般社団法人及び一般財団に関する法律第百二十九条第一項に規定する計算書類等

二　~~第四十五条の三十四第二項~~ 法読替 第百三十八条第一項において準用する第四十五条の三十四第二項に規定する財産目録等

（情報の公開等）

第五十九条の二　~~社会福祉法人~~ 読替 連携法人は、次の各号に掲げる場合の区分に応じ、遅滞なく、厚生労働省令で定めるところにより、当該各号に定める事項を公表しなければならない。

規則40条の16

一　~~第三十一条第一項若しくは第四十五条の三十六第二項~~ 法読替 第百三十九条第一項の認可を受けたとき、又は~~同条第四項~~ 法読替 同条第三項の規定による届出をしたとき　定款の内容

法139条1項及び3項＝定款変更の認可及び届出

二　~~第四十五条の三十五第二項~~ 法読替 第百三十八条第一項において準用する第四十五条の三十五第二項の承認を受けたとき　当該承認を受けた報酬等の支給の基準

準用する法45条の35第2項＝社員総会の承認

三　前条の規定による届出をしたとき　同条各号に掲げる書類のうち厚生労働省令で定める書類の内容

規則40条の16

2　【準用除外】（知事による社会福祉法人の活動の状況等についての調査等）

3　都道府県知事は、~~前項前段の事務~~ 法読替 当該都道府県の区域内に主たる事務所を有する社会福祉連携推進法人（厚生労働大臣が認定所轄庁であるものを除く。）の活動の状況その他の厚生労働省令で定める事項について、調査、分析及び必要な統計その他の資料の作成を行うため必要があると認めるときは、当該都道府県の区域内に主たる事務所を有する~~社会福祉法人~~ 読替 連携法人の~~所轄庁（市長に限る。次項において同じ。）~~ 法読替 認定所轄庁に対し、~~社会福祉法人~~ 読替 連携法人の活動の状況その他の厚生労働省令で定める事項に関する情報の提供を求めることができる。

規則40条の17

4　~~所轄庁~~ 法読替 認定所轄庁は、前項の規定による都道府県知事の求めに応じて情報を提供するときは、電磁的方法その他の厚生労働省令で定める方法によるものとする。

規則40条の18

5　厚生労働大臣は、~~社会福祉法人~~ 読替 連携法人に関する情報に係るデータベース（情報の集合物であつて、それらの情報を電子計算機を用いて検索することができるように体系的に構成したものをいう。）の整備を図り、国民にインターネットその他の高度情報通信ネットワークの利用を通じて迅速に当該情報を提供できるよう必要な施策を実施するものとする。

6　厚生労働大臣は、前項の施策を実施するため必要があると認めるときは、都道府県知事に対し、当該都道府県の区域内に主たる事務所を有する~~社会福祉法人~~ 読替 連携法人の活動の状況その他の厚生労働省令で定める事項に関する情報の提供を求めることができる。

規則40条の17

7　第四項の規定は、都道府県知事が前項の規定による厚生労働大臣の求めに応じて情報を提供する場合について準用する。

（厚生労働大臣及び都道府県知事の支援）

第五十九条の三　厚生労働大臣は、都道府県知事及び市長に対して、都道府県知事は、市長に対して、~~社会福祉法人~~ 読替 連携法人の指導及び監督に関する

規則11条の準用規定は見当たらず、社

事務の実施に関し必要な助言、情報の提供その他の支援を行うよう努めなければならない。

会福祉法人台帳に代わるものはない模様

施行規則

（所轄庁への届出の規定の準用）

第四十条の十五　第九条の規定は、法第百四十四条において準用する第五十九条に規定する社会福祉連携推進法人の認定所轄庁への届出について準用する。

連携法人制度創設に伴い新設
令和4年厚生労働省令第50号で一部改正

〈編者注〉　規則40条の15による施行規則の読替え

規則40条の15によって、施行規則9条の規定は、法144条において準用する法59条に規定する連携法人の認定所轄庁への届出等について、次のように準用される。

規則9条 ☞法59条

施行規則

（届出）

第九条　~~法第五十九条~~[読替]法第百四十四条において準用する第五十九条の規定による計算書類等及び財産目録等（以下「届出計算書類等」という。）の届出は、次の各号に掲げる方法のいずれかにより行わなければならない。

一　書面の提供（次のイ又はロに掲げる場合の区分に応じ、当該イ又はロに定める方法による場合に限る。）
　イ　届出計算書類等が書面をもつて作成されている場合　当該書面に記載された事項を記載した書面二通の提供
　ロ　届出計算書類等が電磁的記録をもつて作成されている場合　当該電磁的記録に記録された事項を記載した書面二通の提供
二　電磁的方法による提供（次のイ又はロに掲げる場合の区分に応じ、当該イ又はロに定める方法による場合に限る。）
　イ　届出計算書類等が書面をもつて作成されている場合　当該書面に記載された事項の電磁的方法による提供
　ロ　届出計算書類等が電磁的記録をもつて作成されている場合　当該電磁的記録に記録された事項の電磁的方法による提供
三　届出計算書類等の内容を当該届出に係る行政機関（厚生労働大臣、都道府県知事及び市長をいう。以下同じ。）及び独立行政法人福祉医療機構法（平成十四年法律第百六十六号）に規定する独立行政法人福祉医療機構の使用に係る電子計算機と接続された届出計算書類等の管理等に関する統一的な支援のための情報処理システムに記録する方法

施行規則

（公表）

第四十条の十六　法第百四十四条において読み替えて準用する法第五十九条の二第一項の公表は、インターネットの利用により行うものとする。

連携法人制度創設に伴い新設
令和4年厚生労働省令第50号で改正

2　前項の規定にかかわらず、社会福祉連携推進法人が前条において準用する第九条第三号に規定する方法による届出を行い、行政機関等が当該届出により記録された届出計算書類等の内容の公表を行うときは、当該社会福祉連携推進法人が前項に規定する方法による公表を行つたものとみなす。

3　法第百四十四条において準用する法第五十九条の二第一項第三号に規定する厚生労働省令で定める書類は、次に掲げる書類（法人の運営に係る重要な部分に限り、個人の権利利益が害されるおそれがある部分を除く。）とする。

一　法第百三十八条第二項において読み替えて適用する一般社団法人及び一般財団法人に関する法律第百二十三条第二項に規定する計算書類
二　法第百三十八条第一項において準用する法第四十五条の三十四第一項第二号に規定する役員等名簿及び同項第四号に規定する書類（第四十条の十二第十五号に規定する事項が記載された部分を除く。）

一般法123条2項＝計算書類等の作成及び保存

施行規則

（調査事項）

第四十条の十七　法第百四十四条において準用する法第五十九条の二第三項及び第六項に規定する厚生労働省令で定める事項は、次に掲げる事項（個人の権利利益が害されるおそれがある部分を除く。）とする。
一　計算関係書類（第四十条第七項第一号に規定する計算関係書類をいう。）の内容
二　法第百三十八条第一項において準用する法第四十五条の三十四第一項第一号に規定する財産目録の内容
三　法第百三十八条第一項において準用する法第四十五条の三十四第一項第四号に規定する書類（第四十条の十二第十五号に掲げる事項が記載された部分を除く。）の内容
四　その他必要な事項

連携法人制度創設に伴い新設

施行規則
（報告方法）
第四十条の十八　法第百四十四条において準用する法第五十九条の二第四項に規定する厚生労働省令で定める方法は、次に掲げる方法とする。
一　電磁的方法
二　第九条第三号に規定する情報処理システムに記録する方法

連携法人制度創設に伴い新設
令和4年厚生労働省令146号で一部改正
規則9条3号
＝電子開示システム
☞法59条

（社会福祉連携推進認定の取消し）
第百四十五条　認定所轄庁は、社会福祉連携推進法人が、次の各号のいずれかに該当するときは、社会福祉連携推進認定を取り消さなければならない。
一　第百二十八条第一号又は第三号に該当するに至つたとき。
二　偽りその他不正の手段により社会福祉連携推進認定を受けたとき。

法128条
＝欠格事由

2　認定所轄庁は、社会福祉連携推進法人が、次の各号のいずれかに該当するときは、社会福祉連携推進認定を取り消すことができる。
一　第百二十七条各号（第五号を除く。）に掲げる基準のいずれかに適合しなくなつたとき。
二　社会福祉連携推進法人から社会福祉連携推進認定の取消しの申請があつたとき。
三　この法律若しくはこの法律に基づく命令又はこれらに基づく処分に違反したとき。

法127条
＝認定の基準

3　認定所轄庁は、前二項の規定により社会福祉連携推進認定を取り消したときは、厚生労働省令で定めるところにより、その旨を公示しなければならない。

規則40条の3
☞法129条

4　第一項又は第二項の規定により社会福祉連携推進認定を取り消された社会福祉連携推進法人は、その名称中の社会福祉連携推進法人という文字を一般社団法人と変更する定款の変更をしたものとみなす。

公益認定法人にあっては145条4・5項は非適用：規則40条の21第2項☞法127条5号ル及びヲ

5　公益社団法人及び公益財団法人の認定等に関する法律（平成十八年法律第四十九号）第二十九条第六項及び第七項の規定は、認定所轄庁が第一項又は第二項の規定により社会福祉連携推進認定を取り消した場合について準用する。この場合において、同条第六項中「行政庁は、第一項又は第二項の規定による公益認定」とあるのは、「社会福祉法第百三十九条第一項に規定する認定所轄庁は、同法第百二十六条第一項に規定する社会福祉連携推進認定」と読み替えるものとする。

公益認定法第29条6項及び7項
＝公益認定の取り消した場合の行政庁による名称の変更登記の嘱託

〈編者注〉　社会福祉連携推進認定を取り消された場合に準用される公益認定法

（公益認定の取消し）
公益認定法第29条　1項～5項【準用対象外】
6　~~行政庁は、第一項又は第二項の規定による公益認定~~［法読替］社会福祉法第百三十九条第一項に規定する認定所轄庁は、同法第百二十六条第一項に規定する社会福祉連携推進認定の取消しをしたときは、遅滞なく、当該公益法人の主たる事務所及び従たる事務所の所在地を管轄する登記所に当該公益法人の名称の変更の登記を嘱託しなければなら

ない。
7　前項の規定による名称の変更の登記の嘱託書には、当該登記の原因となる事由に係る処分を行ったことを証する書面を添付しなければならない。

（社会福祉連携推進認定の取消しに伴う贈与）
第百四十六条　認定所轄庁が社会福祉連携推進認定の取消しをした場合において、第百二十七条第五号ルに規定する定款の定めに従い、当該社会福祉連携推進認定の取消しの日から一月以内に社会福祉連携推進目的取得財産残額に相当する額の財産の贈与に係る書面による契約が成立しないときは、認定所轄庁が当該社会福祉連携推進目的取得財産残額に相当する額の金銭について、同号ルに規定する定款で定める贈与を当該社会福祉連携推進認定の取消しを受けた法人（第四項において「認定取消法人」という。）から受ける旨の書面による契約が成立したものとみなす。当該社会福祉連携推進認定の取消しの日から一月以内に当該社会福祉連携推進目的取得財産残額の一部に相当する額の財産について同号ルに規定する定款で定める贈与に係る書面による契約が成立した場合における残余の部分についても、同様とする。

法127条5号ル
＝認定基準定款記載事項のうち認定取消処分を受けた場合の社会福祉連携目的財産損額の贈与
公益認定法人にあっては146条は非適用（規則40条の21第2項☞法127条5号ル及びヲ）

2　前項の「社会福祉連携推進目的取得財産残額」とは、第一号に掲げる財産から第二号に掲げる財産を除外した残余の財産の価額の合計額から第三号に掲げる額を控除して得た額をいう。

社会福祉連携推進目的取得財産残額の定義

一　当該社会福祉連携推進法人が取得した全ての社会福祉連携推進目的事業財産（第百三十七条各号に掲げる財産をいう。以下この項において同じ。）
二　当該社会福祉連携推進法人が社会福祉連携推進認定を受けた日以後に社会福祉連携推進業務を行うために費消し、又は譲渡した社会福祉連携推進目的事業財産
三　社会福祉連携推進目的事業財産以外の財産であつて当該社会福祉連携推進法人が社会福祉連携推進認定を受けた日以後に社会福祉連携推進業務を行うために費消し、又は譲渡したもの及び同日以後に社会福祉連携推進業務の実施に伴い負担した公租公課の支払その他厚生労働省令で定めるものの額の合計額

規則40条の19☞

施行規則
（社会福祉連携推進認定の取消しの後に確定した公租公課）
第四十条の十九　法第百四十六条第二項第三号に規定する厚生労働省令で定めるものは、当該社会福祉連携推進法人が社会福祉連携推進認定を受けた日以後の社会福祉連携推進業務の実施に伴い負担すべき公租公課であつて、法第百四十五条第一項又は第二項の社会福祉連携推進認定の取消しの日以後に確定したものとする。

連携法人制度創設に伴い新設

施行規則
（社会福祉連携推進認定が取り消された場合における社会福祉連携推進目的取得財産残額）
第四十条の二十　認定所轄庁が法第百四十五条第一項又は第二項の規定により社会福祉連携推進認定の取消しをした場合における法第百四十六条第二項の社会福祉連携推進目的取得財産残額は、法第百四十四条において準用する法第五十九条第二号の規定により届け出られた財産目録（以下この条において単に「財産目録」という。）のうち当該社会福祉連携推進認定が取り消された日の属する事業年度の前事業年度の財産目録に記載された当該金額（その額が零を下回る場合にあつては、零）とする。

連携法人制度創設に伴い新設

3　前項に定めるもののほか、社会福祉連携推進目的取得財産残額の算定の細目その他その算定に関し必要な事項は、厚生労働省令で定める。

規則未制定

4　認定所轄庁は、第一項の場合には、認定取消法人に対し、前二項の規定により算定した社会福祉連携推進目的取得財産残額及び第一項の規定により当該

認定取消法人と認定所轄庁との間に当該社会福祉連携推進目的取得財産残額又はその一部に相当する額の金銭の贈与に係る契約が成立した旨を通知しなければならない。

5 社会福祉連携推進法人は、第百二十七条第五号ルに規定する定款の定めを変更することができない。

法127条5号ル
＝社会福祉連携推進認定の取消しに伴う社会福祉連携推進目的取得財産残額の贈与に関する定款の定め

〈編者注〉 社会福祉連携推進目的取得財産残額

「社会福祉連携推進目的取得財産残額」は、法１３７条を前提としており、その内容を理解することが困難であるので、下に表としてまとめた。

なお、下の表では、「社会福祉連携推進認定を受けた日」を「認定日」と、また「社会福祉連携推進業務」を「連携推進業務」と略記している

法１４６条２項１号	社会福祉連携推進目的事業財産（法１３７条） ① 認定日以後に寄附を受けた財産（欄外㊟参照） ② 認定日以後に交付を受けた補助金その他の財産（欄外㊟参照） ③ 認定日以後に行つた連携推進業務に係る活動の対価として得た財産 ④ 認定日以後に行つた連携推進業務以外の業務から生じた収益に厚生労働省令で定める割合を乗じて得た額に相当する財産 ⑤ 前各号に掲げる財産を支出することにより取得した財産 ⑥ 認定日の前に取得した財産であつて同日以後に厚生労働省令で定める方法により連携推進業務の用に供するものである旨を表示した財産 ⑦ 前各号に掲げるもののほか、当該法人が連携推進業務を行うことにより取得し、又は連携推進業務を行うために保有していると認められるものとして厚生労働省令で定める財産
法１４６条２項２号	第１号の内、認定日以後に連携推進業務を行うために費消し、又は譲渡した財産
＜差引＞	残余の財産の価額の合計額（第１号 － 第２号）
法１４６条２項３号	第１号以外の財産で、認定日以後に連携推進業務を行うために費消し、又は譲渡したもの及び同日以後に連携推進業務の実施に伴い負担した公租公課の支払その他厚生労働省令で定めるもの
＜差引＞	**社会福祉連携推進目的取得財産残額**（第１号 － 第２号 － 第３号）

㊟ 寄附をした者、財産を交付した者が連携推進業務以外のために使用すべき旨を定めたものを除く

具体的な**社会福祉連携推進目的取得財産残額**は、連携推進会計基準１０条２号に規定する損益計算書内訳表における社会福祉連携推進業務会計の当期末純資産残高として計算される

第五節　雑則

（一般社団法人及び一般財団法人に関する法律の適用除外）

第百四十七条 社会福祉連携推進法人については、一般社団法人及び一般財団法人に関する法律第五条第一項、第六十七条第一項及び第三項、第百二十八条並びに第五章の規定は、適用しない。

〈編者注〉 適用除外される一般法

一般法５条１項＝名称中に「一般社団法人」の文字の使用を強制（法１３０条参照）
一般法６７条　＝監事の任期（２項〈補欠監事の定め〉を除く）
一般法１２８条＝貸借対照表等の広告
一般法５章　　＝合併

連携法人は合併できない

（政令及び厚生労働省令への委任）

第百四十八条 この章に定めるもののほか、社会福祉連携推進認定及び社会福祉連携推進法人の監督に関し必要な事項は政令で、第百三十九条第一項及び第百四十二条の認可の申請に関し必要な事項は厚生労働省令で、それぞれ定める。

法１３９条
＝定款の変更等
法１４２条
＝代表理事選定・解職に関する認定所轄庁の認可

第十二章　雑則

令和2年法律第52号で「11章」を「12章」に、また125条から130条の条番号を24条ずつ繰り下げ149条から155条に改正

（芸能、出版物等の推薦等）

第百四十九条　社会保障審議会は、社会福祉の増進を図るため、芸能、出版物等を推薦し、又はそれらを製作し、興行し、若しくは販売する者等に対し、必要な勧告をすることができる。

149条：令和2年法律第52号で条番号改正

（大都市等の特例）

第百五十条　第七章及び第八章の規定により都道府県が処理することとされている事務のうち政令で定めるものは、指定都市及び中核市においては、政令の定めるところにより、指定都市又は中核市（以下「指定都市等」という。）が処理するものとする。この場合においては、これらの章中都道府県に関する規定は、指定都市等に関する規定として、指定都市等に適用があるものとする。

150条：令和2年法律第52号で条番号改正

政令=施行令36条

施行令

（大都市等の特例）

第三十六条　地方自治法（昭和二十二年法律第六十七号）第二百五十二条の十九第一項の指定都市（以下「指定都市」という。）において、法第百五十条の規定により、指定都市が処理する事務については、地方自治法施行令（昭和二十二年政令第十六号）第百七十四条の三十の二第一項及び第二項に定めるところによる。

2　地方自治法第二百五十二条の二十二第一項の中核市（以下「中核市」という。）において、法第百五十条の規定により、中核市が処理する事務については、地方自治法施行令第百七十四条の四十九の七第一項及び第二項に定めるところによる。

令和2年法律第52号施行に伴い一部改正

地方自治法252条の19
＝指定都市の機能として児童福祉に関する事務他を規定

地方自治法252条の22
＝中核市の機能を規定

地方自治法施行令

（社会福祉事業に関する事務）

第百七十四条の三十の二　地方自治法第二百五十二条の十九第一項の規定により、指定都市が処理する社会福祉事業に関する事務は、社会福祉法第七章及び第八章の規定により、都道府県が処理することとされている事務（指定都市が経営する社会福祉事業に係る同法第七十条の規定による検査及び調査に関する事務を除く。）とする。この場合においては、次項において特別の定めがあるものを除き、これらの章中都道府県に関する規定（前段括弧内に掲げる事務に係る規定を除く。）は、指定都市に関する規定として指定都市に適用があるものとする。

2　前項の場合においては、社会福祉法第六十二条第一項中「市町村」とあるのは「指定都市以外の市町村」と、同法第六十五条第一項及び第二項中「社会福祉施設」とあるのは「社会福祉施設（都道府県が設置するものを除く。）」と、同条第三項中「社会福祉施設の設置者」とあるのは「社会福祉施設の設置者（都道府県を除く。）」と、同法第六十七条第一項及び第六十八条の二第一項中「市町村」とあるのは「指定都市以外の市町村」と、同法第六十八条の五第一項及び第二項中「社会福祉住居施設」とあるのは「社会福祉住居施設（都道府県が設置するものを除く。）」と、同条第三項中「社会福祉住居施設の設置者」とあるのは「社会福祉住居施設の設置者（都道府県を除く。）」と、同法第六十九条第一項中「及び都道府県」とあるのは「、都道府県及び指定都市」と、同法第七十条中「社会福祉事業を経営する者」とあるのは「社会福祉事業を経営する者（都道府県を除く。）」と読み替えるものとする。

3　指定都市がその事務を処理するに当たつては、地方自治法第二百五十二条の十九第二項の規定により、社会福祉法第七十条の規定による社会福祉事業についての都道府県知事の検査及び調査に関する規定は、これを適用しない。

政令指定都市が処理する社会福祉事業に関する事務

地方自治法施行令

（社会福祉事業に関する事務）

第百七十四条の四十九の七 地方自治法第二百五十二条の二十二第一項の規定により、中核市が処理する社会福祉事業に関する事務は、社会福祉法第七章及び第八章の規定により、都道府県が処理することとされている事務（中核市が経営する社会福祉事業に係る同法第七十条の規定による検査及び調査に関する事務を除く。）とする。この場合においては、次項において特別の定めがあるものを除き、これらの章中都道府県に関する規定（前段括弧内に掲げる事務に係る規定を除く。）は、中核市に関する規定として中核市に適用があるものとする。

2 前項の場合においては、社会福祉法第六十二条第一項中「市町村」とあるのは「中核市以外の市町村」と、同法第六十五条第一項及び第二項中「社会福祉施設」とあるのは「社会福祉施設（都道府県が設置するものを除く。）」と、同条第三項中「社会福祉施設の設置者」とあるのは「社会福祉施設の設置者（都道府県を除く。）」と、同法第六十七条第一項及び第六十八条の二第一項中「市町村」とあるのは「中核市以外の市町村」と、同法第六十八条の五第一項及び第二項中「社会福祉住居施設」とあるのは「社会福祉住居施設（都道府県が設置するものを除く。）」と、同条第三項中「社会福祉住居施設の設置者」とあるのは「社会福祉住居施設の設置者（都道府県を除く。）」と、同法第六十九条第一項中「及び都道府県」とあるのは「、都道府県及び中核市」と、同法第七十条中「社会福祉事業を経営する者」とあるのは「社会福祉事業を経営する者（都道府県を除く。）」と読み替えるものとする。

3 中核市がその事務を処理するに当たつては、地方自治法第二百五十二条の二十二第二項の規定により、社会福祉法第七十条の規定による社会福祉事業についての都道府県知事の検査及び調査に関する規定は、これを適用しない。

中核市が処理する社会福祉事業に関する事務

読替についての<編者注>は省略した

（事務の区分）

第百五十一条 別表の上欄に掲げる地方公共団体がそれぞれ同表の下欄に掲げる規定により処理することとされている事務は、地方自治法第二条第九項第一号に規定する第一号法定受託事務とする。

令和2年法律第52号で条番号改正

法定受託事務

別表（第百五十一条関係）

都道府県	第三十一条第一項、第四十二条第二項、第四十五条の六第二項（第四十五条の十七第三項において準用する場合を含む。）、第四十五条の九第五項、第四十五条の三十六第二項及び第四項、第四十六条第一項第六号、第二項及び第三項、第四十六条の六第四項及び第五項、第四十七条の五、第五十条第三項、第五十四条の六第二項、第五十五条の二第一項、第五十五条の三第一項、第五十五条の四、第五十六条第一項、第四項から第八項まで及び第九項（第五十八条第四項において準用する場合を含む。）、第五十七条、第五十八条第二項、第五十九条、第百十四条並びに第百二十一条
市	第三十一条第一項、第四十二条第二項、第四十五条の六第二項（第四十五条の十七第三項において準用する場合を含む。）、第四十五条の九第五項、第四十五条の三十六第二項及び第四項、第四十六条第一項第六号、第二項及び第三項、第四十六条の六第四項及び第五項、第四十七条の五、第五十条第三項、第五十四条の六第二項、第五十五条の二第一項、第五十五条の三第一項、第五十五条の四、第五十六条第一項、第四項から第八項まで及び第九項（第五十八条第四項において準用する場合を含む。）、第五十七条、第五十八条第二項、第五十九条、第百十四条並びに第百二十一条
町村	第五十八条第二項及び同条第四項において準用する第五十六条第九項

28·29年法で各改正

元々は、上下欄で示されている別表を、左では、左右欄として示している

> **地方自治法**
> **第二条　第１項から第８項【省略】**
> ９　この法律において「法定受託事務」とは、次に掲げる事務をいう。
> 一　法律又はこれに基づく政令により都道府県、市町村又は特別区が処理することとされる事務のうち、国が本来果たすべき役割に係るものであつて、国においてその適正な処理を特に確保する必要があるものとして法律又はこれに基づく政令に特に定めるもの（以下「第一号法定受託事務」という。）
> 二（第二号法定受託事務～省略）
> **１０項以下【省略】**
>
> **（処理基準）**
> **第二百四十五条の九**　各大臣は、その所管する法律又はこれに基づく政令に係る都道府県の法定受託事務の処理について、都道府県が当該法定受託事務を処理するに当たりよるべき基準を定めることができる。
> ２　次の各号に掲げる都道府県の執行機関は、市町村の当該各号に定める法定受託事務の処理について、市町村が当該法定受託事務を処理するに当たりよるべき基準を定めることができる。この場合において、都道府県の執行機関の定める基準は、次項の規定により各大臣の定める基準に抵触するものであつてはならない。
> 一　都道府県知事　市町村長その他の市町村の執行機関（教育委員会及び選挙管理委員会を除く。）の担任する法定受託事務
> 二　都道府県教育委員会　市町村教育委員会の担任する法定受託事務
> 三　都道府県選挙管理委員会　市町村選挙管理委員会の担任する法定受託事務
> ３　各大臣は、特に必要があると認めるときは、その所管する法律又はこれに基づく政令に係る市町村の第一号法定受託事務の処理について、市町村が当該第一号法定受託事務を処理するに当たりよるべき基準を定めることができる。
> ４　各大臣は、その所管する法律又はこれに基づく政令に係る市町村の第一号法定受託事務の処理について、第二項各号に掲げる都道府県の執行機関に対し、同項の規定により定める基準に関し、必要な指示をすることができる。
> ５　第一項から第三項までの規定により定める基準は、その目的を達成するために必要な最小限度のものでなければならない。

第2号法定受託事務は、都道府県が本来果たすべき役割に係る事務で、都道府県で適正な処理を確保する必要があるものをいう

例えば、次の通知は、左の地方自治法245条の9第1項及び第3項の規定に基づく基準として発出されている
「社会福祉法人の認可について（通知）」（平成１２年１２月１日 障第８９０号 社援第２６１８号 老発第７９４号 児発第９０８号）
「社会福祉法人**指導監査実施要綱**の制定について」（平成２９年４月２７日 雇児発０４２７第７号 社援発0427第1号 老発0427第1号）

（権限の委任）
第百五十二条　この法律に規定する厚生労働大臣の権限は、厚生労働省令で定めるところにより、地方厚生局長に委任することができる。
２　前項の規定により地方厚生局長に委任された権限は、厚生労働省令で定めるところにより、地方厚生支局長に委任することができる。

令和2年法律第52号で条番号改正
規則未制定と思われる

（経過措置）
第百五十三条　この法律の規定に基づき政令を制定し、又は改廃する場合においては、その政令で、その制定又は改廃に伴い合理的に必要と判断される範囲内において、所要の経過措置（罰則に関する経過措置を含む。）を定めることができる。

令和2年法律第52号で条番号改正
規則未制定と思われる

（厚生労働省令への委任）
第百五十四条　この法律に規定するもののほか、この法律の実施のため必要な手続その他の事項は、厚生労働省令で定める。

令和2年法律第52号で条番号改正
規則未制定と思われる

第十三章　罰則

29年法で罰則強化
令和2年法律第52号で「12章」を「13章」に、また130条の2から134条の条番号を繰り下げ155条から167条に改正

〈編者注〉　刑法等の一部改正に伴う改正
　刑法等の一部を改正する法律（令和4年法律67号）によって、「懲役」及び「禁錮」が廃止され「拘禁刑」が創設された。これに伴う刑法整理法（令和4年法律68号）によって、以下の条文の「懲役」はすべて「拘禁刑」に改正される。施行は令和4年法律67号の公布の日（令和4年6月17日）から起算して3年を超えない範囲内において政令で定める日とされている。

第百五十五条　次に掲げる者が、自己若しくは第三者の利益を図り又は社会福祉法人若しくは社会福祉連携推進法人に損害を加える目的で、その任務に背く行為をし、当該社会福祉法人又は社会福祉連携推進法人に財産上の損害を加えたときは、七年以下の懲役若しくは五百万円以下の罰金に処し、又はこれを併科する。

29年法で新設
令和2年法律第52号で条番号及び条文の一部を改正
特別背任罪

一　評議員、理事又は監事
二　民事保全法第五十六条に規定する仮処分命令により選任された評議員、理事又は監事の職務を代行する者

民事保全法56条
☞法45条の17

三　第四十二条第二項又は第四十五条の六第二項（第四十五条の十七第三項及び第百四十三条第一項において準用する場合を含む。）の規定により選任された一時評議員、理事、監事又は理事長の職務を行うべき者

2　次に掲げる者が、自己若しくは第三者の利益を図り又は清算法人に損害を加える目的で、その任務に背く行為をし、当該清算法人に財産上の損害を加えたときも、前項と同様とする。
一　清算人
二　民事保全法第五十六条に規定する仮処分命令により選任された清算人の職務を代行する者

民事保全法56条
☞法45条の17

三　第四十六条の七第三項において準用する一般社団法人及び一般財団法人に関する法律第七十五条第二項の規定により選任された一時清算人又は清算法人の監事の職務を行うべき者

裁判所に選任された一時清算人又は清算法人の監事の職務を行うべき者

四　第四十六条の十一第七項において準用する一般社団法人及び一般財団法人に関する法律第七十九条第二項の規定により選任された一時代表清算人の職務を行うべき者

裁判所に選任された一時代表清算人の職務を行うべき者

五　第四十六条の七第三項において準用する一般社団法人及び一般財団法人に関する法律第百七十五条第二項の規定により選任された一時清算法人の評議員の職務を行うべき者

裁判所に選任された一時清算法人の評議員の職務を行うべき者

3　前二項の罪の未遂は、罰する。

第百五十六条　次に掲げる者が、その職務に関し、不正の請託を受けて、財産上の利益を収受し、又はその要求若しくは約束をしたときは、五年以下の懲役又は五百万円以下の罰金に処する。

29年法で新設
令和2年法律第52号で条番号及び条文の一部を改正
収賄罪

一　前条第一項各号又は第二項各号に掲げる者
二　社会福祉法人の会計監査人又は第四十五条の六第三項（第百四十三条第一項において準用する場合を含む）の規定により選任された一時会計監査人の職務を行うべき者

監査法人の場合は法158条

2　前項の利益を供与し、又はその申込み若しくは約束をした者は、三年以下の懲役又は三百万円以下の罰金に処する。

贈賄罪

3　第一項の場合において、犯人の収受した利益は、没収する。その全部又は一部を没収することができないときは、その価額を追徴する。

第百五十七条　第百五十五条及び前条第一項の罪は、日本国外においてこれらの罪を犯した者にも適用する。

29年法で新設
令和2年法律第52号

2　前条第二項の罪は、刑法（明治四十年法律第四十五号）第二条の例に従う。

刑法 （すべての者の国外犯） 第二条　この法律は、日本国外において次に掲げる罪を犯したすべての者に適用する。 一～八号（省略）

で条番号及び条文の一部を改正

第百五十八条　第百五十六条第一項第二号に掲げる者が法人であるときは、同項の規定は、その行為をした会計監査人又は一時会計監査人の職務を行うべき者の職務を行うべき者に対して適用する。

29年法で新設
令和2年法律第52号で条番号及び条文の一部を改正
監査法人の場合は業務執行社員

第百五十九条　次の各号のいずれかに該当する場合には、当該違反をした者は、一年以下の懲役又は百万円以下の罰金に処する。
一　第百六条の四第五項の規定に違反して秘密を漏らしたとき。
二　第百六条の六第五項の規定に違反して秘密を漏らしたとき。
三　第百三十四条第三項において準用する職業安定法第四十一条第二項の規定による業務の停止の命令に違反して、労働者の募集に従事したとき。

令和2年法律第52号第1条（令和3年4月1日施行）で新設。同第2条（令和4年4月1日施行）で条文名（番号）変更・一部改正、又第3号を追加

第百六十条　第九十五条の四（第百一条及び第百六条において準用する場合を含む。）又は第九十五条の五第二項の規定に違反した者は、一年以下の懲役又は五十万円以下の罰金に処する。

29年法で新設
令和2年法律第52号で条番号改正
都道府県ｾﾝﾀｰ役員等の秘密保持義務等

第百六十一条　次の各号のいずれかに該当する場合には、当該違反をした者は、六月以下の懲役又は五十万円以下の罰金に処する。
一　第五十七条に規定する停止命令に違反して引き続きその事業を行つたとき。
二　第六十二条第二項又は第六十七条第二項の規定に違反して社会福祉事業を経営したとき。
三　第七十二条第一項から第三項まで（これらの規定を第七十三条の規定により読み替えて適用する場合を含む。）に規定する制限若しくは停止の命令に違反したとき又は第七十二条第一項若しくは第二項の規定により許可を取り消されたにもかかわらず、引き続きその社会福祉事業を経営したとき。

令和2年法律第52号で条番号及び条文の一部を改正
1号:公益事業・収益事業停止命令違反
2号:都道府県知事の無許可
3号:許可・認可取消し等

第百六十二条　次の各号のいずれかに該当する場合には、当該違反行為をした者は、六月以下の懲役又は三十万円以下の罰金に処する。
一　第百三十四条第二項の規定による届出をしないで、労働者の募集に従事したとき。
二　第百三十四条第三項において準用する職業安定法第三十七条第二項の規定による指示に従わなかったとき。
三　第百三十四条第三項において準用する職業安定法第三十九条又は第四十条の規定に違反したとき。

令和2年法律第52号で新設

第百六十三条　次の各号のいずれかに該当する場合には、当該違反行為をした者は、三十万円以下の罰金に処する。
一　第百三十四条第三項において準用する職業安定法第五十条第一項の規定による報告をせず、又は虚偽の報告をしたとき。
二　第百三十四条第三項において準用する職業安定法第五十条第二項の規定による立入り若しくは検査を拒み、妨げ、若しくは忌避し、又は質問に対して答弁をせず、若しくは虚偽の陳述をしたとき。
三　第百三十四条第三項において準用する職業安定法第五十一条第一項の規定に違反して秘密を漏らしたとき。

令和2年法律第52号で新設

第百六十四条　法人の代表者又は法人若しくは人の代理人、使用人その他の従業者が、その法人又は人の事業に関し、第百五十九条第三号又は前三条の違反行為をしたときは、行為者を罰するほか、その法人又はその人に対しても各本

令和2年法律第52号で条番号及び条文の一部を改正

条の罰金刑を科する。

〈編者注〉 法164条の読み方について

164条はいわゆる両罰規定。法人（あるいは人）の事業に関して、その法人（あるいは人）の使用人等が、163条の違反行為をしたときは、当該法人（あるいは人）に対しても163条に定める罰金刑（50万円以下）を科すとの意。次のように読む。

法人の代表者又は法人（若しくは人）の代理人、使用人その他の従業者が、その法人（又は人）の事業に関し、前条の違反行為をしたときは、行為者を罰するほか、その法人（又はその人）に対しても同条の罰金刑を科する。

「人」は、「法人」に対する個人事業主である「自然人」を指している

「又は」と「若しくは」の用法については、法38条に附記する〈編者注〉の欄外記載を参照

第百六十五条 社会福祉法人の評議員、理事、監事、会計監査人若しくはその職務を行うべき社員、清算人、民事保全法第五十六条に規定する仮処分命令により選任された評議員、理事、監事若しくは清算人の職務を代行する者、第百五十五条第一項第三号に規定する一時評議員、理事、監事若しくは理事長の職務を行うべき者、同条第二項第三号に規定する一時清算人若しくは清算法人の監事の職務を行うべき者、同項第四号に規定する一時代表清算人の職務を行うべき者、同項第五号に規定する一時清算法人の評議員の職務を行うべき者若しくは第百五十六条第一項第二号に規定する一時会計監査人の職務を行うべき者又は社会福祉連携推進法人の理事、監事、会計監査人若しくはその職務を行うべき社員、同法第五十六条に規定する仮処分命令により選任された理事若しくは監事の職務を代行する者、第百四十三条第一項において準用する第四十五条の六第二項の規定により選任された一時理事、監事若しくは代表理事の職務を行うべき者、一般社団法人及び一般財団法人に関する法律第三百三十四条第一項第六号に規定する一時理事、監事若しくは代表理事の職務を行うべき者、第百四十三条第一項において準用する第四十五条の六第三項の規定により選任された一時会計監査人の職務を行うべき者若しくは同法第三百三十七条第一項第二号に規定する一時会計監査人の職務を行うべき者は、次のいずれかに該当する場合には、二十万円以下の過料に処する。ただし、その行為について刑を科すべきときは、この限りでない。

28年法までは、「次の各号のいずれかに該当する場合においては、社会福祉法人の理事、監事又は清算人は、二十万円以下の過料に処する。」との簡易な規定

令和2年法律第52号で条番号を改正するとともに連携推進法人に関する規定を補充

一 この法律に基づく政令の規定による登記をすることを怠つたとき。

1号：旧法のまま 登記☞法29条

二 第四十六条の十二第一項、第四十六条の三十第一項、第五十三条第一項、第五十四条の三第一項又は第五十四条の九第一項の規定による公告を怠り、又は不正の公告をしたとき。

2号：29年法で新設 以下号番号繰下げ

三 第三十四条の二第二項若しくは第三項（第百三十九条第四項において準用する場合を含む。）、第四十五条の十一第四項、第四十五条の十五第二項若しくは第三項、第四十五条の十九第三項、第四十五条の二十五、第四十五条の三十二第三項若しくは第四項（第百三十八条第一項において準用する場合を含む。）、第四十五条の三十四第三項（第百三十八条第一項において準用する場合を含む。）、第四十六条の二十第二項若しくは第三項、第四十六条の二十六第二項、第五十一条第二項、第五十四条第二項、第五十四条の四第三項、第五十四条の七第二項若しくは第五十四条の十一第三項の規定又は第四十五条の九第十項において準用する一般社団法人及び一般財団法人に関する法律第百九十四条第三項の規定に違反して、正当な理由がないのに、書類若しくは電磁的記録に記録された事項を厚生労働省令で定める方法により表示したものの閲覧若しくは謄写又は書類の謄本若しくは抄本の交付、電磁的記録に記録された事項を電磁的方法により提供すること若しくはその事項を記載した書面の交付を拒んだとき。

3号：28年法までは、第2号として財産目録の備付・不実記載のみを規定

29年法で、定款・議事録・計算書類・財産目録・合併及び清算に関する書面等の閲覧・交付・提供等について規定された

規則2条の3 ☞法34条の2

四 第四十五条の三十六第四項又は第百三十九条第三項の規定に違反して、届

4号：実質旧法3号 法45条の36

出をせず、又は虚偽の届出をしたとき。

五 定款、議事録、財産目録、会計帳簿、貸借対照表、収支計算書、事業報告、事務報告、第四十五条の二十七第二項若しくは第四十六条の二十四第一項の附属明細書、監査報告、会計監査報告、決算報告又は第五十一条第一項、第五十四条第一項、第五十四条の四第一項、第五十四条の七第一項若しくは第五十四条の十一第一項の書面若しくは電磁的記録に記載し、若しくは記録すべき事項を記載せず、若しくは記録せず、又は虚偽の記載若しくは記録をしたとき。

六 第三十四条の二第一項、第四十五条の十一第二項若しくは第三項、第四十五条の十五第一項、第四十五条の三十二第一項若しくは第二項、第四十五条の三十四第一項（第百三十八条第一項において準用する場合を含む。）、第四十六条の二十第一項、第四十六条の二十六第一項、第五十一条第一項、第五十四条第一項、第五十四条の四第二項、第五十四条の七第一項若しくは第五十四条の十一第二項の規定又は第四十五条の九第十項において準用する一般社団法人及び一般財団法人に関する法律第百九十四条第二項の規定に違反して、帳簿又は書類若しくは電磁的記録を備え置かなかつたとき。

七 第四十六条の二第二項（第百四十一条において準用する場合を含む。）又は第四十六条の十二第一項の規定に違反して、破産手続開始の申立てを怠つたとき。

八 清算の結了を遅延させる目的で、第四十六条の三十第一項の期間を不当に定めたとき。

九 第四十六条の三十一第一項の規定に違反して、債務の弁済をしたとき。

十 第四十六条の三十三の規定に違反して、清算法人の財産を引き渡したとき。

十一 第五十三条第三項、第五十四条の三第三項又は第五十四条の九第三項の規定に違反して、吸収合併又は新設合併をしたとき。

十二 第五十六条第一項（第百四十四条において準用する場合を含む。以下この号において同じ。）の規定による報告をせず、若しくは虚偽の報告をし、又は同項の規定による検査を拒み、妨げ、若しくは忌避したとき。

第百六十六条 第二十三条、第百十三条第四項又は第百三十条第三項若しくは第四項の規定に違反した者は、十万円以下の過料に処する。

<完>

＝定款の変更

5号：29年法で新設
旧法4号及び28年法8号に同様の規定

6号：29年法で新設
定款・議事録・計算書類・財産目録・合併及び清算に関する書面等の備置について規定された

7号：実質旧法5号
法46条の30＝債権者に対する公告等

8号：旧法6号を29年改正

9号：29年法で新設
法46条の31
＝債務弁済制限

10号：29年法で新設　法46条の33
＝債務弁済前の残余財産引渡

11号：旧法7号を29年法で改正
法53条3項他
＝債権者の異議

12号：28年法で7号として新設
法56条＝監督

令和2年法律第52号で条番号及び条文の一部を改正
法23条＝社会福祉法人外の者の「社会福祉法人」名称の使用禁止
法113条4項＝共同募金会等外の者の「共同募金会」名称使用禁止

■ 編者紹介／社会福祉法
法令規則集作成委員会メンバー

本書は、一般社団法人 福祉経営管理実践研究会内に設置された「社会福祉法 法令規則集作成委員会」によって作成されました。同作成委員会のメンバーは次のとおりです。

委員長　林　光行　（実践研 会長・公認会計士・税理士）
委　員　薩摩　嘉則　（実践研 正会員・公認会計士）
委　員　宿院　耕平　（実践研 個人会員・兵庫県社協職員）

本書に関するお問い合わせ、ご意見をお寄せください。
また、本書の記載内容等に関するQ&A等については、
　一般社団法人 福祉経営管理実践研究会
のホームページをご覧ください。
https://fukushi-jissenken.or.jp

令和５年５月１日現在
四訂版 社会福祉法 法令規則集

令和5年7月10日　四訂版第1刷発行

編　者　一般社団法人 福祉経営管理実践研究会
発行者　池内　淳夫

発行所　実務出版株式会社
〒542-0012　大阪市中央区谷町9丁目2番27号　谷九ビル6F
電話 06(4304)0320／FAX 06(4304)0321／振替 00920-4-139542
info@zitsumu.jp　https://www.zitsumu.jp

＊落丁、乱丁本はお取替えいたします。　印刷製本　大村印刷株式会社

ISBN978-4-910316-25-3　C2034

一般社団法人
福祉経営管理実践研究会 のご案内

当会は、「社会福祉に関わる者が協働して、社会資源を開発しながら地域社会の課題を解決し得るための経営管理実践のあり方を研究し、その実践を遍く社会に広めることを目的」（定款第３条）として、令和３年（２０２１年）９月１日に設立されました。

社会福祉に関わる皆様の実践に役立つ情報を協創し、社会福祉の発展に共に寄与したいと考えています。

ご賛同いただける皆様のご参加をお待ち申し上げております。

令和５年６月１日
一般社団法人 福祉経営管理実践研究会
会長　　林　光行

～～～～～～～～～～～～～　令和５年６月１日現在　会員　～～～～～～～～～～～～～

正 会 員　　**３４名**

社会福祉法人 青葉仁会（奈良県）
泉谷社会保険労務士事務所（大阪府）
岩井玄太郎 公認会計士事務所（兵庫県）
税理士 岩下会計事務所（熊本県）
上野渉 社会保険労務士事務所（大阪府）
税理士法人 えびす会計（大阪府）
税理士法人 Mパートナーズ（三重県）
オフィスコ 税理士法人（京都府）
公認会計士･税理士 釜中利仁事務所（大阪府）
社会福祉法人 川福会（大阪府）
菅 野　聖 人（北海道 税理士）
社会福祉法人 こころの家族（大阪府）
社会福祉法人 湖東会（滋賀県）
社会福祉法人 堺暁福祉会（大阪府）
薩摩公認会計士事務所（大阪府）
シェア 税理士法人（大阪府）
弁護士法人 塩路総合法律事務所（大阪府）
実 務 出 版 株式会社（大阪府）
社会福祉法人 仁風会（大阪府）
武田　さおり（福井県 公認会計士）
社会福祉法人 吹田みどり福祉会（大阪府）
社会福祉法人 千歳いずみ学園（北海道）
中 本　行 則（大阪府 公認会計士･税理士）
ななお社会保険労務士事務所（兵庫県）
林　　光 行（大阪府 公認会計士･税理士）
林　　幸（大阪府 税理士）
税理士法人 ファミリア 大阪事務所（大阪府）
ブリング総合会計事務所（大阪府）
古田茂己税理士事務所（大阪府）
光 吉　直 也（和歌山県 社会福祉士･税理士）
美 馬　知 美（大阪府 公認会計士･税理士）
三 宅　由 佳（兵庫県 博士(人間福祉)･税理士）
山 本　敦 子（大阪府 社会保険労務士）
有限会社 脇 経営（愛媛県 会計事務所経営）

特別会員　　**２名**

中 村　秀 一（東京都）
土 屋　敬 三（東京都）

個人会員　　**１５名**

社会福祉協議会職員　４名
社会福祉法人　職員　３名
大学教授他　８名

賛助会員　　**１名**

Ｉ＆Ｈ株式会社

（現在会員 ５２名）

当会（略称：実践研）についての詳しい情報は、当会のホームページをご覧ください。

https://fukushi-jissenken.or.jp